教育部人文社科基金资助项目（10YJC840010）

社 会 学 丛 书

The Social Structure of Markets
—— Contemporary Theory of Sociology of Markets and Chinese Experience

市场的社会结构
——市场社会学的当代理论与中国经验

陈林生 著

中国社会科学出版社

图书在版编目(CIP)数据

市场的社会结构：市场社会学的当代理论与中国经验／陈林生著.
—北京：中国社会科学出版社，2015.3
ISBN 978-7-5161-5702-2

Ⅰ.①市… Ⅱ.①陈… Ⅲ.①市场结构—社会结构—研究
Ⅳ.①F713.50

中国版本图书馆 CIP 数据核字(2015)第 050367 号

出 版 人	赵剑英	
责任编辑	冯春凤	许 晨
责任校对	王佳玉	
责任印制	张雪娇	

出 版	中国社会科学出版社	
社 址	北京鼓楼西大街甲 158 号	
邮 编	100720	
网 址	http：//www.csspw.cn	
发 行 部	010 - 84083685	
门 市 部	010 - 84029450	
经 销	新华书店及其他书店	

印 刷	北京君升印刷有限公司
装 订	廊坊市广阳区广增装订厂
版 次	2015 年 3 月第 1 版
印 次	2015 年 3 月第 1 次印刷

开 本	710×1000 1/16
印 张	19.5
插 页	2
字 数	318 千字
定 价	58.00 元

凡购买中国社会科学出版社图书,如有质量问题请与本社营销中心联系调换
电话:010 - 84083683

目　录

序

    在中国，以社会学的理论和方法研究市场是一个新兴的学科研究领域。市场社会学研究在争得一个学识共识——"经济行动嵌入社会结构"的判定，从而使它获得了一种不仅仅是对经济市场现象的有效解释力，更是说明了一种市场实践本身应有的社会机制之意。

    陈林生博士在对国内外市场社会学研究的基础上发现，这个领域虽呈现出有一定规模的研究人员和学术成果，但在以"市场社会结构"为主线的市场社会学研究中对"什么是社会结构"的理解上却陷入了无序性。由此，陈林生博士对社会结构做了精细化的解析，并将之运用于市场的研究中，提出把市场的社会结构分解为市场的"制度结构""关系结构"与"建构结构"三个层面，且认为它们是"三位一体"的关系，只不过为研究目的需要，对其进行了可操作化概念上的分层分析。他的这种理解方式，是把市场看作是一种社会的建构，并提出了一个市场的社会学定义：市场是在特定的正式与非正式制度建构中，行动者根据经商禀性习得的内生实践能力所构建的一种有其内部社会性型构关系特征的经济社会组织形式。

    从理论上而言，陈林生博士的学术探索是大胆的，如开篇他就提出研究的目的是，"市场的本质是什么？市场如何运作？即市场运行的社会机制问题，以及市场研究的社会学转向其理论框架如何构建"这三个学科式的元问题。这三个问题体现出了市场研究的经济学与社会学对话的学术问题，以及如何构建一种市场社会学理论的当代学术努力。欣幸地看到，陈林生博士对经济学与社会学理解意义上的市场本质问题做出了可信的文献梳理与经验性的研究，这与他从硕士到博士、博士后学习阶段一直关注市场与社会关系的问题相关，并在较高质量的学术期刊上发表了多篇相关性论文，并得到了 2010 年度教育部人文社会科学基金项目的资助。

　　针对市场社会学研究而言，陈林生博士已经跳出该学科应与经济学争夺该研究领域的争论，即是否需要从社会学的视角去分析经济市场的问题，而是进一步阐明了在已有研究的基础上我们更应需要做些什么的学术探索。在运用社会建构论、社会互构论和社会实践论的基础上，陈林生博士提出了一个研究市场社会学的新概念"建构结构"，这是糅合当代社会学理论走向后大胆提出的一个解析性概念。但如其所言，这也是一个极具风险性的概念，因为，长期以来社会学学科运用的基本概念基本是在"功能结构主义"的理论话语体系中产生的。但如何能破除社会学基本概念提出方式的学科路径依赖问题，创造出一个新概念能被学术共同体所认同，同时又能体现出作者意欲表达的含义，实属一件社会学反思性的工作。陈林生博士提出"建构结构"所表达的意思是：在"行动与结构"这对社会学基本问题上，阐明了它们是一种互构的关系，即行动者的行动包含有结构意义，而结构又包含有行动的意涵，行动与结构是相互内储的动态关系。因此，要找到一个这样理解意义上的社会学概念，本身就是一个大胆的学术勇气探索问题。在扬弃布迪厄"禀性"概念、吉登斯"结构化"概念和福柯的"身体权力"理论基础上，陈林生博士在著作中大量着墨于"建构结构"的提出理由且作出了详尽的理论解析。并根据其所调查的一个具有典型的案例——周宁人所创建的钢材交易市场，从制度结构、关系结构与建构结构的历时性与共时性演变中，说明了市场这种经济社会组织形式是一种社会的建构，且发现了中国在计划经济迈向市场经济时，行动者与社会结构的关系是"行动与结构既是互构的关系，但建构结构又被制度结构与关系结构所强约束"的一种市场实践经验模式。陈林生博士把"建构结构"的含义既当作是一种解释性的概念工具，同时又认为它是一种理解上述市场实践经验模式的方法论问题。由此，他提出的"建构结构"在这个范畴内具有理论价值。

　　总的来说，在理论上，陈林生博士对新古典经济学理解的市场是一种"市场出清"基础上的"均衡价格"理论、奥地利经济学派的"市场过程"理论和制度经济学认为的市场是一种制度的见解上，作出了评判性的工作，最终提出了市场应是一种社会结构。这种理解方式体现了市场研究的学术走向趋势，即市场研究从具体到抽象再到具体的路线是吻合的。

从社会结构的视角解析市场，它是市场社会学研究的学术主线，但因社会学理论本身对"社会结构"理解存在差异，导致了这个研究领域的无序化发展。而陈林生博士提出的社会结构应从"制度结构、关系结构和建构结构"这三个层面去分析，它体现了市场是一种制度建构的同时，又关注特定市场内部型构关系和应从市场参与者的行动实践决策方面同时关注市场的形成、发展与变迁的过程，这是一个理解市场"全景式"的理论框架。这种理论框架恰也体现了社会学研究市场具有强解析力的地方。

从市场经验研究上而言，陈林生博士从中国计划经济迈向市场经济过程中，出现了一个有其务工经商传统的周宁人在经营与"铁"相关的铸锅、铸造行业全面转向钢贸行业，从国家政策、法律变更、钢贸市场组织形式、地方性文化、市场内部型构关系——包括权威结构、网络关系和市场稳定与变迁机制，以及市场参与者的实践决策等维度，全方位地阐明了一个钢贸商群体创办的掌控全国较规模以上的钢材交易市场由盛转衰的社会结构变化过程。陈林生博士是从中国市场实践的具体问题出发，寻找一个可以运用社会学的理论与方法去解析特定市场形成、稳定与变迁的运作逻辑与变迁机制，这种问题追思的方式，恰是中国本土性市场实践的经验研究方式。

在经验研究过程中，陈林生博士发现了已有的市场社会学理论，尤其是西方市场社会学理论无法对中国的市场实践作出正确的理解与判断。由此，他在借鉴已有研究的基础上，努力发现了一些中国经济市场的特有性。其中主要表现在，如：中国改革开放后由计划经济迈向市场经济中，国家行动层面的顶层设计与"摸着石头过河"的市场实践是交互在一起的，其中国家作用怎么强调它的影响都不为过；在中国特定市场形成中，中国强社会关系的文化模式仍然具有重要意义，并发现这种强社会关系文化对市场的作用在市场发展的不同阶段会产生不一样的效果；特定市场的变迁力量不仅仅来自市场内部在位者与受控者之间的"错位"与"倾场"，更大的力量来自市场本身的组织模式和国家政策影响；在市场经济发展中，市场参与者所迸发出的市场力量是强大的，但在具体的市场行动过程中，因市场监管力量的地方政府在各自部门利益的追求下，出现了部门利益的分化与无序问题，使得具体市场参与者在行动决策时陷入了一种无法把握未来市场的"不确定性"，这也导致了一种"一管就紧、一放就松"的中国市场经济特有现象,等等。

如其所言,陈林生博士在借鉴我所提出的社会运行论,其中强调了一个社会要良性发展其条件和机制是什么的问题。运用这种学术运思方式,他把市场这种组织看作是一个社会经济组织模式,那么市场的良性运转它需要哪些条件和市场良性运作的社会机制是什么的问题作出了详尽解析。钢材作为一种"工业之筋、建筑之粮"的资源性商品在我国工业化与城镇化急速发展中,其地位显然是举足轻重的。周宁人抓住市场机遇,在一定程度上掌控了国内钢材流通的贸易环节,并取得了骄人成就,这显然是市场经济这种模式带给他们的一种致富方式。但为何近几年,这个钢贸群体和其所创办的钢材交易市场却陷入了全面危机,并发生了地域性和系统性的风险,确实是一个需要引发深思的——市场的良性运转需要哪些条件与社会机制的问题。

近几年中国工商企业,尤其是一些民营企业,在世界性经济危机背景中,并没有对其传统的行业进行转型升级以适应全球化的市场需要,而是在一种能够获得银行融资资金便利的条件下,走向了所谓的"资本运作",使得其原有经营的实体经济"空壳化"了,这强化了其市场行为的风险性。盲目性的投机行为充满了整个经济市场,周宁钢贸商是一个典型的案例。如陈林生博士所分析的那样,一个行业或区域性产生系统性风险是一个诸行动者网络构建的结果。周宁钢贸商和其所创办的钢材交易市场陷入系统性风险与国家经济市场化的阶段性政策、中国的铁矿石谈判机制、钢铁产能的严重过剩、钢贸产业链的经营模式、钢贸市场本身的组织形式、中国人强社会关系的市场运作方式、地方政府招商引资压力下的部门利益化方式、我国中小企业的银企融资模式,以及具体市场参与者的经商能力/素质等都存在相关。

当然,陈林生博士攫取一个周宁钢贸商及其所创办的钢材市场作为一个个案案例去说明中国的市场经验问题,其所提出的一些观点和结论可能存在推广上的局限性和"以偏概全"之嫌,但其中的一些分析性解析和结论仍可对中国的市场实践方式具有反思性的意义。十八届三中全会作出的《中共中央关于全面深化改革若干重大问题的决定》中,明确提出了"必须更加注重改革的系统性、整体性、协同性""紧紧围绕使市场在资源配置中起决定性作用,深化经济体制改革""着力解决市场体系不完善、政府干预过多和监管不到位问题""政府的职责和作用……加强市场监管、维护市场秩序、推动可持续发展……弥补市场失灵""完善人民币汇率市场化机制，加快推进利率市场化""促进重大经济结构协调和生产力布局优化，减缓经济周期波动影响，防范区域性、系统性风险，稳定市场预期，实现经济持续健康发展"等，这些重大问题的决定就是对先期中国在市场化过程中因出现的市场问题需要深化改革的地方，是国家行动层面上的一种顶层设计，是国家在新形势下，厘清政府与市场对促进经济社会发展中各职其位的重新定位。

市场社会学是因其需要分析市场与制度、市场内部型构关系与市场参与者之间相互关系的一种全面观点，显得具有广阔的探索空间，其重要性将会日益显现。市场社会学学科的发展，相信会有越来越多的学者参与其中，对中国的市场实践作出理论探索与反思的同时，并可对市场经济的可持续健康发展作出应有的更多学术贡献。

是为序。

郑杭生

于中国人民大学社会学理论和方法研究中心
2014 年 2 月 27 日

第一章 市场问题及其研究
理论、方法、意义

宏观调控的主要任务是保持经济总量平衡，促进重大经济结构协调和生产力布局优化，减缓经济周期波动影响，防范区域性、系统性风险，稳定市场预期，实现经济持续健康发展。

——摘自《中共中央关于全面深化改革若干重大问题的决定》

对市场的社会学研究，是基于这些问题展开讨论的：（1）市场的本质是什么？（2）市场如何运作？即市场运行的社会机制问题。（3）市场研究的社会学转向其理论框架如何构建？探讨的目的在于：如何理解"现实中的市场"？或者说"市场实践"的方式是什么？基于这个研究目的，我们主要是运用社会学的理论与方法梳理其历史与体系中的市场社会学研究，在主导的"市场的社会结构"分析框架里，对"社会结构"作精细化的学术处理，提出了"制度结构""关系结构"与"建构结构"的社会结构分层分析概念，以整合该研究领域的统一可能性，并通过中国的市场实践活动，提炼、检验和预测出市场社会学的学科研究路向与理论的经验性应用。

一 从钢贸市场提出的经验性问题

案例梗概

福建省周宁县（以下简称周宁），一个地处闽东北的省级贫困县（2000年之前），人口仅有20.11万（2009年人口普查统计数据），据该县在外商会的不完全统计，截至2010年底，将近有10万人在从事钢材贸易（以下简称钢贸）和相关的行业，掌控全国 1/3 左右规模以上的钢材现货交易市场（以下简称钢贸市场或钢市——周宁人口头语）、仓储码头，并与此配套成立了 300 家左右的钢贸融资性担保公司。期间，钢贸商（从事钢材贸易的生意人）也经历了从"临街插架"到"钢贸市场"经营模式的变化。

市场问题

1. 社会日常生活话语的"市场"更多指向的是一种"有形市场"、"特定市场"，经济学意义上的"市场"（经济学研究的核心问题之一）——一种商品价格的合成机制，并没有在现实经济社会生活中得到话语体现。由此，"市场"的本质是什么？仍然是理解市场理论的关键。

2. 中国市场经济向纵深发展的同时，为什么市场经济发展的载体之一"特定有形市场"（最为体现的是专业市场的发展）其内部的经商/务工人员基本来自同一个有亲缘、血缘和地缘的地方？

3. 是什么原因促使一个小山县人员汇集从事钢贸同一行业？周宁人经营管理的钢贸市场从 20 世纪 90 年代中期成立一个（上海逸仙钢材现货交易市场）到当前的 400 多个，其内在不断复制、繁殖再生产的经济社会机制是什么？

4. 在中国，国家政策对市场发展的影响显然是强的。但其影响的程度如何判定？并可指出，何种政策制定施行有利于市场发展，而不是阻碍？

5. 由初期的实体钢贸市场转向后期（近年）的"融资性资本运作市场"，其变化的内在推动力与运作逻辑是什么？是什么原因能使周宁从银行人均融资 200 多万元的资金（2010 年的不完全统计数据）？但当前整体钢贸市场为何处在崩盘的边缘？期间为何出现大量民间借贷纠纷与银行融资出险偿贷，且造成整个坊间信任毁灭性的危机？

以上这些都是我们研究钢贸市场提出的经验性问题。我们认为，在致力于提出一种市场社会学理论这一点上，一般是把"现实的具体市场"看作是社会学对市场研究的起点——即现实中的市场是什么？市场如何运作以及市场运作的结果是什么？当然这并不是唯一的研究途径，但是它有利于破除经济学与其他社会科学文献中刻画市场研究的无序性。由此，把以上的经验性问题框进"市场的社会结构"分析框架，是我们研究的主要议题。

二　理论选取：市场的社会结构

把"市场当作一种社会结构"，是经济社会学研究市场的主导理论。但这也来自社会学的核心议题——如何理解结构与行动有效结合的挑战。挑战如汪和建提出的，主要基于以下三个方面：

> 首先，认为市场的社会结构理论过度强调社会结构的因素。
> 其次，忽视行动者的主观性及其可能的行动策略。
> 再次，认为社会结构的分析方式是一种静态的分析工具。
>
> 汪和建，2012：369—371

据此，市场社会学的近期发展，另外拓展出了市场的新制度主义理论以及市场制度的社会建构理论等。但我们发现，社会学一直致力于把"社会结构"当作一种分析社会现象工具的同时，基本上对"什么是社会结构"却一直没有一个统一的解析，且对"社会结构"一词的应用都是在功能主义和结构主义文化语义学上被普遍使用的。

基于"什么是社会结构"的理解，我们在究其源、探其意中努力加入社会学当前理论发展的有益见识，把"社会结构"理解为是构成社会元素的组成方式和关系格局。认为，社会结构指向社会构成方式中的三个层面：制度结构、关系结构和建构结构，并且从"个体性的社会秩序"方法论阐明了主体行动者承载以上三个社会结构层面一体化的互构互纳关系问题。基于这种理解，我们阐明了：

> ——制度结构：表征的是组成社会的观念、信仰、价值、符号、期望以及规则等。在这里，制度结构是被行动者（agents）理解为能够把握彼此的行为且组织起相互之间的一种可确定性的国家政策、制度、规范或某种文化模式等。
> ——关系结构：表征的是社会的"型构"与"机理"。在这种观

念当中，社会或社会组织被看作是由社会关系自身所组成的，表明的是行动者和他们的行动之间的相互独立性、因果联系以及他们所占据社会位置的模式。

——建构结构：这个视角探讨的是赋予主体行动者一种具有创造力且有自我反省、自我转变的能动能力，强调的是行动者根据禀性经验和产生规范控制的主体行为的实践能力。在这个意义上理解的建构结构它既是主体行为的中介，又是主体行为的产物。

我们把社会结构分解为可操作分析概念的"制度结构、关系结构和建构结构"，是一种对社会学研究进行反思并意欲创建一个统一理论的可能而做出的努力。且通过实证研究，把中国市场经济发展载体之一的"特定有形市场"看作是一个"社会结构的单元"，并以此有效解析当前中国经验的市场实践问题。

致力于将"制度结构""关系结构"和"建构结构"的分层概念应用于对"市场"的分析，而且认为"建构结构"本身内含有"制度结构"与"关系结构"作为基点的理解，是借助于社会建构论、实践论和中国传统哲学对"身心"行为所理解的意义，并接纳它们的研究方法对其进行技术上的处理得出的。由此，提出了市场研究的一种社会学综合理论："市场的社会结构"。

运用对社会结构的解析，我们就"市场的社会结构"做一分析层面上的界定：

——市场的制度结构：市场作为一种社会的经济组织方式，它是以一种社会建构的制度存在。作为一种制度的市场，其理解方式得益于对"制度的社会建构性"的理解。市场这种组织形式它既是一种正式制度（国家政策、法律与规则的制定等），又是一种在市场中形成的如习惯、风俗、惯例以及行动者嵌入具体社会情境的反应方式等非正式制度。在历史进程中，市场制度是被行动者各方利益追求与相互影响所建构出来的。

——市场的关系结构：我们认为，经济社会学对市场的研究不仅是对构成市场本身关系型构中的行动者之间的一种社会网络分析，同时又要探索市场中社会学关注一些更深层次的主要问题——如市场中的权力关系/威权结构、社会位置/地位、资本资源占有关系以及在这种关系结构中分析市场变迁的动力机制等。

　　——市场的建构结构：从"行为禀性"出发理解的市场其如何被建构的过程是一种测量市场本体论的维度。行为禀性成为市场社会结构中被定位的结果，是铭刻在特定市场里的行动者身体上的，并塑造着行动者的思考、感觉和行为方式（策略）等。经商禀性和商人存在的形成成为市场中社会结构生产、再生产和转换的中心，市场的制度、关系结构其虚拟秩序就"具体化"在行动者的经商禀性之中。但同时强调，在方法论上，我们承认"行动与结构是一种互构关系，更是表明了市场的制度结构与关系结构对行动者行动的强影响作用"，于是提出"市场的建构结构"概念，以阐明这种方法论意义上的一种表达。

　　总之，我们认为，市场是在特定的正式与非正式制度建构中，行动者根据经商禀性习得的内生实践能力所构建的一种有其内部社会性型构关系特征的经济社会组织形式。

三　案例样本

调查地周宁县简况①

　　周宁概况：周宁（旧称周墩，当前县域内日常口语仍用该名称），位于福建省东北部、鹫峰山脉东麓，地处北纬 26°53′—27°19′、东经119°06′—119°29′之间。县城因城北狮子岗而俗称"狮城"。全县总面积1046 平方公里，2009 年人口 20.11 万人（人口普查统计数据）。

　　历史沿革：周宁早在新石器时代就有人类活动，古为七闽地，春秋属越，战国属楚，秦属闽中郡。由于交通闭塞，政教不逮，长期处于政管自

---

　　① 这部分的数据资料主要来自：蔡道华主编：《周宁域情》，海峡出版发行集团，海峡书局2012 年版；周宁县地方志编撰委员会编：《周宁县志》，中国科学技术出版社 1993 年版；《周宁年鉴》，福建教育出版社 2001 年版；以及孙绍旭：《民国以来县域劳务输出及其对农村社会的影响——以福建省周宁县为个案的研究》，广西师范大学 2006 年版。

由状态。直至五代闽龙启元年（公元 933 年）宁德建县后，始纳入宁德县青田乡东阳里管辖，明嘉靖三十五年（公元 1556 年）筑周墩城，设东洋行县。清雍正十三年（公元 1735 年），宁德设周墩分县，有宁德派县丞驻治。民国二十四年（1935 年）六月，设特种区，直属福建省第一行政督察区（署驻长乐）。民国二十五年二月，复属宁德县改为宁德县第三区。民国二十六年一月，恢复周墩特种区，属福建省第一行政督察区。民国三十二年九月，改属第八行政督察区（属驻福安）。民国三十四年（1945 年）八月建周宁县。1949 年 6 月 28 日，全县和平解放，9 月 1 日，成立周宁县人民民主政府，11 月 12 日，成立周宁县人民政府。期间，自民国始，管辖土地的面积曾发生多次变化（与隔壁的蜀区或县域管辖划分变动），当前，全县面积增至 1046 平方公里。

自然环境：周宁县境内峰峦叠翠、群山绵延、山陡谷深、溪谷错综，最高峰龙岗头顶峰海拔 1506 米，千米以上的高峰 282 座，县城海拔 886 米，居福建省之首。地貌以高山和中山为主，中、高山占据土地面积 61%，低山占 26.7%，剩下的以丘陵地为主（占 12.3%）。土壤以红土壤为主，占 61.2%，黄土壤占 28.8%，紫色土壤占 2.1%，还有其他土壤占 7.9%。由此可见，周宁土地贫瘠，山高水冷，且土薄地少。历来除有以梯田为主的自家稻田和日常自产生活蔬菜之外，居民几乎没有经济作物可生产。

县域传统工业：千百年来，因自然条件制约和不断行政归属变动，在改革开放前，周宁没有真正脱贫，甚至连基本的温饱问题都没有解决。周宁传统的产业（本研究将在之后的阐述中说明为什么周宁人从事与"铁"相关的产业与此传统产业相关）从有历史记载的宋代开始。宋代，境内有宝丰、宝瑞两个官办银厂和民间瓷窑。明代时期，开始土法炼铁。清雍正时期铸造的"东洋锅"（清雍正年间，周宁地属宁德县青田乡东洋里，故称"东洋锅"），在闽东、闽北享有盛名。期间，有记载称是杨氏三兄弟（杨联旦、杨联万和杨联学）携带晚辈孙作、孙忠到周墩下坂（目前是周宁县城郊区的一个自然行政村，隶属浦源镇）开炉铸锅的。① 道光年间周宁县就有铸锅技工到闽北建瓯、建阳、崇安和闽东霞浦等地筑炉办铸

---

① 福建省文化厅编：《八闽祠堂大全续集》，海潮摄影艺术出版社 2002 年版，第 42 页。

锅厂，深受欢迎。近代民国以来，周宁县主要工业仍然是以铸造锅炉相关的铸造业为主。相对家庭经济收入而言，经营和铸锅技工的收入相对高一些，经营铸锅一般年生产可达 2000—5000 余口，技工年收入可达 180—200 银圆（相当于当时的 75—83 担谷子），一般工人也有 50—100 银圆（相当于 21—40 担的谷子），而当时周宁县劳动力平均年种植谷子仅 20 担左右。于是形成了以周宁县郊区的下板、浦源、虎岗和板头等村落为主的铸锅产业聚集地。因铸锅产业发展带动了一批从事该产业的技工人员与销售人员，采取的营销策略其中之一便是"以铁换锅"，这自然就形成了一个在周边县市收购废铁的经销网络。改革开放后到 1992 年，在县政府规划中，建成的龙潭工业区，其主要产业仍是以铸造和翻砂为主，且成了邻县福安市闽东电机产业的主要原材料供应商。期间，并开始有了部分商人相对集中有序地开始转向广西、广东和江浙沪地带从事铸造和经营与"铁"相关的钢材贸易活动。

周宁钢贸商帮：历史维度

周宁商帮在民国时期就开始逐步形成。民国初年，因周宁地处山隅，较为稳定，但到了 20 世纪 20 年代中期，因军阀割据与混乱，战火延至福建宁德。1926—1931 年期间，周墩也连年战火不断，后来又有周墩苏维埃政府与周墩保安团的争战，造成了社会动荡不安。由此，有传统铸锅产业基础的周宁人就开始转向全国各地，并逐步形成了以技工自发劳务为主、流向地无序但人员相对集中的散流状态。其中，到闽北一带务工相对集中些，当地把这些人员叫作"走上府"，如当地早有民谣叹道："年年犁耙播，亩产一百五；无食饿腹肚，不如走上府。"后来，这些外出谋生的人被称为"出门人"——现仍是周宁县对出县务工经商人员的普遍称呼。

民国时期周宁商帮雏形的特点，如孙绍旭所言，"在民国动荡的岁月里，在兵灾、匪灾、自然灾害交加的年代，承受着封建压迫的周宁山民，为生存计迫，发挥了自己的特长，选择了符合当时周宁实际之路——劳务输出；采取农业与劳务相结合的道路，自发组织，农时务农，农闲务工，增加了收入，补贴了家用，发展了以铸锅业为首包括传统建筑业、药材经营、伐木等劳务输出行业；并形成了有组织、讲质量、求效益的优良的劳务输出传统；走出了一条独特的、切实可行的、符合实际的道路；为周宁后来劳务发展打下了基础、积累了经验"[1]。

改革开放前30年，在集体化运动中，农村由互助组、初级社、高级社到人民公社的国家强制政策施行中，周宁外流务工经商的形成与发展受到了较大影响。尤其是1958年城乡人口隔离政策，它强化与加速了周宁人口的淤积程度。在"劳力归田"政策中，加剧了周宁本是农村富余劳动力的饱和状况，使得土贫地少的周宁更是人均收入逐渐减少，强化了人地矛盾。

虽在国家政策强制中，使得周宁人无法通过正常的渠道外流务工，但为生存计，在农闲之际，还是以外出从事务工活动以补家计。据统计，1957年，周宁县域人口87192人，外出务工人员就已达1万人左右，相当于当年全国出县流动人口平均数的14倍；在"文革"末年的1973年，周宁外出务工的人员仍然保持在1万多人，此时，县域人口也只有127128人（1973年的周宁人口数据），外出经商务工人员就占据了10%左右，相当于当年全国平均出县流动人口的10倍。[2]

十一届三中全会之后，尤其是家庭联产承包责任制的确立，使周宁县以农为主的经济社会结构发生了更大的改变，在提高农业经济效率之中，人均耕作面积更显得紧张和尖锐。此时，人口流动政策的改变，使得本有外出务工经商传统的周宁人有了政策的支持，到1987年的统计数据显示，全县外出劳动力已达1.2万之多，自主创办的企业已有1040家，主要是从事与"铁"相关的铸锅、收购废铁和进行建筑钢材的贸易活动。据《周宁县志》（1993年）统计，1988年周宁县的外出劳务总收入为3630万元，首次超过了1988年全县农业的总产值（3432万元）。也就是说从1988年始，周宁县域经济特点变成主要以劳务为主的经济社会结构特征。据国内学者朱益民、潘丕声对中国典型的县域劳务输出的江西省广丰县所做的调查显示，1992年广丰县劳务输出9.6万人，实现收益1.99亿元，

---

① 孙绍旭：《民国以来县域劳务输出及其对农村社会的影响——以福建省周宁县为个案的研究》，广西师范大学2006年版，第23页。

② 据曾绍阳、唐晓腾在《社会变迁中的农民流动》一书中研究表明："若以出县为标准，改革之初全国流动就业的农村劳动力不超过200万。"若以县为单位平均，全国有2800多个县，平均每县714人左右。见《社会变迁中的农民流动》，江西人民出版社2004年版，第34页。

人均 2062 元。① 而周宁县在 1988 年外出劳务收益就达 3630 万元，劳务人员人均 3083 元，是广丰县 1992 年劳务人员人均收入的 1.49 倍。

之后，在中国城市化、工业化的进程中，因对钢材建材的刚性需求，自 20 世纪 90 年代以来，周宁人依托其所建立的钢材交易市场，使得从事钢贸的商人和务工人员急剧增加，到 2010 年，据不完全统计，在一个人口不足 21 万的小山县已将近有 10 万人在外经商务工，这其中主要是从事与钢材贸易有关的行业。

钢贸市场

20 世纪 90 年代之后，因国家产业政策的变化，尤其是上海城市的大建设，引发了周宁经商务工人员的相对人员和产业的集中化发展。早在 20 世纪 80 年代中后期，就有一部分商员进军上海从事建材、钢材的贸易活动，尤其在浦东的杨高路集中创办了 30 家左右的建材商店和公司，当时就被称为"周宁建材一条街"。之后发展孕育出了一部分商人，并逐渐成为民营企业家。其中 1996 年以 ZHR 为首的在上海逸仙路 281 号开创的"钢材超市"模式的"逸仙钢材现货交易市场"，它既改变了上海长期以来钢材贸易的散乱模式，同时又是周宁人高度集中在一个"市场"中从事钢材贸易的开始。该钢贸市场目前有交易席位 900 多个，进驻的企业和贸易公司基本上都是周宁人。此后几年期间，在上海以同样模式建设的钢贸市场和钢材仓储、码头到 2010 年就已达到 46 家。其中，较具规模以上的有华东最大的松江钢材城、江杨钢材市场、云峰钢材市场、普东钢材市场、砖桥钢材市场，等等。近年，在上海俨然已形成了以上海宝山、五角场一带和松江为主的上海南北两区钢贸的主要格局。近 20 年以降，上海的钢材贸易市场基本被周宁人所掌控，行业内有句话如此声称周宁钢贸商，"世界钢材看中国、中国钢材看上海、上海钢材看周宁"的形象表达。其中松江钢材城发布了"西本新干线"钢材指数价格并成了长三角钢材贸易的指导价。

与此同时，因上海钢材用量的饱和度问题，在 21 世纪初，有部分周

---

① 朱益民、潘丕声：《十五万民工走出家门之后》，载《老区建设》1993 年第 6 期，第 31 页。

宁钢贸商就开始按照"逸仙模式"在江苏、广东、广西、陕西、天津、山东、浙北等地区建立了较具规模的钢贸市场，其中尤以江苏为甚（如在连云港市，周宁人创办的钢贸市场就达 11 个）。到 2010 年止，据不完全统计，周宁人在全国创办的钢材交易市场其中包括钢材短驳仓储码头已经达到 400 多个，创办钢贸类公司 3 万多家，县域从业人员将近 10 万人，钢材年贸易额超万亿元的规模。

案例市场：上海 YF 钢材市场

攫取上海 YF 钢材市场作为本研究的案例样本是基于以下考虑的：

1. YF 钢材市场是上海国有企业 YF 集团下属的子公司 YF 金属材料有限公司与周宁人 ZWX（当前是上海 JY 钢材市场的董事长）和其关联的一些周宁人在 2004 年 8 月合资创办的，这种合作模式具有市场建构的国家政策变化含义。

2. 创办初始进驻的商家由伊始的多地方进场商员，最终演变成商户基本是周宁人，这具有社会学研究的意义。

3. 合作经营不到 2 年时间，因涉及市场担保问题的体制原因，无法合作经营；但到 2009 年开始，该市场重新又与周宁人合作经营，从股东变化看，这种市场的经营权为何又落进周宁人之中，其市场社会学的意义明显。

4. 因研究需要，市场的经营管理者和市场中的部分商户与作者具有初高中同学的关系，对其进行研究，所得的质性资料具有可信性。

5. 该市场在当前周宁人经营管理的钢贸市场大部分倒闭或破产之际，当前仍能维持继续经营，其具有周宁商帮经营钢贸市场成败正反两方面的研究意义（具体原因后文将继续讨论），等等。

上海 YF 钢材交易市场位于上海宝山区，是上海较早的前店后库式和商住一体式的"钢材现货交易市场"。经过几年的发展，与其他钢贸市场一样，已经从传统的钢材现货、钢材仓库市场发展成为集商流、物流、资金流、信息流以及深加工于一体的现代钢铁物流企业集群地。

地理位置：YF 钢材市场地处上海长江西路 778 号，介于上海宝山钢铁商贸区与物流区中间地带，紧邻宝钢第一钢铁公司，仅一路之隔。其周围 8 公里半径内既有铁路交通资源，如张庙站（距离市场 5 公里以内）、北郊站、何家湾站（距离市场 10 公里以内）等火车（货车）的主要装卸地，又有水路交通资源上港九区、上港十区（距离市场 7 公里内），淞南码头（距离市场 5 公里内）等大型装卸码头。YF 钢材市场具有便捷的陆运交通优势，北接外环线 A20，可直通 A30，西接南北高架，可直接连中环、内环、沪宁高速 A11 等主要干道，东接逸仙高架，均可连通以上主要干道。

企业规模：YF 钢材市场占地 173 亩。建筑面积 10 万平方米，均为钢结构或钢筋混凝土结构，1 号办公楼为 5 层建筑，其他 2—6 号办公楼都是 2 到 3 层不等的低层商住一体式建筑为主。市场内还建有构件成型车间、卷板开平车间、线材拉丝车间等设施，以满足对钢材二次加工的需要，基本实现钢材加工及配送一体化经营。到 2012 年，市场入驻企业 186 家，其中只有 4 家公司不是周宁人，即市场的 97.8% 的商户都是周宁人。

仓储能力：市场规划占地仓储面积 113220 平方米，目前建筑面积除外投入使用的实际仓储面积为 48000 平方米，另 233310 平方米处在建投入使用中。市场钢材年常备库存量达 10 万多吨。

上海 YF 钢材经营管理有限公司注册于 2004 年 8 月，公司投资者为上海 YF 集团有限公司，YF 钢材市场所属集团作为移交地方政府的部队转制企业，是著名品牌绿地集团旗下规模最大的综合性产业集团之一。YF 集团下属的上海 YF 钢材市场是全国钢材市场重点推荐单位之一，上海钢材行业理事单位，等等。自 2009 年 1 月 1 日起，上海 YF 钢材市场再次与 CMC 为首的一个周宁人经营团队进行合作。其合作模式是每年上缴 YF 集团 1200 万元的经营管理费，超出其部分营业利润按照 YF 集团得 20%、周宁人经营管理团队得 80% 的合作经营模式经营，市场经营管理公司的法人仍然是 YF 集团下属的 YF 金属材料有限公司的法定代表人，且原有的管理人员和技术员工不变。

据调查，YF 钢材市场有如下较为明显的特征：

1. 其成立是在上海钢材用钢量需求旺盛时期，由传统的钢材计划配置走向市场配置的转变中应势产生的。

2. 市场的构建是在周宁人经营钢材贸易市场的成功案例中走向国有企业与民营企业合作经营的。

3. 在依托周宁群体从事钢贸的商帮力量里，周宁在掌控上海钢贸之时，一个国有企业（有其土地资源的优势）理性选择所建构出来的市场。

4. 市场的进驻商户是在经营管理团队的带动下，市场内部的商户形成了俨然一个传统中国村落特征的社会关系型市场。

5. 市场内部形成了明显的场域级次结构特征——市场中有在位者和受控者之分。

6. 市场的进场商户基本上都有多年的钢材贸易经历，等等。

四 调查研究方法：定性为主

本书的经验研究是试图刻画出周宁人经营的钢贸市场从 20 世纪 90 年代初中期以来的历史变迁、期间市场运作的模式变化和一个商业群体如何在辉煌的史绩中走向没落的一个史实过程。在我们所提出的理论图示"市场的社会结构"下就其钢贸市场的本质问题、钢贸市场是如何运作的以及钢贸市场的变迁力量等问题作出分析性的解释和论证，以探讨"作为社会结构的市场"的具体体现和运作机制。

攫取周宁人经营的钢材市场作为我们的研究案例，主要考虑到，因其具有"全县皆钢"的个体钢贸铸模的心态和习性养成的模式，并有出县经营成立的钢贸市场其中带有明显特征的社会关系型运作的特征，同时在市场里显然形成了一种社会分层的场域级次结构，而且钢贸市场在一个县域人员开发的独创模式中不断被复制形成了一种日常话语"在哪个市场发展"的问候语，这些特征都彰显出了对周宁钢贸市场研究的独特价值和意义。对于我们所关怀的研究议题，既要分析市场变迁过程中复杂的时空维度，也要考察商人行动的心态模式和行为模式，还要探究市场形成的政策变化以及形成市场的地方性文化解析等，因此，在具体的社会调查技术上，我们主要是采取深度访谈，参与观察和文本资料收集方法的质性研究方式。构成本书分析论证的质性经验资料来源于我们课题组多次的田野调查，尤其是作者本人进驻 YF 钢材市场整整一年半多的时间（从 2008 年 10 月 7 日起至 2010 年 3 月 12 日），在该市场中，因与市场的股东是高中同学的关系，他们安排了一个商住一体的办公楼长期住宿，期间并担当了该市场运作管理"顾问"一职，因此收集的资料具有可信性。在做田野调查之际，资料的收集主要来自三个方面：一是市场股东合作经营的商户公司的档案资料，政府的政策文件、工作报告以及银行授信的文件资料等；二是对市场里的商户进行正式与非正式的访谈资料；三是自己的一些观察记录。为保护当事人的利益和隐私，在本研究的资料使用过程中，我们对所有的人名和部分公司名称都进行了技术处理，使用了化名（以组成人名、公司名的每个首字汉语拼音合制而成）。

在具体的观察方式上，我们的研究采取了"焦点观察"而不是"描述观察"的调查方法，即在观察中忽略一些对我们的研究无足轻重的事物而采取较为有一定范围和界限的情境观察。同时，在观察中我们形成了与被观察者的互动对话协商关系。在观察调查中，我们经常以"角色扮演"的身份寻求情境的认同，注意与被研究者在互动中对彼此期望的一种动态过程，并且尽量挖掘被研究者真正的所思所想以及注重观察性伦理维度的把握。本研究中，因笔者与市场的经营管理者和部分市场的商户都是以前的同学关系，在做文献文本的收集方面，是比较容易的。期间，我们获得了有关国家、上海市该社区的与 YF 钢材市场相关的一些文件、法律法规以及 YF 钢材市场的工商档案等。通过文献这种媒介，我们获得了YF 钢材市场的政治建构与市场建构的历史特点，所获得的文献具有高度的整体性和融入背景的特征。我们对文献的梳理与解释是以同步解释学的程序以及模式化的相似性与差异性的构建为特征的。本研究对文献的梳理意在对市场本身的理解是作为一种国家、政策、地方性文化建构的视角进行佐证的，而不是对文献本身进行数据统计分析处理而说明某种事物的显现方式。本研究根据研究的需要采取"深度访谈"的形式，即主要采取了"半结构的访谈"与"非结构化访谈"的形式，注重与受访者的社会互动，以日常生活会话的形式进行，这可免除结构化访谈的标准化程序和问题的顺序。是根据我们的研究兴趣而进行的会话，是以了解受访者对他在其中的市场生活与经验世界的解释，目的在于取得正确的资料或了解访谈对象的真实看法、态度与感受。作为访问者，我们既像是采矿者，也像是旅人，即我们既要挖掘又要是以漫游者的身份以揭示说话者的生活真实故事。同时在访谈中注重与受访者的平等地位，努力寻找资讯提供者的多元说法与观点，并关注如何探索潜藏在表层观点下所蕴含的意义以取得对经验世界的本质理解。

本研究主要是通过焦点观察、文献整理和深度访谈这个"三角交叉检视法"作为质性调查收集资料的方法。具体而言,对所调查的市场其调查方法与步骤如下:第一步是观察笔记、查阅有待分析的文献、听访谈录音与阅读访谈记录。在分析这些资料时就分类与资料之间的关系提出初步设想。第二步是根据研究需要选择分析性类别,主要是撰写备忘录、选择主题分析的分类策略和叙事分析的连接策略,其中分类策略主要是针对我们所得的资料进行按照"结构的"、"内容的"和"理论的"方法分类。首先,通过结构的分类,把所得的资料进行像是"二进制"一样整理资料,以便进一步分析;其次,通过对资料进行内容的分类,它主要是描述性的,是通过对资料仔细地按照内容吻合研究的需要而归纳起来的;最后,根据我们提出的理论工具——"市场的社会结构"理论的分析步骤,而把已经编码的资料置放到一个更加一般或抽象的理论框架中去。第三步,寻找已经分类的资料之间的逻辑关系,以便能对资料加以连接(连接策略),这样"以便把一个情境内的陈述与事件连接到一个统一整体中的关系"(马克斯威尔,2007:76)加以分析。

本研究的调查过程按照四个阶段进行。我们在 2008 年 1 月至 2008 年 3 月、2008 年 7 月至 8 月,以及常住 YF 钢材市场 1 年半多的时间对其进行了调查,并因这两年市场发生了巨大变化,在 2012 年 6 月又对其进行将近一个月时间的田野调查和多次参加该县人在上海举办的商会活动。

调查的第一阶段,是在 2008 年 1—3 月进行的。主要是采用参与式的焦点观察法。由于调研的周宁县是作者的家乡,且每逢春节,在沪经商与务工的周宁县人基本都会回家乡。周宁县有春节期间走亲访友的浓厚气氛与传统,每户人家都会从大年初一开始轮流请亲朋好友到家里热闹一番,这延续了风俗,又加强了感情沟通,作者每年也都在这种热闹的场景中度过酒桌上的春节。春节话题,最数总结与展望在沪做钢材生意为热门,耳濡目染,再加上研究的需要,经常笔者会有意无意提及一些生意场的情况,这为笔者收集资料提供了方便。2008 年春节之后,作者专门到 YF 钢材市场进行了一周的调查研究,主要是了解市场的形成与发展以及目前运作模式的一些基本情况。期间,访谈了该市场的董事长,经过其回忆、口述以及与 YF 集团合作经营市场的艰辛过程等,比如租用场地需与该社区的政府、工商、税务等部门的协商与许可过程,招商进驻企业的过程以及市场运作的基本辅助硬件与软件的设施投入，等等。这一周的调研，主要是收集了 YF 钢材市场建构的历史文献资料以及了解该市场的基本情况，比如进驻商家户数、商家的人口统计基本情况，访谈了该市场中较被周宁县人认可的大商户（批发商且与国内主要的钢材厂有固定的比如代理关系的商家）3 家，批发商 5 家，工地商（直接提供工程用货的）6 家以及一些"搬砖头"的公司——注册一公司，但资金不足，主要是靠跑工地、谈工程之后利用市场内亲戚朋友关系周转货物赚取中间利润的商户。还有在市场中随机访谈一些公司中的务工人员 18 人。这次调研所得的访谈资料与观察笔录为笔者确定了研究问题、调研大纲以及初步对 YF 市场的运作有一定的认识并确定采用"市场的社会结构"理论对其进行分析的可能。

　　2008 年 6 月中旬作者再次到 YF 钢材市场，在朋友的公司驻扎两周时间，开始了第二阶段的调查。主要是采用"目的性抽样"的方法，即按照研究目的抽取能够为研究问题提供最大信息量的研究对象作为深度访谈的对象。具体的访谈策略是：首先，选取非常成功的商人作为个案，即有原来出来打工，之后经过个人的奋斗，成为市场中具有影响钢材价格的商户作为我们的深度访谈对象；其次，最大差异抽样，即在市场中在各种类型的商人中均抽取一定的样本，以使抽取的样本能最大限度地代表研究对象中各种不同的情况。这次访谈包括第一阶段的一些人员，分别访谈了批发商 8 人、工地商 10 人、"搬砖头"的商家 10 人以及务工人员 5 人。访谈采用"半结构的访谈"和"非结构化的访谈"，尽管这次备有访谈的提纲，但提纲只是起到提示的作用，而且作者采用录音笔隐蔽录音。虽有伦理方面的嫌疑，但由于本书并不出现调查对象的真实姓名以及公司的真名，用名称全拼的第一个字母以大写字母表示。这一阶段的访谈主要是要了解受访者在市场中的经商经历、关键事件以及受访者本人对事件的理解、经营的技巧，以及如何看待自己在市场中的社会位置等看法和通过哪些方式改变自己的商业位置而做出的种种努力，比如如何融资、利用老乡、亲戚朋友的关系，以及如何在市场中扩大公司的知名度从而更好地从事商业活动，等等。每次访谈后，作者都是及时地撰写备忘录和反复听录音和阅读录音记录并进行整理分析。

　　第三阶段的调查研究是作者进驻 YF 钢材市场常住整整一年半的时

间。在 2008 年 10 月，经一个老同学的介绍，为使调查更全面，本人在市场部的安排下，住在市场中，把它作为调查的窗口，并同时被聘为 YF 钢材市场的运作管理"顾问"一职，在一年多的调查与参与运作市场的过程中，笔者深刻体会到市场中的场域结构，使笔者更进一步确定市场的运作从社会学的视域理解更吻合市场实践特性。尤其从市场形成的制度结构、关系结构和建构结构视角理解一个市场的整体运作，才能理解在中国社会发展的过程中，市场经济的转型、社会的转型以及市场运转的支撑性条件与机制——国家和当地政府政策支持与引导、市场内部商户的社会网络关系以及商户本身经商的裹性塑造，等等，只有采取全景式的方式去理解和勾画作为中国市场经济发展的缩影之一的特定市场，才有可能在一定的学界领域里获取"市场本身是什么"的理解。

第四阶段的调查是在我博士毕业之后，因单位工作的需要，离开了YF 市场一年之后，再次对其运作的现状进行了调查。主要是因为在 2010年下半年之后，因国家政策的变化，尤其是房地产政策的变化，对材料供应商的钢材市场造成很大的影响，并且发生了世界性的经济危机，给中国的钢材贸易行业造成了巨大影响。而且在 2009 年之后，周宁县人开始在全国各地蓬勃建设的钢材市场因为其内部的市场运作机制和外部经济环境的变化，因为涉及大量的银行融资出险和民间借贷纠纷之中，钢贸市场开始走向危机。这次的调查更是带着理性的思维去看待曾经辉煌的一个钢贸群体如何在市场内外部因素中走向衰落的。因研究的需要，这次的调查在"关系性融资"的环节部分地采取了定量的问卷方法。

五　研究意义

对市场的社会学研究基本上是从社会结构的主导视角进行的。但我们发现，对其文献的梳理中其困惑来自"何为社会结构？"社会结构是社会学的核心概念之一，当它被运用于理解市场时，由于它本身概念所涵盖含义的模糊性与不同研究者随意使用而导致的相异性，使我们对市场的社会结构的理解显然更具有一种"无法把握"之感。有如洛佩兹、斯科特所言，"社会学家经常为了自己的观点需要而非常轻易地使用这个词，因为他们正是要依靠社会结构概念的不同、笼统和含蓄的表达现状"。（Jose

Lopez and John Scott, 2007: 1) 当然, 导致此种情况的缘由来自社会学概念本身界定的特点——一种概念界定的智识所限与甚至是学术谋略即学者为争得应有学术位置而修饰的结果。

当然, 我们的研究, 不敢言是对"市场真知"的获得, 而只是在已有的研究中发现市场的社会学理论本身需要进一步的精细化与细致化, 同时能从中国经验的市场研究中对实践知识本身"再度建构", 使之能更贴近市场本质的理解, 足以宽慰。英国学者洛佩兹、斯科特所著《社会结构》一书中, 其对"社会结构"知识理解的系统化, 对于我们研究市场的社会结构具有导引作用且吻合作者最近的思考, 于是就根据"社会结构"作概念的分层分析为(概念的"族群特征"或"家族相似性")"制度结构"、"关系结构"和"建构结构"等三个指向的构成层面。我们对于"建构结构"一词本身的建构, 是基于吻合"学术共同体"对此概念的认同而提出的。同时我们发现在对市场的社会学研究中, 基本上可以将所有该研究领域的研究规划进这一理论框架内, 如: 作为一种制度建构的市场, 它具有"制度结构"的市场特征; 作为关系与网络分析的市场, 它具备"关系结构"的市场特点; 以及从倾向于市场行动者和行动策略特征出发理解的市场其吻合"建构结构"的特性。并且我们认为"制度结构"、"关系结构"与"建构结构"是"三位一体"的关系, 即它们不是有时间与空间的顺序关系而是互嵌的"一体"关系。本研究意欲对"市场的社会结构"作出尽量符合真实特定市场的理解, 以其作为理论框架, 并以"市场场域"的研究步骤和其与市场的社会结构理论的融通之处作出技术整合理解, 同时根据中国本土化的市场实践经验, 做出该理论概念化的适合情境式的模型。这是我们研究的理论意义所在。

同时, 我们认为, 用古典经济学理解意义上的市场理论(一种市场价格的合成机制)对中国的市场实践进行分析, 它本身就没有"市场"。因为, 中国的经济市场已经非常清楚地告知了这一点, 国家、政府、法律、文化、社会关系以及行动者自身的特性对塑造市场的发生、发展和转型都对其产生了直接或间接的影响。

西方经济学很难解释中国的市场现实, 改革与开放带给中国的是如何打破原来为保护社会而建构的种种制度, 以便释放市场力量的目标。在这个时段里, 中国社会的建构是从原来的计划经济向社会主义市场经济的

"开放"，并全面地参与全球化这一人类社会不可阻挡的进程。（当然，全球化的市场逻辑是否合理的问题，需专门讨论，在这不作具体阐述）于是当我们简要地把中国的经济改革说成是"市场改革"的时候，如何正确地理解"市场"、"什么是市场"以及在改革三十年以来我们回过头来去理解"市场"时，市场本身是如何产生的、市场的演进遵循着什么规则，市场中的人们是如何理解中国式的市场的以及市场本身的运作逻辑是什么，等等，都是不可回避的现实问题。而中国在市场改革之际，作为蓬勃发展的特定有形市场（一般表现为专业市场）承载着市场经济的有形载体之一，甚至是最直观的一种市场形式，我们应该如何从经济社会学的视角去理解它，它的出现、发展与演变以及市场本身的内部运作遵循着哪种运作方式，这些问题对我们理解市场是具有很强的现实性的。就此而论，市场的社会学或许不失为一个重要的研究参照系但同时又被忽略或研究不足的现实议题。

第二章　市场社会学的研究

经济社会学在分析市场中的优势之一在于社会学家善于揭示一种社会现象的社会结构。

——斯威德伯格

与经济学理论对比，经济社会学对市场的研究只有很短的历史，并且这种研究在很大程度上并没有形成一个统一连贯的范式。主要原因在于社会学学科研究的逻辑，强调从社会经验去归纳某种适宜的解释方式；而经济学学科从一开始就有一些基本的假设，在这种假设的基础上演绎出一个程序合理的结论，而不管这种假设是否能经得起实践的考验。这两种分析社会经济现象的理路，必然导致了社会学与经济学学科之后发展的路向。经济学在研究市场的问题上，因经济学本身的逻辑起点和学科问题意识，导致了其研究缺乏一种对市场研究的社会学维度，这也造成了其无法合理地解析现实中诸多的市场实践问题。而这恰是经济社会学的学者们不懈努力的方向与动力之一。经济社会学对市场的研究，到目前为止因其市场实践本身的复杂性，还没有形成一个简洁有力、能够为该学科研究的学者们普遍接受的分析范式。这也是本研究的理论意义所在，即努力梳理市场社会学在历史与体系中的相关研究，并在中国市场经验的实践中，构建能够囊括市场社会学研究的一个综合性的理论分析框架。因此，本研究延续主流经济社会学对市场研究的一个"市场的社会结构"理论分析框架，但不同的是赋予其不同的理论内涵，并且研究的目的在于综合该研究领域的一个统一话语范式。

一　经济学中的市场研究：一个概述

市场，market，源自拉丁文 mercatus，其本义是指"贸易"或"贸易的场所"。在经济学中，市场含义是一个逐步被赋予新内涵的过程，从原初的"一个交易者进行交换的物理空间和人们的聚集以便从事相关的经济活动"到近代的市场，它意味着"一般性的买卖关系"以及从那时起，主流经济学家把市场视为一种抽象的价格机制等（朱国宏，1999：285），即主流经济学（新古典经济学），主要把市场视为理性个人决策者基础上的价格机制。但最近几十年来，奥地利经济学则从"市场过程"的视角分析了市场连续变化的力量以及这种变化力量的来源；制度经济学把市场看作是一种制度，尤其是把市场看作是为了降低交易费用而形成的一种诱致性的制度模式[①]，这些研究的变化使其具有了与研究市场的经济社会学的"视界融合"分析成为可能。从经济学的研究路径演变可看出，从古典经济学到新古典经济学，再到现代各种经济学理论的发展，它们对市场的概念理解遵循的是一条从具体到抽象再到具体的学理路径。

以下我们就新古典经济学、奥地利经济学和新制度主义经济学等对市场所作的不同理解做一个简单的概述，以便我们分析从经济社会学对市场的理解与其他学科存在的不同。

关于经济学对市场的研究，正如经济学家施蒂格勒曾经提到的那样，"经济学理论是关注市场的，（而同时）它也正是造成一种困窘境地的根源，即人们很少将注意力关注于市场理论"（施蒂格勒，1967：291），诺斯也指出，"非常奇怪的是，经济学文献关于新古典经济学的核心制度即市场的谈论是如此之少"。（North，1977：710），并且科斯也认为，"尽管经济学家宣称要研究市场，但在现代经济理论中，市场自身比公司的存在更为模糊"。（Coase，1988：7）按照他们的观点，现代经济学家对市场理解的相关观点其全部兴趣所在就是"市场价格的确定"，因此并没有对市场展开更深入的分析与探讨。而这些都是来自占主流地位的新古典经济

---

① 根据学者的研究，主要有两种类型的制度变迁模式：诱致性制度变迁和强制性制度变迁。诱致性制度变迁指的是现行制度安排的变更或替代，或者是新制度安排的创造，它由个人或一群（个）人，在响应获利机会时自发倡导、组织和实行。与此相反，强制性制度变迁由政府命令和法律引入和实行。诱致性制度变迁必须由某种在原有制度安排下无法得到的获利机会引起。然而，强制性制度变迁可以纯粹因在不同选民集团之间对现有收入进行再分配而发生。参见《财产权利与制度变迁》，主编：陈昕，［美］R. 科斯、A. 阿尔钦 、D. 诺斯，上海三联书店1994年版。同时，可另见林毅夫《关于制度变迁的经济学理论：诱致性变迁与强制性变迁》一文中的阐释。

学关于行为假定其所包含的给定信息、外部决定、偏好稳定性相关。可见，新古典经济学对人的行为是做了高度的抽象与简化处理的。有如张维迎所言："新古典经济学的行为假设是经济学的问题，不是市场本身的问题。"（张维迎，2012：7）

具体而言，19 世纪末以降，新古典经济学的发展区别于古典经济学的一个主要特征是，新古典经济学开辟的边际革命其所提出的"边际效用"理论，由此它具有了对人的微观行为假设，主要表现为：在经济人"理性预期"和"理性选择"的假设中人具备"完全信息、外生决定和稳定偏好"等。在古典的经济学中提倡市场"一般均衡"理论其内涵具有经济行为人的充分信息假设，这个理解虽在后期的经济学理论发展中存在争议，但自亚当·斯密以来，市场中不同行为者之间的"协调问题是如何实现的"一直是经济学需要解决的主要问题。这个问题直到 19 世纪 70 年代的门格尔、杰文斯，尤其是瓦尔拉斯等对经济学研究这个问题时才具有了一个明确的答案：即市场中的行为者都面临着同样的价格束，这个价格束提供了协调市场所需要的信息。由此之后，人们一般认为，瓦尔拉斯的"一般均衡"思想包含了行为主体充分信息的假定，"充分信息意味着所有主体在一开始就已经充分认识到所有可能的参与者，他们的策略及支付"（Ikeda, S., 1994：22；转引自朱海就，2009：13）。个体的"稳定偏好"是建立新古典经济学方法论的基础，新古典经济学在走向以"实证—经验主义"为特征的、形式化的方法论道路上，主要学理依据在于其行为人的"稳定偏好"假定。如果人的行为不稳定，那么其所建立的"无差异曲线图"和"个体的满意函数"，以及经济学借鉴运用波普的"经验—实证"方法都将不会存在。在这其中，个体的"例外行为"，如"包含非经济动机"、"选择不会犯错误"等的可能性都已经被排除在外（奈特，1940：1—32）。而"外生决定"的假定主要是阐明了"新古典模型中的个体是按照经济学家设计好的路线走的，通俗地说，个体的选择是被动的，不是主动的，个体行为是被经济学家设定的模型所决定了的，经济学家已经为个体的选择设计了程序，这个程序通常包括了'刺激—反应—最大化选择'等几个步骤"。（朱海就，2009：14）可见，个体"外生决定"假设的一个直接结果便是导致经济学理论的"决定论（deter-ministic）"。如"瓦尔拉斯—帕累托范式"（Walras‑Pareto Fixation）在摩根斯坦因看来它就是"完全决定论"的，在后来的阿罗、伯赫（Borch，K.）和德布鲁虽对该结构做了些"重要的修正"，引进了行为概率来解决个体选择的"不确定问题"，但其理论本身内在的"决定论"特征并未因此而消除。

因此，我们认为，在新古典经济学行为假设框架中，经济学对市场的理解通常是在其"一般均衡"理论导引下，市场是一种"价格束"、是一种"价格的合成机制"。这种理解市场的方式包含了两个层面的意思：一是"市场出清"，即在某一产品价格与要素价格下，不同的产品市场与要素市场供求相等；二是"整体协调"，强调市场中不同部门之间的相互作用和相互依赖。其中发展的帕累托最优、马歇尔局部均衡理论、庇古福利经济学、完全竞争与垄断竞争理论、凯恩斯的 IS—LM 模型以及经济周期理论等都是该市场理论发展的典型性代表。

在经济学发展的另一极，奥地利经济学家关于对市场的观点，现在越来越受到人们的关注。新古典经济学从"均衡"视角理解市场，而奥地利经济学家则从"过程"视角分析市场，这恰是两者的区别。奥地利经济学对市场中的行为人假定有两个"洞见"：一是行为是有"目的的"（purposeful）；二是行为偏好、预期和知识其所固有的"非决定性"和"不可预知性"（unpredictability）特点。

在奥地利经济学家米塞斯看来，新古典经济学家认为的人的行为是理性的，这种说法是"多余"的，因为人们关心的是实现目标的方法和手段，对人的行为目标和选择应该保持价值判断上的中立。在米塞斯看来，行为不能实现所预期的目标并不能说明行为是非理性的，某种行为不能达到预期的目标是正常的，甚至人们在目标的实施方法和手段上经常出现错误，但由此不能认为该行为是不理性的。因此，在奥地利经济学家们看来，人的行为是有"目的的"，即"人做某事是有理由的"，即人们"行为"的原因是人自身的"目的"，而不是社会的、历史的或是心理的等等其他的原因（Steedman，I.，2000：115）。另外，在奥地利经济学家看来，新古典经济学所宣称的人的知识是完备的，这与现实差距太大，因为我们稍微想一下就知道，完备知识与人的存在、人的智识发展是相悖的。人总是在时间的流动中，接触和产生新的知识，在既定的真实状态下知识永远不可能完备。这个观点，门格尔、里兹（Mario J. Rizzo）、拉赫曼以及哈耶克等人都有详细的论述，有如哈耶克认为的，"……人在知识和利益方面所具有的那种构成性局限；因此，构成他们行动之旨趣或动机的也只是他们的行动在他们所知道的范围内所具有的那些即时性结果而已"。（哈耶克，2003：19）从人所具有的不完备知识特征出发，奥地利经济学家推断出，人的行为预期不可能是一直准确的，因而也就不存在新古典经济学家认为的理性预期。正如沙克尔在这一方面所表达的意思一样，"理性选择"除非是发生在"没有时间"的事件中，源自不确定的未来的"知识的空白"（gaps of knowledge）使理性"笨手笨脚"，无法起作用（Shackle，G. L. S.，1972：465）。因此，奥地利经济学家们认为，行动中的个体不能被看作是一个形式数学模型中的一个变量，因为预期本身也存在变化，行为是存在不确定性的。

在批判新古典经济学的行为假定之后，奥地利经济学家在其人类行为的假设基础上，提出了一种市场的"过程"观。甚至拉赫曼认为，"市场过程"是奥地利经济学的最核心概念。奥地利经济学主要从知识与时间过程两个方面理解"市场过程"的。关于知识的问题，有如科兹纳所言："对于奥地利经济学家而言，共同的知识（mutual knowledge）在任何时候都不是无漏洞的，而市场过程被理解为提供系统性的力量，这种力量通过企业家的警觉（entrepreneurial alertness）而被启动，倾向于降低相互性无知的程度。知识即不是完美的，无知也不是必然无法战胜的。均衡确实从来都没有被实现，但市场确实展现出强烈的朝向它的倾向性。市场协调不是基于假设而偷偷进入经济学的，但是同时也不能简单地通过指出未来的不确定性就把它排除出经济学。"（科兹纳，2012：5）科兹纳是从加里森命题（Garrison thesis）① 出发理解了知识与市场的协调问题，强调市场过程方法是居于经济学中间地带的见解。而哈耶克和拉赫曼等其他的奥地利经济学家则充分说明了知识角色以及知识在市场过程中的促进作用。如哈耶克在 1937 年的那篇著名论文《经济学与知识》一书中，就曾说："我所关注的知识问题中的那个更为广泛的方面，实际上就是有关人们如何能获得和使用的商品以及他们在什么条件下可以切实获得和使用这些不同商

---

① 加里森命题指的是其在 1982 年首次提出的奥地利经济学是居于当代经济学的两种极端之间的视角。

品这样一个基本事实的知识问题，亦即为什么不同的主观基据与客观基据相一致这样一个一般性的问题。"（哈耶克，2003：75）而拉赫曼对市场与知识的问题有了更直观和详尽的阐述。因为在他看来，市场过程是无止境知识流的外在体现，知识否定了任何想把知识当作数据处理的努力，亦即是一个可以用时间和空间确定的目标，除非知识本身不再发挥作用。而事实上，知识是无时无刻不在流动的，只要知识在流逝，那么知识就不能被当作是一个其他任何事物的函数看待。如他所言，"知识的流动一定会产生新的不均衡状态，企业家连续地设法发现新的可供利用的机会，一旦一个机会由于竞争的结果消失，知识流又使新的机会产生"。（Lachman，L. M.，1990：80；转引自朱海就，2009：38）

关于时间的过程观念，是奥地利经济学家有别于其他经济学的关键因素之一。如哈耶克的"真实时间"观，认为时间不是数学变量，它应被看作是一个一连串的事件被每个个体所经历的；门格尔认为经济学中因果关系的思想应是与时间思想分不开的；庞巴维克从时间的概念出发分析了时间与资本的关系；里兹对时间的理解如同哲学家伯格森（Bergson，H.）对时间的观点，认为时间有静态和动态之别，而动态的时间是不可逆的和不同质的，这样就决定了它与新古典经济学运用数学方程中的静态时间是不一致的；沙克尔则区分了"内部时间"与"外部时间"，外部时间即是我们理解的通常意义上的"物理时间"或"牛顿时间"，"内部时间"即是"真实时间"，它表达的是个体行动的时间，每个人都是活动着的个体，在时间中我们感知、想象、思考和决定着，因此，沙克尔理解的时间不是一个点，而是包含了个体行动时的心理体验的"间隔"，即每个时刻由于我们心理活动的不同而唯一，等等。奥地利经济学家把时间与人的行动联系起来考虑，反映了他们对市场过程的深刻理解。

可见，从知识与时间视角分析市场过程是奥地利经济学家理解市场的关键。市场过程是由一系列的变化所构成，市场就是一个变化的过程。奥地利经济学家研究市场重要的不是分析某一市场静态的情况，而是关注使市场连续发生变化的力量以及产生这种力量的原因。

另外，制度经济学对市场的理解其主要观点是认为"市场是一种制度"。借鉴"国家—制度"理论探讨制度变迁机理的模型，作为制度安排的市场其理论解释力主要得益于戴维斯—诺思制度变迁模型[①]、拉坦制度变迁模型[②]和林毅夫制度变迁模型。其中，戴维斯—诺思制度变迁模型（戴维斯、诺思，1979）认为制度变迁的诱致因素在于外部利润的存在，外部利润内在化过程就是制度变迁的过程。根据戴维斯—诺思模型中制度环境、制度安排、初级与次级行动者以及商品经济发展外部利润存在等制度实体和行为的分析，它可为理解市场的发展提供一个诱致性的制度变迁模式。拉坦制度变迁模型认为技术因素和制度性因素相互依赖、相互作用使得制度变迁得以发生。该模型认为特定市场的制度性因素即是坐商制度对行商制度的替代，从而降低交易费用，其中，技术性因素主要是指特定市场的专业化经济效应、分工的网络效应和规模经济效应等。而林毅夫制度变迁模型则是利用"需求—供给"这一经典理论构架，深入剖析了制度选择和制度变迁机制的机理（林毅夫，1991），它的解释在于说明经济主体的制度需求导致市场这种制度安排的供给发生。

"国家—制度"分析路径可对中国自改革开放以降各类特定市场蓬勃崛起与发展作出理解，它提供一种从结构性变迁中市场的制度安排、交易费用降低以提高企业竞争力和市场需求的角度进行解释，而且从制度的视角理解特定市场的形成也为我们从经济社会学的视野分析特定市场提供了"作为一种制度的市场"的理解具有借鉴意义。但我们认为，制度经济学理解意义上的市场主要还是从效率的视角，而不是从合法性的视角理解市场的。

中国特定市场的发展有其特有的社会结构特征，比如我们调研的周宁人在上海经营的钢材交易市场。我们认为，特定市场里其所具有的地缘性、乡缘性、亲缘性这些社会关系对市场运作的影响以及如何理解行动者与市场的相互建构关系等问题，从以上我们分析的新古典经济学、奥地利

---

①　经典的经济学理论中，制度因素是被忽视并被排除在分析视野之外的，美国著名经济学家道格拉斯·C. 诺思（Douglass C. North）重新发现了制度因素在经济发展中的重要作用，他的新经济史论和制度变迁理论使其在经济学界享誉盛名，成为新制度经济学的代表人物之一，并因此获得了1993年度的诺贝尔经济学奖。诺思的制度变迁理论是由以下三个部分构成的：界定实施产权的国家理论、描述一个体制中激励个人和团体的产权理论以及影响人们对客观存在变化的不同反应的意识形态理论等三个主要方面。

②　参见 R. 科斯、A. 阿尔钦、D. 诺斯等著《财产权利与制度变迁》，上海三联书店、上海人民出版社 2004 年版，第 12 节；V. W. 拉坦著《诱致性制度变迁理论》。

经济学和制度主义经济学他们所制定的理解框架都是无法得到全面解析的。

二 市场社会学：理论概述及研究走向

市场现象是复杂的，如布罗代尔（F. Braudel）在其著作《15 到 18 世纪的文明与资本主义》一书中指出的那样，"一个人怎么可能把古代巴比伦的市场，当代的乔布里安岛居民的原始交换习惯以及中世纪和前工业化时代的欧洲市场置于同一种解释之下呢？"（布罗代尔，1992：26）。正由于市场现象的复杂性以及经济学理论在其发展过程中自身对市场研究的反思，尤其是奥地利经济学、新制度经济学等现代经济理论发展的努力，使市场的研究更趋于一种社会科学综合的视角。

经济社会学对市场的研究是从批判经济学对市场片面理解开始的。其中有代表性的见解主要体现在：马克思对资本主义市场的分析、韦伯的权力竞争市场、帕森斯与斯梅尔瑟强调社会体系支撑中的市场特征、波兰尼的市场嵌入性观点以及 20 世纪 80 年代以来一些经济社会学对其研究所提出的观点，如巴伯（Barber，B.）、赫尼曼（Heinemann，K.）、怀特（White，H. C.）以及博特（Burt，R.）等对市场的研究。期间，格兰诺维特（Granovetter，M.）从社会网络视角对劳动力市场所做的研究，开创了新经济社会学（New Economic Sociology）的先河。另外，以美国为主要研究领地的还有许多关于市场社会学研究或者说是市场社会学研究的几个征兆，这包括以史密斯（Mith，C.）为代表的市场社会建构论，其代表作是《拍卖：价值的社会建构》；以莱（Lie，J.）和汉密尔顿（Hamilton，G.）为代表的市场历史比较法，其代表作如《市场、文化和权威》；以卢克曼（Luckmann，T.）为代表的市场系统论，其代表作是《社团的经济》；以本斯和弗莱姆（Burns，T. and Flam，H.）为代表的市场社会统治论，其作品有《市场与集体讨价还价系统》；以欧波（Opp，R.）和冯堡戈（Vanberg，V.）为代表的市场博弈论，其著作主要是《市场中的交易结构、社会结构和协作》；以及以柯林斯（Collins，R.）为代表的市场冲突论，其代表著作为《作为历史变迁中的市场动力》，等等。（此概括见朱国宏，1999：303；沈原，2007：49，表 3）

最近，构成研究市场社会学的最新动向则是强调把市场看作布迪厄理解意义上的一种市场场域。布迪厄（Bourdieu，P.）本人对市场的研究主要在其《经济人类学原理》一文中的纲要性阐释。但场域的市场概念化最近已经被斯威德伯格（Swedberg，R.）、弗雷格斯坦（Fligstein，N.）、鲍威尔（Powell，W.）以及迪马吉奥（DiMaggio，P.）等在不同程度上得到理论与经验研究的运用。如在斯威德伯格的《经济社会学原理》（2005）一书中第 5 章的"作为场域部分的市场（布迪厄与其他人）"、弗雷格斯坦的《市场的结构——21 世纪资本主义社会的经济社会学》（2008）中第一篇第 4 章"场域理论和市场形成问题"的讨论、鲍威尔与迪马吉奥主编的《组织分析的新制度主义分析》（2008）一书中"导言和第 11 章"的概述以及道宾（Dobbin，F.）主编的《经济社会学》（2008）中关于市场的社会结构分析等，都把"市场场域"理论作为市场社会学研究的最新动向。

简要回顾市场社会学研究的脉络有益于我们从理论与经验的方面探寻市场的研究还需要做些什么。有如弗雷格斯坦所言，市场的社会学研究，"现在看来，该领域还缺乏一个连贯系统的知识结构。它仍然只是一系列观点的堆积，仅仅针对那些在面对由企业、国家和法院构成的现实世界时经济学的分析所遇到的困难提出一些自己的见解"（弗雷格斯坦，2008：1）。还有如鲍威尔和迪马吉奥所言，"布迪厄的理论框架对于行动问题，提供了一种特别全面和多层面的视角，虽然布迪厄的研究对组织理论的影响才刚刚开始。"（鲍威尔、迪马吉奥，2008：30）

另外，中国经济的高速增长，其源于改革开放的从国家计划经济到社会主义市场经济转型而带来对世界经济发展模式提供了另外一种思路。这种思路与经验显然不同于西方经济发展的模式。如弗雷格斯坦所判断的，"中国经验似乎是对我们现有经济发展理论之主要原理的一个巨大挑战"。（弗雷格斯坦，2008：1）。对于"生于斯，长于斯"的我们而言，探寻本土研究的市场真实情况，显得尤为重要。我国改革开放以来，市场的转型、重视传统"社会关系"文化在特定有形市场中的运作（地方性关系网络）以及在国家政策、法律制定规范环境里，中国人的市场意识被勾勒起来并不断地得到强化，这些特征都为我们理解具体的市场运作提供了思路。其中，政府施行的政策在市场发展中所发挥的巨大和持续的推动作

用尤为重要。中国的这些市场实践都给我们的研究带来了一种全新的思考
与新方案的提出。

　　我们认为，对市场社会学研究的学术"二度建构"是基于对时代发
展和社会知识产生"问题意识"的一种学思反应的问学过程。同时，以
揭示社会真实现象为己任的社会学研究更要有"社会学的想象力"（米尔
斯，2001：1—23），如米尔斯所言，首先这种想象力来自我们"个人只
有通过自身于其所处时代之中……才能知晓所有个人的生活境遇"；其次
要有"环境中个人困扰"的危机感与对"社会结构中公众论题"的关注；
最后要具有"某种反思类型趋于成为文化生活的共同尺度"，即这种"反
思"要关注的是具有时代批判精神的尺度，而不仅仅是一整套的"科学
机器"。从以上的"问学"思路中，我们可知，对社会问题的提出与解析
应是得益于一种研究者自身境遇在面对公众论题面临困扰时需要具备一种
时代的社会知识不断被反思的过程，并努力承担知识再创的苦役而得
到的。

　　鉴于此，在梳理市场社会学研究的历史脉络与对中国当前市场实践的
案例调查研究之后，我们主要探讨了制度、政策、法律框架、社会关系、
地方性文化模式和市场行为实践主体，以及市场与行动者之间的建构关系
等元素，并且如何把这些影响市场形成、运作和发展变迁的元素置定在一
个具有社会学解析力的理论框架中，而这恰是市场社会学研究的努力
方向。

三　市场的社会结构：理论框架

　　近30年来经济社会学的主要理论基点是"经济行动嵌入于社会结
构"，并做出了很多经验研究。其中，经济社会学对市场的研究，更彰显
了其学术的基本图景与主流经济学关于市场理解的差异。如在主流经济学
中，市场被界定为供给曲线和需求曲线的交叉，而社会学的诸多研究更愿
意从社会结构的视角阐释市场形成的国家制度、文化因素以及市场参与者
之间的一种互构模式。但鉴于社会结构本身理解的模糊性，我们提出了制
度结构、关系结构和建构结构等社会结构的分层分析概念，并借鉴布迪厄
的场域理论，从行动者的禀性透视国家政策与市场运作，从而提出一个

"市场的社会结构"的市场分析框架。从中国改革开放 30 年的经济社会发展的市场经验而言，这种模式能有力阐释国家政策对市场的型塑作用、中国经济社会发展的地方性市场文化特征和主体在其间的动能变化。

社会结构的分层分析概念：制度结构、关系结构和建构结构

随着社会学对"结构"（structure）的理解与应用，"社会结构"被看作是一个专业的、科学的术语，它旨在用来描述复杂的社会整体诸多部分被组织为一个特殊形式或模式的安排。但通过社会结构的概念来理论化"社会组织"（social organization）这一特殊的社会形式，至今仍是社会学辩论的焦点议题——即是否存在一个社会结构并且它独立于个人而存在。在社会结构被历时概念化的努力中，迪尔凯姆（Durkheim, E., 1895）在理解"社会结构"概念上独树一帜，如洛佩兹、斯科特所言，"在迪尔凯姆对他称之为'社会事实'（social facts）的一般特征进行描述时，他将'集体关系'（collective relationships）和'集体表征'（collective representations）界定为社会结构得以建立的元素"。（Lopez, J. & Scott, J., 2007：20）其中，集体关系表明的是社会关系，是个体之间的关联方式，是社会躯体中"构造"和"生理"部分；集体表征是意识现象，是存在于个体头脑中的信仰、观念、价值、符号以及期望等，其中"社会意识"（social consciousness）是集体表征的全部体现。迪尔凯姆意义上的社会结构就是由集体关系和集体表征的结合、连接物和组成特定规则的形式所构成。

迪尔凯姆的作品为结构社会学提供了重要的研究方法，即表示为"集体关系"的"关系结构"和"集体表征"的"制度结构"：一方面，如斯特劳斯（Levi – Strauss, C., 1968）、布朗（Radcliffe – Brown, A. R., 1940）、齐美尔（Simmel, G., 1908）、米切尔（Mitchell, J. C., 1696）、巴恩斯（Barnes, J. A., 1954）、莫雷诺（Moreno, J., 1934）、莱维特（Leavitt, H. J., 1951）以及最近的以格兰诺维特（Granovetter, M., 1985）为代表的新经济社会学的社会网络分析方法等都是对这种关系结构思想的发展；另一方面，在以帕森斯（Parsons, T., 1951）为代表的以及倡导功能主义思想的社会学家中，更加关注集体表征的结构，他们主要探讨的是社会结构得以规范化的组成方式即制度结构的见解。

　　但是，强调社会建构的现代社会新研究方法对这些已经存在的观点开始进行了挑战。其中尤以吉登斯（Giddens，A.，1976）的结构二重化、福柯（Foucault，M.，1976）的结构分散化和布迪厄（Bourdieu，P. 1930—2002）的结构性建构观等最为著名。他们主要认为应从个体的身体出发理解整个社会铭刻在其中的印记去理解社会的组成方式，即强调应从社会与个体实践互动中寻找其间的联系与规则。如洛佩兹、斯科特所概括，"制度和关系的模式产生于这些被赋予能力或技能的个体行动，这些能力或技能使得个体能通过一种组织起来的行动而产生这些模式"，这些能力或技能就是行动者的禀性（dispositions），因此，"社会结构被看作是一种具象结构（embodied structure）。具象结构是铭刻于人类身体和思想中的习惯和技能中发现的，这些习惯和技能就使人们生产、再生产和改变制度结构和关系结构成为可能"。（洛佩兹、斯科特，2007：5—6）本书为体现他们将建构性结构和社会有机体的组织方式相联系起来的观点，我们称为"建构结构"。建构结构关注更深入本体论意义上的探讨，认为制度与关系结构的基础在于行动者基于可利用的默会知识应给出的一种境况情形反应，该种知识是建构行动的禀性和互动行为的实践能力。由此，测量社会结构的另一维度"建构结构"就成为社会结构上传、再生产和转换的中心。（关于建构结构的提出及其内涵的分析我们将在下一章节进行详细分析）

　　以上是我们对社会结构作概念分层的解析，遵循的是社会结构指向社会组织秩序的三个层面：制度结构、关系结构和建构结构，并且意欲从场域的审视角度探讨行动者"禀性"承载以上三个社会结构的一体化问题，但又强调与布迪厄场域观理解不一致的地方。

市场的社会结构：研究框架

　　市场社会学可简单地定义为社会学的视角在经济市场现象中的应用，即是将社会学的参考框架、变量和解释模型应用于分析市场活动中的复杂现象。在对市场进行社会学的理论与经验研究中，社会学家善于揭示把市场看作一种社会结构进行分析。市场社会学的历史研究表明，其研究主要有两种取向：其一，强调制度作用的"政治经济"研究路径；其二，关注微观层面"企业或产业层次"的研究路径。强调制度作用的市场观点主要得益于从效率出发理解的与市场社会学有一定"视界融合"联系的制度经济学的解析，其代表性见解有如戴维斯—诺思模型、拉坦模型和林毅夫模型等"国家—市场—制度"的市场分析路径。而社会学理解的市场则是从"合法性"角度探讨微观层面有形或特定市场的经验解，其研究路径我们可框定在"社会结构"的视野内，现就其研究内容进行一个历时性的"漏桶"式梳理。

经典马克思研究市场的方法主要是考察了动态的市场过程与静态的市场社会结构问题。马克思市场观主要是认为市场是一种不平等的社会关系结构——市场不仅是物物交换的场所，更应从"物的关系"背后看出"人的不平等关系"，破解这种不平等的社会结构要通过工人革命去改变其所维护的市场"社会再生产"问题。齐美尔主要关注货币对市场的作用，迪尔凯姆则强调规则对包括市场交易行为在内的不同区域人们行为的影响。期间，韦伯是对市场问题研究最感兴趣的社会学家，晚年的他曾试图发展一门他称为"'市场'社会学"的科学（Weber，1922/1978：21；另见斯威德伯格，2003/2005：88）。韦伯市场观主要强调的是市场斗争问题，如其指出："市场中的价格只是经济中竞争（价格斗争）的结果。"此时，韦伯理解意义上的市场是倾向于具有"物理性集合"的特定市场；同时，韦伯还界定了市场的"市场性"、"市场自由"和"市场规制"等市场结构问题，并首次使用了"市场斗争"这一术语——强调市场中的权力斗争和冲突因素（Weber，1922）。

市场社会学当前最前沿的研究之一在于市场"嵌入"性观点，这主要是波兰尼（Polanyi，K.）"嵌入"性概念的提出以及之后新经济社会学对市场研究的新发现。波兰尼强调了市场的社会结构问题，并在《大转型：我们时代的政治与经济起源》（1944）和《经济：制度化的过程》（1957）中提出了具体微观市场是"嵌入"于社会结构之中的，且它是由现实的社会结构所决定的观点。"嵌入性"概念为之后发展的格兰诺维特新经济社会学——经济"嵌入"社会结构提供了学术话语资源，并认为任何时代社会的经济行为都是嵌入于社会结构的（Granovetter，M.，1985）。同时期《经济与社会》（1956）的合撰作者帕森斯（Parsons，T.）和斯梅尔瑟（Smelser，N.J.）认为市场是一种社会体系，则具有同工异曲之妙，他们把市场当作社会系统中的一个子系统看待，在其 AGIL 分析框架中，市场将以不同的方式和途径依赖于被内卷化（be involved）

社会系统中而被社会结构化。

　　最近二三十年以降，从社会结构角度研究市场相对较为突出，出现了如怀特（White，H.）、博特（Burt，R.）和贝克（Baker，W.）等具有影响力的学者。如怀特（1981b）认为，"市场是相互密切监视着的生产者组成切实的同行圈"，即市场是由市场参与者间的交互信号或沟通再生产出来的社会结构组成。博特（1992）主要是提出了一个"结构性自治"的市场新概念，而贝克（1990）提出了市场网络对具体市场操作的影响问题。其中沿着社会网络分析方法对市场进行研究取得了令人瞩目的影响，如巴伯（Barber，B.）关于市场的专制化问题、海因尼曼（Heinemann，K.）建立市场社会学的努力，以及期间出现的如伯纳克（Bonachich）、格兰诺维特、沃拉斯坦因（Wallerstein）、迪马吉奥和扎丽泽尔（Zelizer，V.）等人的研究。其中，最具影响的是格兰诺维特的研究。

　　而明确提出一种"作为社会结构的市场"观的是当前在经济社会学中做出卓越贡献的瑞典社会学家斯威德伯格（Swedberg，R.）。他把市场理解为是一种社会结构——市场买卖双方通过交易行为而维持的固定互动模式。其中尤其强调市场的竞争、与竞争相联系的交换行为以及市场的互动特性等（斯威德伯格，1996；吴苪婷译，2003）。同时，正如斯威德伯格认为，目前还存在着另一从事新经济社会学的研究范式，并且受到了理论研究的重视与经验研究的应用。这即是以法国著名的社会学家布迪厄为代表的新近法国经济社会学的研究。布迪厄关于市场探究最经典的在于其《经济人类学原理》（*Principles of Economic Anthropology*）一文中对市场的纲要性阐释，认为市场是互相竞争的行动者之间交换关系的总和（Bourdieu，2000a：250；斯梅尔瑟、斯威德伯格，2009：95）。布迪厄强调行动者是"作为斗争的经济场域"中其实际占有的支配地位与其所处场域结构中的位置而进行竞争的，从而不断地进行自身的再生产。无独有偶，美国当代著名社会学家弗雷格斯坦（Fligstein，N.，2008：64）也认为，应把市场视为一个社会场域，提出市场场域结构是一种被参与者共同理解的文化所建构，并认为市场从根本上说是一种权力系统。其中，弗雷格斯坦主要用产权、治理结构、交换原则和控制观等说明特定市场的形成、发展以及稳定机制。与此同时，以美国杜克大学高柏（Gao，B.，2008）教授主编的《经济社会学丛书》中包括弗雷格斯坦、鲍威尔（Powell，W.）、迪马吉奥（DiMaggio，P.）和道宾（Dobbin，F.）等的作品也都把概念化"市场场域"作为研究市场社会学的研究转向看待，并提出市场社会结构的一些模型。相关的研究，国内复旦大学朱国宏教授也提出了市场社会学研究的定向问题，即把市场看作是"'市场体系'的社会结构"，并从市场中的自由理性行动者、价格—交换和权利体系安排等因素之相互作用关系进行了分析。（朱国宏，1999：309）

场域理论对市场研究的启发

从当代市场社会学的研究转向，即市场场域的提出以及其应用于经验研究的情况看，场域理论、方法以及其研究社会现象的具体分析步骤如何与"社会结构"的理论框架相融合，是我们把握市场社会学研究的前沿路径。当然，努力构建这两者相融合的学理路线，是基于场域理论本身的解析力特点和我们对社会结构的一种新认识观点相统一的。

从当代著名法国社会学家布迪厄的"场域"理论及其分析步骤结合于市场的社会结构研究，我们主要是通过精细化"社会结构"为"制度结构"、"关系结构"与"建构结构"这三个分析维度与场域理路和方法相融合并进行学术技术处理得出的。主要发现，这三个维度或者说这三个分析社会结构的层面刚好吻合对应于场域分析的一般步骤和方法，使得市场场域成为"作为社会结构的市场"的一种新研究范式成为可能。

布迪厄创见性地构造了一种"建构的结构主义"理论研究与其独特的思想风格，其意欲打破西方传统社会学中"行动"与"社会"二元的固定思考模式，并借助其核心"场域"概念"嵌合"式地融合了其社会学的理论与经验分析。布迪厄社会科学研究方法的信念是：提炼出一般性场域理论分析方法的同时，努力寻找本土实践中存在的场域结构和运作逻辑以此作为场域实践空间的建构原则和再生产机制。如布迪厄所言，"确信只有深入一个经验的具有历史处境的现实的特殊性中，才能理解社会最深刻的逻辑，而且把这一特殊性建构成一个按加斯东·巴什拉尔所说的'可能的特殊情况'。也就是说，就如同在一个可能构型的有限领域里的一个典型例子"。（布迪厄，2007：3）即认为作为研究者要寻求不同场域的"本土"性的现实运作机制——经验的特殊性，并根据场域同构相似性特征运用于该实践场域。这种科学研究方法信念为我们分析"市场场域"提供了方法论指导。

理解布迪厄场域理论关键在于：第一是"关系性思维"的独特视角，即认为"现实是关系性的"与其研究方法上也应是"关系主义的"观点；第二是"惯习"概念——实践中行动者的性情倾向，这是场域理论如何打通"行为"与"结构"关系的关键哲学问题；第三是"场域的同构性"特征（Boudieu and Wacquant，1992：105—106），以及分析场域的方法和步骤等。

布迪厄研究方法论上的"关系性思维"，主要是认为社会科学无须在"行为"与"结构"这两个极端之间进行选择，因为社会现实"既包括行为也包括结构，以及二者相互作用而产生的历史，而这些社会现实的材料存在于关系之中"（布迪厄、华康德，2004：16）。如他对其核心概念场域、资本与惯习的分析就体现了这种关系性思维的特点，"一个场域由附着于某种权力（或资本）形式的各种位置间的一系列客观历史关系构成，而惯习则由'积淀'于人身体内的一系列历史的关系所构成，其形式是知觉、评判和行动的各种身心图式"。（布迪厄、华康德，2004：17）同时，布迪厄认为"现实是关系性的"，则体现在他对现实作社会结构分析时要防止"实体的概念"和一种"实体性阅读"观点的解读。

布迪厄"惯习"概念是其提出实践理论——摆脱实证主义的唯物论与唯智主义的唯心论的关键，以及强调这种实践建构的概念是存在于社会性构成的、被构造了的和构造中的性情禀性体系之中，这些性情禀性是在实践中获得的，并不断地发挥实践性的作用（布迪厄、华康德，2004：168）。惯习是被塑模化地存在于社会行动者的性情禀性倾向系统中的，是作为一种经验化技艺形式存在的具有某种遇见不同情境而有创造性艺术的生成性能力。惯习是社会行动者在具体场域里的社会位置上形成的对客观位置的主观自动调适，是一种"外在性的内在化"。

"场域"是布迪厄社会学理论的统领性概念，他曾如此定义："从分析的角度来看，一个场域可以被定义为在各种位置之间存在的客观关系的一个网络（network），或一个构型（configuration）。这些位置的存在和它们对占据特定位置的行动者或制度所产生的决定性影响都是客观决定的；而决定这些位置的是它们在不同类型的权力（或资本）分配结构中实际的和潜在的处境，以及它们与其他位置之间的客观关系（支配关系、屈从关系、结构上的对应关系等）。"（布迪厄、华康德，2004：245）场域表征的是行动者在一个特定的实践空间中其所拥有各种资本资源组合而占据了社会的不同位置，通过被塑模化的行动惯习采取各种情境式的策略以保证、改善或争取自己在该场域中的位置，以便获取更大的利益从而不断地进行自身的再生产。可见，场域就是处在不同社会位置的行动者之间应用其手中的资本资源依靠各自的惯习进行斗争的实践游戏空间。同时，场域运作、转变与变迁的原动力在于场域的内外结构形式，特别是根源于场域内部各种特殊力量之间的距离、鸿沟和不对称的关系。而其中被布迪厄（1994）界定为行动者力量的则是行动者所拥有的"资本"——一种坚持其自身存在的意向，是一种被铭写在事物客观性之中的力量。资本是以"物化的"、"具体化的"或是"肉身化的"劳动积累的形式占有在特定场域中的社会资源，且具有排他的私人性特征，是获取利益的一种潜在能力。在布迪厄看来，资本的表现形式主要有四种：经济资本、文化资本、社会资本和符号资本。资本特性主要在于它与权力是相勾连，即行动者在特定场域中拥有资本的数量和类型（资本类型之间具有可转换性）决定了其在场域中的社会位置。场域、资本与惯习之间是一种双向互构的关系，恰是这种实践性的互动关系使布迪厄的场域理论超越了传统西方社会学的主客观二元论。

根据事物具有"结构与功能的同构性"特性，布迪厄说明了不一样的场域具有同构性特征——"差异中的相似性"，如斯沃茨对布氏作品进行研究所言的，"在场域发展出同型的特征——诸如统治位置与被统治位置、排除策略与侵占策略、再生产机制与变迁机制等——的意义上，不同的场域具有同构性"。（斯沃茨，2006：149）也正是这种特征使得虽然不同场域具有不同的运作实现逻辑但在同构性的问题上具有相似性，而这种分析方法可运用于不同的场域社会世界。这是布迪厄场域理论的解释原则，也是其场域分析的重要方法论原则。"市场场域"正是基于这种理解方式，寻找到了布迪厄场域理论的依据。

另外，布迪厄认为，开展场域研究的步骤是：首先，必须分析与权力场相对的场的位置，即要把特定的实践场域与更大的权力场域结合起来；其次，必须描绘出行动者或群体所占据的位置之间关系的客观结构，这些行动者或群体是为争夺在这个场域中的特殊权威的合法形式而展开竞争；最后，分析行动者带入他们在场域中的相应位置的惯习以及他们在竞争场域中追随的社会轨迹（包亚明，1997：150；布迪厄、华康德，1992/2004：143；斯沃茨，2006：162）。从这三个步骤分析场域，它提供方法论研究的同时，恰是我们提出的"制度结构"、"关系结构"与"建构结构"等三个层面对市场作社会结构分析的理路。

　　需要说明的是，布迪厄场域理论在变迁的意义上，其动力来自行动者惯习期望与场域提供位置之间的错位而产生的，然而，布迪厄并没有给我们提供一个如何转换这种错位的有效变化动力，即行动者改变世界如马克思所理解的实践层面的动力机制问题，从而显得该理论具有"平面化"而没有"立体"之感。

市场社会结构、市场场域及其嵌合性

　　场域理论关于行动者市场行为的基础假设主要认为：其一，人类的行为无法用理性选择理论与主流经济学采用理性行为的假设，市场中行动者更多考虑的是行为的"合法性"——表现在特定场域情境中人的商业"惯习"实践上；其二，行为选择的偏好来自特定市场场域，即追求利益的行为是嵌入在场域的市场社会结构中，制度结构、关系结构以内生的形式，建构在以惯习为载体的建构结构选择偏好中，即在市场交易中，行动者在界定自身利益、目标与制定实现目标的策略时，总是从其所在的具有一定的市场场域中寻找资源。布迪厄对行动者行为理论的修正，即是认为行为理性本身也是一种社会的建构。这种理解方式，从方法论上而言，它体现了分析视角的转换——从个人的分析转向场域的分析。

　　运用布迪厄场域具有的同构相似性特征去概念化市场场域，即是认为市场本身就是一个场域，或者市场被概念化为场域的一部分，主要是通过场域分析的方法去说明市场是如何运作的，尤其市场的社会结构是什么，以及市场变迁的动力机制等问题。如市场的商品价格，在布迪厄看来，价格并非是由经济学所分析的形成机制那样，而是由市场场域的结构所决定——通过在结构中所占据的地位，亦即通过占据影响价格形成的不同机会来决定价格。如其所言，"价格不能决定整体结构，而整体结构能决定价格"（Bourdieu, P., 2000a：240）。在经济市场中，布迪厄强调，市场

活动主要是由行动者与特定的商业惯习在市场场域中的遇合，同时市场活动深受某一特定时期完整的经济场域影响。市场的社会结构主要体现为不同社会位置间行动者的权力关系，它是通过各种行动者所拥有资本资源的组合与竞争加以维持的。其中一些行动者占支配地位，另一些行动者处于被支配地位，他们之间是充满着竞争关系的。另外，在特定市场场域之外，尤其在国家层面上所发生的一切，比如某个产业政策的变化，在市场内部的竞争中都起着非常重要的作用（斯威德伯格，2005：94）。由此理解的市场场域它贯通了市场社会结构的三个维度：以行动者商业惯习为载体的建构结构、社会规范制度的制度结构和社会网络关系互动的关系结构，并以特定市场作为中介桥梁，在行动者商业惯习实践的行动策略与国家层面的政策变化、组织社会网络关系之间形成了相互影响的互构关系。

对市场的研究，布迪厄（2000a：250）在《经济人类学原理》一文中是这样表达的："所谓的市场是相互竞争的行动者之间交换关系的总和，即直接的互动，这种互动依赖于（Simmel 所说的）'间接的冲突'，或者换句话说，依赖于社会建构的力量关系结构，场域中参加到这种结构中的不同行动者通过成功地施加的调整对结构有不同程度的贡献，尤其是利用它们所能够控制和引导的政府权力。"（斯梅尔瑟、斯威德伯格主编，2009：95）市场中存在的在位者与挑战者（被支配地位的）是相互的竞争关系，在位者通过先行优势掌控市场的游戏规则，同时市场与政府的权力关系也影响着市场场域的结构变化。场域力量将在位者导向那些目的是不断强化自己的主导地位甚至使之永久化的战略决策，而挑战者则是在不断地积累资本中改变自身位置的努力以寻求场域变迁的力量。

在市场社会学发展过程中，把市场看作是一个"有组织化的社会领域"，得益于下面问题域的不断呈现：首先，思考市场是如何产生的并如何变得稳定及发生变迁的一种解释；其次，预设市场主体会不断地寻求政府帮助他们制定市场规则以引导他们的市场活动行为；再次，行动者会理解与提出什么样的社会制度是产生稳定的市场所必需的；最后，关于在市场活动之外的一种权力影响，如国家方面甚或是国际层面的一些市场规则。研究市场社会结构著称的弗雷格斯坦，在这些问题上主要认为市场中有四种类型的规则或制度是与此相关的：财产权利、政府结构、交易规则和控制意识（弗雷格斯坦，2008）。而布迪厄则是通过"场域、资本和惯习"融通了市场中个体、企业、企业组织联盟以及市场场域甚或场域之外国内外政策层面的关系，以解决市场作为一个有组织化的社会场域所具有的社会结构特征。

布迪厄从行动者惯习出发去理解其所建构的场域，着重强调行动者的实践逻辑，是其社会实践理论（social praxeology）的重要表现。从行动者出发理解的市场是如何被建构的过程，这是一种测量市场社会结构本体论的深度问题。在这方面，新近具有代表性的现代社会学研究方法的倡导者，如吉登斯、福柯也都非常注重从行动者"身体"——承载着被社会内化而同时又具有实践特性出发，去理解行动者所处其中的其他社会结构。如他们认为的，"关系和制度结构的基础在于人们基于利用可用的知识所做出的境况反应。知识并不是由分立的一组组'事实'和'观念'组成，它是建构行动的身体禀性和产生规范控制的社会行动的实践能力"。（转引自洛佩兹、斯科特，2007：131）行动者禀性的建构结构是在一个特定的市场社会结构中定位的结果，是铭刻在特定市场场域中行动者思考、感觉和行为的方式上。建构结构的养成成为市场社会结构生产、再生产和转换的中心，制度结构和关系结构的虚拟秩序就"具体化"在行动者所活动的组织场域之中。

把建构结构看作是特定市场的制度和关系结构的载体，体现了它是在一个特定的市场这种社会组织中因行动者所占据的不同市场位置而被组织起来的特征。市场行动者获得对自身的利益是因为他们真实的市场行动是通过在特定的社会场域分配的过程中进行自我管理的。因此，在市场里，行动者的具体行动细节、时空特征、态度以及其实践特性，就是一个行动者身体在市场中的关键行为，在这种时空的市场场域中，行动者的禀性得到建构。布迪厄意义上的惯习概念其重要之处在于提出了行动者实践逻辑的意义与作用。惯习作为一种处于实践型塑过程中的结构，同时作为一种已经被型塑了的结构，将行动者实践的感知模式融合进了市场实践活动和经商思维的活动之中，惯习是市场实践的生成机制。经商惯习来自行动者长期的市场实践活动，一旦经过一定时期的商场积累，经验就会内化为市场活动的"惯习"，去指挥和调动行动者的市场行为，成为商人行动者的生存方式、经营模式、行为策略等行动和精神图式方面的强有力生成机制。如布迪厄与华康德所言，"这些图式，来源于社会结构通过社会化，即通过个体生成（ontogenesis）过程，在身体上的表现，而社会结构本身，又来源于一代一代人的努力，即系统生成（phylogenesis）"。（布迪厄、华康德，2004：171）

市场行为惯习遵循的是"实践逻辑"——在市场活动经历中形成的一种禀性并按这种禀性的行事方式作出不同市场情境中的某种"合法化"决策。布迪厄强调惯习的实践感是既能抛弃时空特性，是外在并先于实践的自身存在的形而上学的表象，又不迫使人们接受时空化理论的意识哲学，实践理论着重于创立一种从市场实际活动当中的自身再生产逻辑。社会结构对行动它不是机械化的硬塞过程，它是行动者惯习的生成模式，行动者将社会结构内化为适应自身存在的方式而产生作用，即进行自身的再生产活动。社会结构具体化为制度结构、关系结构与建构结构之间的关系并不是一种主客体的关系，而是一种社会建构性的"多向互构"关系，惯习与决定惯习的场域结构是一种相互占有（mutual possession）的"本体论契合"（ontological complicity）关系。这种理解方式如布迪厄与华康德所言，"'实践感'是在前对象性的、非设定性的（nonthetic）的层面上运作。在我们设想那些客体对象之前，实践感所体现的那种社会感受性就已经在引导我们的行动。通过自发地预见所在世界的内在倾向，实践感将世界视为有意义的世界而加以建构"。（布迪厄、华康德，2004：22）实践感的行事方式是一种"灵感式"的，即无须事后认识和理性计算的助益。无论何时，行动者的惯习适应了其所在场域的情况，这种实践感就引导行动者驾轻就熟地应付他所面对的场域世界。行动者经商的市场惯习内化了市场的制度规范安排与市场场域内的客观关系，惯习在这体现了"市场制度"、"市场关系"与"商人禀性"的三位一体关系。

市场场域理论所勾画出的商人实践感行动策略、市场变迁图景以及强调商人行动者与市场是一种相互建构的关系，是其理论的主题。这个主题关注的不仅是市场的内部结构动态，还有市场本身与场外结构力量的一种更大经济场域的整体互动。这样理解的市场场域，它既强调市场内商人行动者——在位者的巩固与强化自身再生产、挑战者努力成为市场的上一市场级次——的经商策略，又关注市场的转型变迁趋向——力量来自行动者与场域结构的错位、场外强资本的侵入等。由此，从场域视角分析市场的社会结构，在强调经商惯习的建构结构特性的同时，又说明了市场的制度结构与关系结构就具体化在惯习的建构结构中，从而它为我们勾勒出另一种市场社会学的分析范式提供了可能。

市场社会学的中国研究：学术近况与走向

市场社会学是经济社会学研究的核心领域之一。研究市场的社会学从经典的韦伯所强调的市场就是权力争斗、竞争关系的社会结构以来，在西方的学术话语中得到了我们上述的具有代表性作品的发展与经验的研究。然而，国内近二三十年，关于从社会结构视角探讨市场，特别是强调市场内部"权力、竞争与分层"的研究，在我们对其文献进行梳理时发现，文献之少甚至很难有"资料"去阐述的可能。当然，这其中不乏有一些在论述经济社会学时"顺便"提及的研究。在我们对国内重要期刊网输入"市场、社会结构"的主题词和关键词进行搜索之后发现，相关的研究仅有：陈晓霞在《中共南昌市委党校》2003年第2期上发表的"作为社会结构的市场"以及吴苾婷在《社会》2003年第2期上翻译的斯威德伯格的"作为一种社会结构的市场"。而且陈晓霞的论文基本上也是在梳理经济学与社会学在研究市场中的一些有代表性的观点之后提出"作为社会结构的市场"的一个方向性的研究，并没有具体提出"何为社会结构"——对社会结构一词的运用与理解是模糊的。而斯威德伯格的论文在前面我们已做过相关的叙述。

当然，最近以来，市场社会学的研究因中国市场经济转型发展的客观事实与学术研究的需要，国内出现了一些学者开始关注该领域的研究，其中较具代表性的研究者有朱国宏、汪和建、沈原、符平、陈林生以及部分涉及市场研究的刘世定、刘少杰等不多的几位。以下就这些逐渐形成一个研究共同体的学术观点作一个简单的概述。

复旦大学朱国宏教授主编的《经济社会学》（1999）一书中第9章第六节提出了"市场体系的社会结构"的相关研究，主要是认为，"本章将使用'市场体系'概念来说明这一点。与'市场''市场经济'等词相比，'市场体系'一词更富有社会学的意味。它包含了市场顺利运行所必需的结构要素。市场体系可以被视为一个人们在其中进行经济活动和相互作用的关系体系，所以它必须包含：（1）有关的市场主体、市场活动者；（2）市场主体赖以发生互动的信号、信息的刺激；（3）保证各类相互作用、各类行动得以维持下去的规则、制度。于此相对应的是：自由的理性行动者、价格—交换体系和权利体系的安排"。（朱国宏，1999：309）在这个"市场体系的社会结构"中，朱国宏等认为，市场主体所进行的市场活动，本质上是在经济框架内的社会行动。对于行动者而言，目的及与之相关的手段、规则、可利用的资源等构成行动选择的情境，而这成为理性考虑的隐含前提，它决定着行动的选择、方式等方面。并且认为"价格—交换"体系比经济学的"需求—供给"关系更是吻合事实中的特定市场运作情况。市场的交换受到市场中商品本身的文化载体的影响、市场中背后权力占有的不平等交换、社会—文化结构的影响如性别、种族、地域以及社会文化心理（如家族企业中的报酬体系）等社会因素的影响。权利体系的安排对市场——作为一种社会组织形式，是极其重要的，是市场运行的前提和原因。这种权利（比如行为权利和财产权利）的界定与规范是受到市场外政治、文化、社会等力量共同建构的，等等。实际上，朱国宏等对市场社会结构的研究也是从三个层面作出理解的，即行动者、市场价格的形成以及市场与外在国家、社会、文化等的相互作用。同时，中南大学的车文辉在《市场社会学》（2007）一书中的第4章提及的"市场的社会结构"一节的阐述，基本按照朱国宏等的思路，在此不再做叙述。可见，从"市场体系的社会结构"框架理解特定的市场具有指导意义，而且朱国宏等有综合社会结构研究市场的倾向，但他只是提出概念性的预设，也没有对"何为社会结构"作出解析，同时也没有具体案例实证分析。

　　近年，国内对市场社会学研究较为深刻的还有南京大学的汪和建教授，他从"迈向一种新综合的经济社会学"视角对"作为'乌托邦'的市场均衡理论"作出了批判性回应，提出中国人市场实践的人们行为其基础假设在于"自我行动的逻辑"，并对中国民营企业作出调查之后，发现了中国人何以将自主经营当作其参与市场实践的首选方式是"自我行动与自主经营"的市场实践模式。并在分析中国人市场实践模式的基础上，最后提出了一种市场社会学研究的再转向，即"通向市场的社会实践"理论。我们认为，汪氏在分析"市场的社会结构"理论时，仍然对"社会结构"用语是在一般的意义上，把"结构"看作是一种静态的分析工具，如他认为"结构分析方法犹如摄像技术，能够对在一个特定时间和地点上存在的'物件'即社会关系网络予以清晰的显示，并借助某些概念工具对该'成像'（网络结构的形态及其某些行为意涵）予以分析。然而，一个无可否认的事实是，这种分析理念的核心——通过结构（这一外在属性）推论或预测行为——是静态的和机械的，它并不能帮助我们获得对那些处在网络结构中的行动者的真实意图及其行动内在逻辑的理解"。（汪和建，2012：371）当然，汪氏是在阐述经济社会学中的一个新经济社会学努力构建的"关系结构"研究路向的"嵌入性"思想与分析方法中，找到了社会结构仅从关系结构出发理解所遇到的一种"两难选择"问题："要凸显社会结构因素，便不能不将'嵌入性'概念从广泛的文化—制度嵌入缩减为单一的社会结构嵌入；要最大限度地运用社会结构分析方法（尤其是定量分析），便不能不压缩与文化—制度直接联系的主体意识和选择空间。"结果，"社会结构分析便无法不沦为一种社会结构拜物教，一种反文化—动机和反历史的静态的分析工具"。（汪和建，2012：371）于是，汪氏在前期对中国人市场实践的调查分析基础上，提出了一种"通向市场的社会实践理论"。其目的在于"通过一种基于行动理论的社会实践理论，以理解具体的市场实践或其他社会实践过程"。（汪和建，2012：378）

在汪氏"通向市场的社会实践理论"中，他也是借鉴布迪厄的"社会实践"理论出发，他在做市场实践理论的分析中提出了研究纲领和分析进路，如其所言："我相信，上述努力能够得到来自布迪厄的社会实践理论（social praxeology）的支持。"（汪和建，2012：380）并且对布迪厄的"场域理论"和"惯习、资本和策略"概念作了一些论述。在借鉴布迪厄社会实践理论基础上，汪氏认为，虽然布迪厄提出了社会实践理论，但他并不是一种真正将行动者的策略行动作为其研究焦点。他主要是认为，布迪厄提出的"惯习"概念是与布迪厄所声称的"惯习是含混与模糊的同义词"出发，认为布迪厄在这个问题上是纠结于理论逻辑（概念图式）与实践逻辑的，原因在于布迪厄可能"唯恐人们用作为研究工具的理论逻辑代替作为研究对象的（日常世界中的）实践逻辑，因而刻意降低或者拒绝其可能提炼的理论逻辑"。（汪和建，2012：381）关于汪氏对布迪厄社会实践理论的借鉴与评论，我们认为在布迪厄最终倾向于偏向结构主义的方法论上与我们对布迪厄理解的市场中市场变迁的力量来自场域内部级次结构的错配而引起的看法是一样的。汪氏在指出布迪厄对社会实践理论应用时其不足之处恰是因为他对中国市场实践的调查中发现，中国人的文化，尤其是作为主流的儒家伦理，在形成中国人所特有的社会行动，即他所声称的自我行动中的关键作用是不一致的。然而在我们看来，其实这个问题恰是布氏理论应用于中国市场实践时的本土化问题。在理解布迪厄的"惯习"概念时，关于布氏所言与"模糊"的概念同一，我们认为，这个理解未必尽然。因为布迪厄场域理论其假设的基础都是建立在"惯习"这个极具有创造性的概念上，而且布迪厄在其著作与论文中，对"惯习"都有详尽的表述与理解，至于他所认为的与模糊同一的说法只不过是一种比喻而已。因此，我们不应该纠结于他这个即兴的表达。汪氏最后建构的"自我行动"的概念，是基于两个基本构成要素即"自我主义和关系理性"这种吻合中国真实的一种历史与文化的建构，并在这种自我行动逻辑中，最后构建的"一种作为有约束的策略行动过程的社会实践理论"（汪和建，2012：382）。其实，"有约束的策略行动过程"也是表达了一种在布迪厄理解意义上"在结构的约束中"一种惯习行为的意思。因此，在我们看来，一种任何时刻的行动必然是在社会结构的情境中产生的，至于判断一个行动所表现出来的策略选择是基于在"结构"与"行动"的两极中偏向于哪一极，或者说一个行动是结构与行动的互动作用而产生，主要还是要看在哪种情景中，到底是受限于结构的因素多些还是自发行动多些，这要看具体情境而定，而且行动本身也是结构化的（吉登斯理解意义上的）。况且，这些结构情境影响行动发生的因素若要进行量化表达也是一件极为困难的事情。

国内较早涉及研究市场社会学的沈原教授在其著作《市场、阶级与社会——转型社会学的关键议题》（2007）一书中，他主要是在其博士论文《新经济社会学的市场理论》（1997）的基础上较为系统地探讨和介绍了新经济社会学对市场的研究。在该文献表述中，我们发现，沈原主要以介绍和分析市场的新经济社会学为主要工作，其中有见地的是他对此研究补充了两个基本论点：第一个论点是，在新经济社会学学派内，同样是力求将"社会结构"观点引进市场的分析，但也出现了两条路线，一是怀特路线，主要是设法利用社会结构变量的引入，从而改造或完善经济学的市场模型；另一条是格兰诺维特路线，即是在有关市场的所有问题上，用社会学的解释变量替代经济学的解释变量。这体现在格氏的例证分析中，如"工作搜寻"、"企业文化"、"内部升迁"上，他都意欲以"社会结构变量"加以解释（沈原，2007：3—4）。另一个论点是认为，以格氏为代表的社会网络分析，只是市场分析的若干社会学模式之一，其中还有如以泽利泽尔为代表的文化分析模式和以道宾、弗雷格斯坦等为代表的制度分析模式。沈原在分析与探讨市场的新经济社会学研究之后，进行了田野调查。他对 HB 省 BG 镇箱包市场的调查，发现了这个箱包市场是如何在制度变迁的大背景下，从各种社会力量的复杂互动中脱生出来，又是如何变化和发展的。并描述了市场中解决纠纷的社会机制，以及商标作为各种地方性社会、政治和文化力量互动的地盘而展开说明市场的生产过程。

最近，符平博士对市场的社会学研究进行了较全面的理论梳理，并对惠镇石灰产业市场进行实证调查研究之后，提出了一种市场分析的"政治—结构"框架，这主要体现在他的著作《市场的社会逻辑》（2013）一书中。如其所言，"本书尝试做出这样一种努力：一方面，从社会学理论的角度对以往有关的市场与社会学的理论及经验研究展开批判性的反思和重构，厘清市场社会学恰切的理论进路，借此建设性地扬弃既有学说，提出用以充当市场社会学之综合范式的政治—结构框架；另一方面，以政治—结构框架为观察和分析视角，深入考察惠镇石灰产业市场不同链条上的历史变迁和秩序转型，以期理解并解释市场结构变迁和秩序转型的社会机制，析出市场发展的社会逻辑"（符平，2013：1）。从符平分析市场社会的学理逻辑看，他主要是借鉴弗雷格斯坦提出的市场分析的一种"政治—文化"的方法，并在阐述这个方法运用于中国的市场社会时，根据其所调查的案例研究意欲提出了一个在其看来是一种"市场社会学综合范式"的"政治—结构框架"。在这个理论框架中，他强调了市场的政治维度，即强调国家角色和权力机制在市场中的作用，以及经济实践赖以为基础的政治过程及其斗争的背景；同时，他提出的政治—结构框架有意拓展结构主义的结构意涵，有意提升社会学的结构范畴的解释力，并且将结构按照显结构和潜结构的分类对影响经济行为的规范、制度和习俗等进行分析。

在我们分析看来，符平提出的分析框架中并没有出现行动者实践角度

的一个范畴，而是只看到"政治"与"结构"对市场作用的维度，显然
在他的研究中，如其所言，"提出的市场社会学的综合范式——政治—结
构框架，是对市场的实体嵌入观如何往操作性和分析性方向推进的问题进
行探索的结果"（符平，2013：56）。可见，符平所提出的市场"结构观"
是在格兰诺维特理解的意义上而言的，即市场是嵌入社会结构的，这个在
我们看来是一种"关系结构"视野的结构观，在符平那仍被理解为一个
对"社会结构"全面理解的范畴。如符平对其提出的框架中的"结构"
一词的理解划分为显结构和潜结构，他认为，"我所说的显结构，是指那
些规范和影响经济的、在外部形态上表现为客观且真实的正式组织结构和
制度，如科层制、政治体制、经济体制与经济政策、产权制度、行业协会
等都属于显结构的范畴。而潜结构是指经济生活中那些被经济行动者普遍
认同和实践、集体特性很强、在外部形态上表现为主观而虚拟的要素，譬
如经济惯例、经济习俗、经济理念、商业观、关系文化、未成文的行规、
弗雷格斯坦意义上的控制观等"（符平，2013：65）。但符平之后对结构
的理解，虽然承认了结构观内涵有如布迪厄、吉登斯和斯维尔意义上理解
的人的实践逻辑在经济行为中的作用，但与其对结构的表述显然是矛盾
的。因为从符平对结构划分为显结构与潜结构的分析中，我们仍然看不到
"行动者实践"的视角。或许符平并未找到一个恰如其分的表达语去论述
其"结构"内涵有"主观客观化"与"客观主观化"的结构意涵的话
语，而是在借鉴显结构与潜结构的划分分析中又陷入了对"结构"一词
理解的结构功能主义上的给人一种相当的集体性、强制性、稳定性和不可
化约性的概念先在性理解模式。对于这个方面的理解，我们提出了一个新
的概念——"建构结构"——以便能将这种理解从字面上像一个矛盾的
词语组合在一起对其进行分析（关于建构结构的分析可见本研究的其他
地方，这里不做详细叙述）。

　　如果把经济社会学划分为两个主要的学术路线，即"经济学的经济
社会学"和"社会学的经济社会学"，那么，刘世定教授致力于研究的经
济社会学则属于前者。这个与刘氏出身经济学学科相关。诚然，其研究在
一定的方法论上与贝克尔的研究路线有相似之处——用新古典经济学的概
念工具分析本是社会学家关注的问题，如歧视、教育、婚姻、犯罪之类的
研究，因为刘氏经济社会学的研究宗旨在于：在效用最大化的基础上引入

社会学的某些变量，将两者结合起来。其努力构建的解释框架犹如斯威德伯格所说的是"为经济学的模型绑上社会学的脚手架"。刘氏在研究市场方面的主要观点是从市场的运行机制视角进行分析的，在他的分析看来，"市场价格是在许多人参与下形成的一种合约，一种制度的安排，虽然在有些时候，这种制度安排是非正式的"（刘世定，2011：46—47）。于是，刘氏分析了市场均衡价格与政府价格干预政策的关系、制度与价格反应的内在机理、社会地位影响与价格的关系以及人际关系网络与价格的匹配机制问题，等等。从以上刘氏所关注的经济社会学议题中，他已经涉及了市场中的价格是一种社会的建构，并且从国家制度、政策、参与市场行动者的社会地位以及人际关系网络等对市场交易秩序的影响作出了分析，但因为刘氏研究的出发点仍然是在经济学的框架中，或者说他的理论基础仍然是"人的效用最大化"这个主导经济学大厦的基础上，显然他与从社会学行动者出发理解的路径是不同的。而社会学研究经济的问题，从一开始就对经济学的人的行为假设持批判的态度，而且也是从这个角度出发理解人的行为与经济学的不同，才有了社会学的学科发展。因此，我们欣喜地看到，经济学研究的作者们开始关注了社会学研究经济问题的议题，但缺席的"行动者实践"维度的理论框架显然与社会学的研究存在研究路径的不同。

国内，从实践中行动者视角研究人的市场经济行为，刘少杰教授致力于研究人的"感性选择"问题且形成了一个较为系统的理论框架，是当前在这方面具有代表性的研究。如在他看来，"开展感性选择研究的重要意义在于：人们的选择行为是理性思维和感性意识共同支配的行为。……因此，对感性选择的表现形式、存在层次、发生机制和运行过程开展深入的研究，建立比较系统的感性选择基础理论，不仅可以填补国内外学术界在这方面研究的欠缺，进一步丰富和完善理性选择理论、集体选择理论和社会选择理论"（刘少杰、王建民，2011：152）。在开展的 20 世纪末中国国有企业改制中，大量的下岗工人出现的行为选择问题进行调查研究的基础上，刘少杰针对"下岗工人在信息匮乏、资源薄弱、自主能力较差、没有备选方案的情况下无法进行精打细算的理性选择，大量的再就业行为是在感性意识支配下由模仿、从众而成的"（引文同上），于是他把这些行为称为感性选择——其基本含义是指主要由感性意识支配的选择行为。

可见，刘少杰教授也是在借鉴西方近期发展的行动理论如卡尼曼和特沃斯（2002 年经济学诺贝尔获奖者）的认知心理学、哈耶克的感性秩序论、布迪厄的感性实践论、吉登斯所强调感性意识的结构化理论、马尔库塞的感性解放论以及以马奇和迪马乔为代表发展的新制度主义中的行为模仿、从众和制度同构等观点的基础上，根据其调查经验上所提出的一个对人的行为选择理论做出有益补充的观点。

以上我们简要地论述了当前国内关注市场社会学研究的一些主要观点。另外，还有些作者从组织社会学的视角有所涉及地谈到市场的问题，但从文献看，他们并没有从社会结构视角对市场进行分析。但他们的一些观点，对我们的研究也起到了重要的参考系作用，如组织分析的新制度主义等。

还有从应用性的经验研究看，其他国内社会学学者在市场研究的社会学取向上，他们的思路基本上是"政治—市场经济"的宏观研究，比如对社会主义的市场经济的研究、市场转型引致社会转型的研究等。另外还有一些国外学者对中国市场现象的研究，其中较有影响力的主要有：维克多·尼的"市场过渡论"、奥伊的"地方性国家法团主义"以及林南的"地方性市场社会主义"等的研究，这些从宏观视角研究市场的转型对我们的研究，特别是"特定市场"必定要受到市场之外的"场外"因素影响，尤其是要受到国家政策、地方管理部门的导引作用等，是具有启发意义的。但从具体的市场本身是如何运作的，即从社会结构视角对市场所做的研究，国内在这方面的相关研究显然是不足的。

简评

以上对市场研究的文献主要是从新古典经济学、奥地利经济学、制度主义经济学和经济社会学对其研究的观点，我们是按照"市场本身"客观发展的境况与社会学家对此的认识水平（人类智识）发展，即主客观辩证法统一的学识进路进行文献梳理，摄取的资料是由有代表性的学界观点和相应的思想构成。

市场的产生、发展与演变是由人们需要交换他人的物品而产生的。但其中，交换的规则制度、如何交换、交换人之间的关系等都对交换的结果产生影响。社会学家正是从这个不同于经济学家的角度对市场进行解析。

在市场中，一个商品如何能交换，商品的价格是由什么因素决定和影响，在人们所构建的一个个商品市场中，为什么相同的商品却会按照不同的价格成交？等等，这些问题，在社会学家看来，是因为市场本身是一个极其复杂的社会结构——有国家、政府的制度政策与非正式制度的制度结构所建构，也有市场中存在复杂的网络社会关系（关系结构），同时还有参与行动者建构市场等含义包含于其中。

　　"市场是什么"是我们研究的主题，客观市场的存在作为一种社会组织方式既存在于现实社会的历史演变中，也存在于人类认识的演变过程中。客观是事实（reality——按照伯格和卢克曼的理解意义）的，而人类的认识并不是单纯的一种客观反映（知识是建构的），同时事实也是知识的建构，由此构成了"事实"与"认识"有"真知"与"误识"的特点。

　　缘于此，欲从历史已有的知识中探寻"真知"，亦受研究者研究视角的限制。根据研究需要，我们主要从各学科对市场认识的历史先后进行文献安排以及从文献本身的梳理进展能够看出经济学与社会学在市场议题认识上的逐渐"视界融合"过程。我们认为，市场事实，本是社会综合的，只是由于科学场的存在，学科的认识（尤其是经济学）从一开始的社会视角，如"市场是具体的物理聚合地、物品交换、权利转移以及市场运作总是要受到交易者社会地位的影响"这种全景式的认识，逐渐由于学科场或是知识分工的细化，反而在理解市场上因各取所需而破碎了、分散了。尤其人类进入 21 世纪以来，由于过度理性化（学科亦如此）出现了无法解释事实本身的知识，而只是学科场争夺资源的一种学者间的策略，从而建构出的知识越来越远离真正的"市场本身"，于是，研究"市场的经济社会学"应运而生。

　　从古典政治经济学、奥地利经济学到（新）制度经济学对市场的理解，可以看出，市场是由具体的存在（有形市场）到抽象的价格机制又到具体市场的回归这么一条经济学"社会化"的过程。而研究市场的社会学从马克思的批判性角度、韦伯的"权力角斗场"、波兰尼的市场"嵌入"性、帕森斯和斯梅尔瑟的"市场子系统"、怀特的 W（y）模式以及社会网络的市场分析方式等，再到市场场域一路走来，似乎都是在与经济学的"完全竞争市场"模式的不同反抗中得到发展，而且基本上是从社会学的核心概念"社会结构"角度进行分析。但我们看到，由于社会学术语"社会结构"概念本身的模糊、不确定性，而且学者们在使用这个词语时的随意性而导致了人们理解"市场的社会结构到底是指什么"出现了"一堆研究的碎片"。我们认为，现在该是它需要从更"具体"的和研究的前沿中找到一条适合或最贴近"市场本身是什么的"的认识。而且我们将调研的对象锁定在一个非常具有明显特征的特定市场，同时又是我国当前一个经常性的经济现象——专业市场为例，从特定市场角度理解中国改革开放三十年以来的市场变化（专业市场是其中一个非常重要的市场化载体之一），这具有典型意义。由此，我们的研究便具有了出发点与灵感，即要从"市场的社会结构"视角去理解一个实际运行的特定市场做一学理与经验的思考。

钢贸市场的社会结构特征：案例

运用我们对市场研究所提出的一个"市场的社会结构"理论框架对周宁人经营管理的钢贸市场这种特定市场的分析，其市场特征可简单概括如下：

1. 最早的周宁钢贸商基本是在经营与"铁"有关的传统行业中转向钢贸的，之后带动的钢贸商也都是在被铸模的钢贸模式中形成钢贸经商"禀性"的。在钢贸市场中的商人，其经商采取的策略是在他所掌握的资源情况，判定自己在市场中的资源——包括资金充裕性、与市场开发者的社会关系紧密度、与市场中其他经商人员对比，自己的经营公司在市场中所处的位置，以及自己经营企业的客户掌握情况即经营能力等，从而做出不同的经营策略。

2. 在开发经营管理的钢贸市场里，驻场商户基本都是周宁人，且具有强的社会关系网络特征。

3. 形成了市场场域结构明显的级次特点。在钢贸市场里，形成了市场开发商、担保公司（据调查市场开发商与担保公司股东基本一致）和"现货商"的在位企业，而"工地商""搬砖头商"成为受控企业的市场结构特点。

4. 努力成为市场的开发商和能成立担保公司，不仅是企业发展壮大的商业业态追求，同时也深受一种地方性文化的影响，因为它是一种社会地位的体现。

5. 2008 年之后创办的新兴钢贸市场，多是因在经济刺激政策推导中，资金流动性过剩（从银行贷款变得简单），使得开发市场与担保公司变得膨胀式发展。

6. 钢贸市场已然变成了"资本运作的市场"——融资平台，在与银行业务对接中，形成了"钢贸市场＋担保公司＋商户联保＝贷款"的融资模式，但因钢贸的微利甚或价格倒挂中，套取的银行资金很大部分转向房产、购置地块和民间借贷之中。

7. 另外，因融资担保的机制设计，强化了市场中人际关系的作用，钢材市场俨然形成了一个以市场股东为核心的关系圈层的聚集地。

8. 宏观政策方面，因中国城市化与工业化急速发展过程中，经营"地产之筋、工业之粮"的钢材贸易使周宁人走向了富裕，但在当前世界经济危机与国内产业结构调整中，加上资金流动性过剩导致的市场价格无法正确判定市场的盲目投资，导致了手头上有融资资金的钢贸商转向虚拟经济的投机，最终形成了钢贸市场的系统性风险。

从钢贸市场的形成、运作与演变中，我们可得出，中国由计划经济迈向市场经济的过程，也就是市场的制度被建构的过程，期间，中国人的强社会关系网络和融资担保模式的机制设计加剧了市场的关系结构，而这些都能在市场中具体商人的建构结构中得到体现。

由此，市场作为一种社会结构，一方面是参与到市场中的商人行动者根据其经商禀性（建构结构的特点）并掌握有的资源进入市场；另一方面，它又是一种竞合的市场，所有行动者在这相互遭遇，并且是根据他们所占据在市场中的不同位置与地位而使用不同策略获取各自的需要，从而进行自身的再生产。我们所调查的钢材市场可被理解为：它是由为获取利益而进场的商人行动者凭借各自拥有的特定资源和经商禀性，在钢材市场中遵循其实践逻辑的经营策略进行市场活动，在场外客观经济环境与社会结构变化中，商人能不断地创造和建构经营在其中的市场。具体而言，就是在中国经济社会发展的机遇与变迁中，周宁人在已有经营与"铁"相关的历史产业中形成了一种经营习惯，并把社会经济发展这种境遇内化为自身习性，并融合自身拥有的各种资本——尤其是社会关系的资本，型塑了一个在全国从事钢材贸易和拥有 400 多个钢材交易市场的庞大钢贸群体，这是一个行动者与市场同质双向建构的市场现象。因此，我们把市场当作一种社会结构来理解，这样理解的市场，它能体现出："场"中有鲜活的行动者、行动者之间的互动（竞合共生），同时还有市场本身的文化功能与意义，以及市场与场外经济场的关联性等特征。

四 修正问题：理论与案例中的新发现

理论方面：应用"市场的社会结构"理论分析框架对市场进行社会学分析，根据现实市场中的实际运作看，尤其是在具有强本土市场商业实践特征的如当前中国市场转型中，我们在借鉴市场场域理论分析市场的形成、发展与演变方面，尤其要关注市场实践与理论分析的不同，表现在：首先，改革开放后中国的市场化是急剧的，它更具有"市场变迁"的力量；其次，中国的制度结构尤其是政策变化，对特定市场的影响是强有力的；最后，在市场中商人行动者之间不仅是竞争的关系，同时也存在合作的关系，当然合作是为了行动者在另一层面上的竞争等。因此，在借鉴运用场域理论对特定的市场进行社会学分析时，需要对市场依托的制度背景、强弱社会关系的社会秩序，以及行动者本身的文化特性进行适恰性、本土性的经验理解。

实证案例方面：据所调查的钢贸市场看，我们强调了尤其在中国经济社会背景下，市场具有本土的商业实践特征。表现在：首先是中国尤其在迈向市场经济的体制中，国家政策对市场的作用是强的，而这是否符合经济发展的规律？国家政策对市场的干预其"度的把握"显然是重要的；其次是商业群体初期具有的强社会关系对市场的发展是有积极作用的，但一旦国家产业政策和市场形态发生变化，依靠强社会关系建立起来的市场其脆弱性有被加剧恶化的作用，这对中国强社会关系的传统文化对市场的作用提出了一种新课题；最后，当然，其中市场主体行动者的经商素质也是一个重要的考量，当前培育一个具有与市场经济吻合的企业家群体也极其关键。

第三章　方法论问题

世界包容我，并且把我像一个点那样淹没掉，但是，我理解它。

——帕斯卡

按照吉登斯（Giddens，1979）的说法，认为"行动者的能动性与结构的关系问题"是当代社会理论的基本方法论问题。基于这种社会学分析的方法论判定，在"市场的社会结构"理论框架里，我们需要对社会结构做出一种包含行动与结构互动的新观点，这又需要我们探讨市场中结构与行动者关系的几个问题：市场行动者与外在的结构关系问题、市场结构分析中的个体能动性问题、如何把行动者的认知结构与社会结构联系起来的问题，以及更加具有普遍性的市场生活的物质方面如何与符号方面相结合的问题。而对以上这几个问题的探讨是建立在：是什么在推动人们的行为？行为是外在原因的回应吗？行为是由"生产方式"、"社会结构"或是一种"文化"所决定的吗？或者，行动者是因为自己认同的原因做出行为的吗等一般性的问题（斯沃茨，2006：9）。对以上这些问题的不同回答造就了社会学学科历史体系中的分野。而当代社会理论的努力正是在这种问话中因历史情境的变化走向了如吉登斯、布迪厄等所要思考的方法论问题：一种能把行动和结构结合起来的"辩证的关系"。

一　行动与结构:学理背景与方法论之争

缘于哲学因其有对古老深刻印痕思辨的影响，社会学在原初发展之际便陷入二元的思维模式中，体现在研究方法论上出现了结构与行动的社会分析方法区分。总体而言，古典社会学分析方法论上的分野体现在：第一个是由孔德所开创但以涂尔干为旗帜的结构分析方法，属于该领域的代表性理论家有孔德、斯宾塞和涂尔干等人，以及当前发展的社会网络结构分析；第二个是由滕尼斯所开创但以韦伯为代表的行动分析方法，其中有代表性的是齐美尔、韦伯和帕雷托等人，以及一些互动理论、交换理论和常人方法学所提倡的应从行动者互动的视角分析社会现象的作品。

在社会学研究社会现象上为何会出现古典社会学的两个不同研究路径，是缘于社会学科学的出现是对现代社会以来，社会出现紧张的个人与社会秩序关系问题，从而使社会学需要对这种紧张关系做出如何解析的思路上出现的。判定个人与社会的关系，也即是行动与结构的关系（是个人与社会关系的主要表现之一）是社会学的基本问题，是因为现实生活中个人行动与社会结构是构成社会学分析的根源性问题。正如郑杭生所言，"个人与社会关系的基本性质，是由一个特定历史过程——现代性及其携卷而来的现代社会生活——所塑造的。现代性过程使个人与社会的关系问题充分凸显出来。现代化的宏大过程铸就了个人与社会的关系的现代性意涵，也赋予了个人与社会的关系的'问题性'意义"（郑杭生、杨敏，2010：118）。但正如郑杭生、杨敏对行动与结构为何会走向两个不同的阵营，以及根据当代经济社会的发展，这两者也必然会走向重合所理解的那样，是因为古典社会学的研究有一个重要的预设："现代性过程在个人与社会之间造成了深刻的裂痕"。在现代化过程中所发生的种种脱出和裂变中，使得个人与社会的各自诉求得以充分展现——因为个人要向往自由，而社会需要秩序；个人要求权益自主，而社会要诉诸权力规范。这样使得"个人和社会的各自诉求所表现出来的一致与分歧、和谐与紧张、整合与冲突，成为现代社会的问题性、风险性和危机性的根源，以致可以说，个人与社会的关系问题是浓缩和聚焦现代社会生活一切重大问题的符码"（郑杭生、杨敏，2010：118）。正是在这种现代性过程的社会发展背景中，出现了个人行动与社会结构之间的张力，从而导致了社会学分析方法论上的分野。

在古典社会学家所生活的时代，因对社会构成方式的不同理解，存在着对社会现象的解析主要从如涂尔干所倡导的"社会事实"论上去发现社会本身是什么的问题，还是以韦伯理解意义上的应从行动者行动意义上去理解社会是什么的问题，而这恰是体现了两种学术在"行动"与"结构"谁为第一性的根源性解释，从而造就了古典社会学对社会现象的结构与行动的两种社会分析方法。结构分析方法认为其研究的出发点应是个体以外的社会或行动以外的结构，其基本逻辑是，如张兆曙所归纳认为的，"社会现象只能由抽象的、普遍的本质加以说明而不能归结为个人因素，行动并不表现为个体的主观选择，而是由社会结构所决定的。因为社会中存在着集体意识、集体特征，它们具有外在性和强制性，任何个人的行动都是社会秩序和社会结构制约的产物"（张兆曙，2004：61）。可见，结构分析方法重视整体研究，主张摒弃个人能动的主观因素，从宏观的结构入手对社会现象进行客观的描述。而行动的社会分析方法则是强调对社会现象分析的出发点应是个人及其行动，个人行动成为分析和观察社会现象的基本视角，一切复杂的社会现象都可以约简为个人行动所造成。社会、文化、结构、制度等都是不具有实体性的抽象名词，它们必须由个人的动机和行为来说明和解释，不能由自身的整体性质来解释。行动社会分析方法的基本逻辑是，社会秩序和结构是社会行动的结果，行动的关键是个人的选择而不是宏观的结构情境（张兆曙，2004：62—63）。

社会学研究方法论的两种取向体现了人类现代性目标背后对现代社会的不同研究方式。现代性的两大基本目标是："人类的解放和人的自由与人为规划的社会工程"（郑杭生、杨敏，2010：153）。近代社会，尤其是文艺复兴以降，人在追求其自身行动意义方面有了长足的认知，人们一直在努力从既有的社会结构中去释放其潜在的力量，成就自己对社会的一种存在感，即追求自身价值成为抗争的主题。但现代社会所创造的一种"人为规划的社会工程"却使"人为性的社会规划"压倒"人自在性价值追求"的事实，使得人为的社会工程取代了现代性的目标本身，并在这一历史进程中发挥了支配性和主导性的作用。从这个意义上说，我们即可理解为什么社会学学科建立伊始是由孔德所提出实证主义的分析范式：对社会事实的结构分析比研究行动者的行动意义更具有当时学科分析的可能性。之后，涂尔干更是强化了这种分析方式，在他看来，社会事实、社会秩序/结构是外在于人的本性的，这种强制于个人的分析方法恰是其认为的个人与社会是对立与冲突关系的理解相吻合。另外，追随这种分析社会方法的斯宾塞提出的社会结构论思想则是体现在他的社会有机体的理解上，认为社会应该成为个人谋取个人利益和个人幸福的工具。而当前发展的社会网络结构分析方法也是在"社会事实"的假设基础上运用数理工具分析结构之间的关系。

但是，针对现代社会构造的社会规划工程导致的其对行动者的漠视而产生的社会问题，从社会行动视角出发进行批判与反思的社会学分析从来也没有停止过。如霍布斯认为现代人是狼的关系、弗洛伊德认为所谓现代文明是对人的自我持久压抑为代价、舍勒认为现代人是心中充满怨恨的市民、福柯认为传统时代的惩罚对象是人的肉体而现代惩罚体系其对象则是人的灵魂、莫斯科维奇认为现代社会是一种罪恶、鲍曼认为现代文明是造成个人与社会的永恒冲突，而利奥塔更是认为现代社会总是伴随着个人信仰的破灭，等等。因为在强调社会秩序、社会结构的现代性思维与为之施行的社会管理模式中，20 世纪成为了"战争世纪"、"风险世纪"和"绿色惩罚的世纪"。于是，对现代社会的批判与反思此起彼伏。

对强调应从社会秩序/结构出发引领社会发展而导致的对"社会何以可能"与"现代性困境"历时性问责中，它引发了社会学思考的另一种智思模式——强调从行动者的行动意义去理解社会存在的合理与合法性问题。其中，较早关注行动者意志问题的是滕尼斯，因为在滕尼斯看来，"我们所称之为社会的东西，都是从人的意志中发生出来的，都是从相互联系的意向即共处的意愿中产生出来的。我为自己确定的任务就是深入到这种意志的本质中去"（转引自周晓虹，2002：294）。这样，滕尼斯就认为所有的社会群体都是人的意志产物，并且根据人类群体连接方式的不同分为"共同体"（受自然意志支配）与"社会"（受理性意志支配）。齐美尔是从"社会何以可能"的问责中，导引出社会存在的本体论条件和认识论前提：人际互动的"纯粹形式"。因为在齐美尔看来，社会并非一个实体，而是一个过程，一种具有意识的个体之间互动的过程，正是这种互动才构成现实的社会。另外，齐美尔所关注与分析的现代社会，他也是从个体的体验、心智结构出发去理解把握的。在古典社会学中，从行动出发理解社会现象的社会学方法论中，韦伯所倡导的"理解社会学"最具代表性。因为在韦伯看来，社会中的集体构造只不过是特殊行动的组织模式和行动结果，个人才是这些特殊行动唯一的承载者。当然，在韦伯看来，只有社会行动而不是简单意义上的个体行动是构成分析社会结构的因素，因为行动中需包含两层含义：其一是行动具有主观的意义；其二是行动还包含着以他人的行动为取向。这样，在韦伯分析行动的第一层意义上，从行动理解"资本主义的起源"与"资本主义的合理化进程"才有可能。这是因为在他看来，资本主义起源于新教伦理的资本主义精神，而内化于新教伦理精神的新教教徒是对其世俗生活所赋予的禁欲、节俭以及恪尽职守，由此以获得上帝恩宠从而造就了资本主义的开始；而资本主义合理化的进程则显然与行动者对合理性的主观追求联系在一起。韦伯社会行动的第二层含义，则是理解社会行动如何走向组织行动乃至更大的社会结构、系统、制度、习俗和文化的关键。因为行动只有指向彼此时，社会的联系才有可能发生，进而就发展出一套制度、规范以及文化与习俗等。另外还有帕累托从非逻辑行为的视角探讨了分析社会的行动方法。因为他认为，非逻辑行为是由"剩余物"这种心理因素所决定的，而社会学的分析目的则在于揭示人们行为的非逻辑性。因此，帕累托分析社会的路径也是从心理主义的行为解释走向宏观社会结构。另外来自常人方法论、现象社会学、交换理论、互动理论和批判理论等社会学理论也在不同的程度上从行动者的互动视角分析社会现象。

从以上简单梳理社会学方法论中的两个主要研究取向表明：分析社会现象的模型都是被不同的学者有意识地简化和抽象化了的世界画面。两种方法论的争论，其焦点一方面在于研究社会的"预先假设"——确定行动的性质问题。即所有关于两分法都与行动的内在和外在参照物这个重要问题相关。理性行动强调的是把行动者描绘成根据自己身外的社会力量对其产生约束、影响与决定的判断；而非理性行动则是意味着行动是行为者内在力量的驱使。争论焦点的另一方面是关于"社会秩序"的问题——相信社会模型的存在，社会模型是由个人组成但又独立于个人的社会结构。但这种观点也存在个体论的秩序论和集体性的秩序论之争。集体性的秩序论表明的是把社会模型视为先于任何具体个人行动的存在，在一定的程度上承认社会秩序是历史的产物，并且对新生的个体而言，是"外在"于他的既定事实。而个体性的秩序论者常常承认在社会中的确存在超越个体的结构，并且也的确认识到有某种可理解的社会模型存在，但与此同时，他们却又坚持认为这些模型是个体协商和选择的结果。如亚历山大对此认为："他们相信，结构不是简单的被个体所传递而实际上是依靠行动者在个体不断的实际交往中创造出来的。对他们而言，个体不仅仅具有自由的成分，而且能够在连续不断的历史时期的每一阶段改变社会秩序的基础。基于这种观点，个体并非在其内部传递秩序，而是根据个人的主观意愿遵从或违反社会秩序。"（亚历山大，2000：9）

对社会的研究总是盘旋在两分法的两极中间，而这也恰恰说明了源自西方世界的社会学困境，而这正如我们之前所分析的那样，也是西方世界的现代性困境。作为当代人，我们认为，个体是拥有行动选择自由的，每个人应该都是一个被看作有主体资格的社会人。社会学理论应该是在考量个体自主行动的意义上，理解社会秩序的可能运作方式，而不是相反，个体是由社会秩序所强制规定。即只有承认个体的行动意义，并在结构的社会化过程中去理解行动本身的合理性与合法性，但条件是给行动所规定和给予的秩序必须是吻合人类社会发展轨迹与追求普遍意义上的人类进步，只有在这种框架中的人为规划秩序才值得遵从，否则违反它也是可被理解的。针对以上我们关于行动与结构问题分析上所倾向的方法论而言，本文遵循的研究方法将是按照亚历山大分类之中的"个人性的社会秩序"论展开讨论的。而这个倾向的发展则是以布迪厄提出的"建构性结构主义"和吉登斯的"结构化理论——二元性方法"最具代表性，当然还有哈贝马斯的生活世界与系统、福柯的肉体与权力等相关的出色研究。

二　方法论选取：个人性的社会秩序

作为一套相对统一的知识体系，社会学理论在它发展的过程中实际交织着主观与客观、个体论与整体论的脉络和主题。根据主观/客观、个体/整体的说明类型，可把社会学理论划分为四种理论建构类型：建构主义、功利主义、功能主义以及批判结构主义等。对于"建构主义（constructionism）（主观的/个体论的），它寻求的是理解个人的和主观间的意义和动机。在这里，人被看作是有资格能力和沟通能力的行动者（competent and communicative agent），他们积极主动地创造或建构着世界"（沃特斯，2000：7）。

经典建构主义主要是以韦伯赋予行动以意义的理解社会学为代表，现代社会建构论主要是以源于米德的思想而被称为符号互动论——强调语言沟通在行动者之间关系的作用；以柏格森（Bergson，H.）和胡塞尔（Husserl，E.）的现象学哲学为基础的社会学家舒茨所创立的现象学社会学——关注的重点是通过心智图像来解释社会世界；以及加芬克尔的常人方法学——强调社会学家必须以行动者的相同做事方式理解社会世界为主要理论特征。而当代或后现代时期，建构主义主要体现为女性主义认识论和新社会运动论，如图海纳（Touraine）和贝克（Beck，U.）的作品、卢曼的"自在建构论"、吉登斯的"结构化理论"以及布迪厄的"建构性结构主义"和激进建构论的相关论著。

在建构论者看来，主体是一个积极的行动者，而不是坚持价值中立的实证主义和诠释学里有关主观性的消极看法。建构论是 20 世纪 80 年代以来的主要社会科学方法论，并且到目前并没有任何衰落的迹象。其中布迪厄的建构性结构主义与吉登斯的结构化理论是最能体现"个人性的社会秩序"方法论的。

布迪厄是一个自称为"建构论结构主义"或"结构主义的建构论"方法的社会学家（布迪厄，1996；Bourdieu and Wacquant，1992：11）。所谓"建构论结构主义"，布迪厄说："就'结构主义'或建构的'结构主义'而言，我的意思是不仅在象征系统（语言、神话等）里有客观结构，在社会世界本身里，也有各种客观结构，它们独立于作用者的意识与意志，而且可以引导与限制作用者的实践或表征。就建构主义而言，我是指有双重的社会源头……"（转引自苏国勋、刘小枫，2005：289）可见，布迪厄的"建构的结构主义"论同时具有客观结构的维度和主观惯习的维度，即他综合了"结构主义"与"建构主义"的两种路径。在布迪厄的理论框架中，场域是一个客观的存在，它独立于行动者和社会科学家的感知而存在。但布迪厄不是纯粹的结构决定论者，它的场域社会结构必须是与主观的惯习联系起来才能得到理解，即必须是在"关系性思维"中才能理解。其中，布迪厄倡导一种主观的或建构论的解释，以解释社会行动者是如何在意义的生产中建构社会现实。布迪厄对惯习概念的理解恰是建构论理路的体现，即体现了"建构的结构主义"和"结构的建构主义"特征。这样，在布迪厄理解惯习的意义上，他同时摆脱了客观主义结构论和主观主义诠释学的危险。但在"场域—资本—惯习"框架中，布迪厄认为行动者的惯习不同程度地依赖于他们在场域中的社会位置，由于这个原因，布迪厄给予了结构主义或客观维度以更大的优先性。

另外，布迪厄的惯习概念是通过主体实践感而获得对场域的适应与重建。作为一种政治—反思性的实践，"布迪厄的社会科学——他称之为'实践理论'（Bourdieu，1990）——又是变革性的，因为它最终是要在客观化的社会结构的碰撞中创造一种新的主观性"（德兰荻，2005：127）。这种"建构的结构主义"认为社会科学的目的是要加强行动者对社会结构的建构能力。布迪厄试图通过分析"实践感"以及社会科学家提高"反思"的水平，反思现存物的形式受到社会场域的约束与限制，布迪厄的建构论内蕴着行动者相对于压制性的场域社会结构的自由——惯习的生成性能力的作用。在布迪厄看来，惯习的功能在于：第一是阐释了行动者实践与利益相结合的风格统一性；第二是认为惯习是社会位置的产物；第三强调了惯习是实践的生成法则（布迪厄，2007：9—10）。总之，布迪厄认为惯习是在"特定的实践空间"中被建构的。

另一个来自强调行动与结构互动观点具有代表性的是吉登斯所提出的"结构化"理论，如特纳对他的评价，"吉登斯对社会学的最有力的批判之一是其对社会学理论中二元论的驳斥"、"结构化理论把制度分析和行动者在相互依存的情境中的互动结合起来，在理论上是一大贡献，他修正了本土方法论和现象学的过激，而强调了在相互依存的情境中行动的反思性监控"（特纳，2001：563）。吉登斯是在探讨社会科学与自然科学在研究方法上的差异性而提出了"双重解释学"方法论——以解决生活世界与社会科学专业性之间的关系和社会科学的基本性质与任务等问题。吉登斯提出的结构化理论与他的"双重解释学"方法论是内在呼应的，吉登斯是在拒斥关于行动与结构二元对立的基础上，从生活的实践层面分析社会的运转问题，从而构建了他的结构化理论。在《社会学研究的新规则》中，吉登斯就行动做了这样的概念解，认为，行动是一个"生活体验"的连续流，是一个对世界事件进行过程的、现实的或预期的、有原因介入的连续流，能动行为的概念与实践的概念关联。同时吉登斯强调了他所理解的行动是一个被我们不断加以反思性监控、理性化及动机激发的一系列的过程（Giddens，1979b：56），而不是一个机械化的反应过程。

关于对结构的理解，吉登斯批判了在大多数功能主义与结构主义者那里，结构是一个被约定俗成的概念，是一个被理解为社会关系或社会现象的"模式化"。这可能是结构缘于建筑学上的一个被社会学家一直沿用但又不假思索地加以引用相关（这与社会学创始人孔德意欲创建如自然科学一样去理解社会的见解相关）。如吉登斯所言，"英美功能主义中的'结构'概念作为一个'描述性'术语出现，而法国结构主义是以还原的方式来使用这个概念，我认为'结构'概念的这两种使用方法将导致从概念上模糊能动的主体"（吉登斯，2003d：26—27）。在吉登斯那里，结构指向的是"规则与资源"、"规则是记忆中的原则"、"是某种抽象的规则，是使某种构造性行为成为可能的虚幻存在"（Giddens，1984：17）。规则是指行为的规范和表意性的符码，规范是法律、政治和经济的制度，而表意性符码则是具有意义的符号，如语言、手势、眼神等。资源有配置性资源和权威性资源之分，配置性资源是权力实施过程中所使用的物质性资源，而权威性资源则是权力实施过程中的非物质资源，是人与人之间的一种支配资源。在吉登斯看来，规则对行为是具有建设性的积极建构作用的，而资源更是显示了一种能力。于是，吉登斯借助语言学中的研究成果，以语言和言语的关系探讨了结构与行动的二重性关系，认为结构一方面是人类行为的产物，但同时又是人类行动的中介。如其认为的，"所谓的结构二重性指的是社会体系同时既是社会行动的中介，也是行动结果的结构化特征……我相信，结构二重性概念是任何关于社会再生产解释的基础，而且根本没有功能主义色彩"（Giddens，1995b：19）。

对布迪厄的建构性结构主义与吉登斯的结构化理论的梳理，我们发现，虽然两个作者都是努力构建一种"个人性的社会秩序"的解释模式，但研究的基点，即研究的出发点存在不同。布迪厄是从惯习这个行动者的视角进行分析的，而吉登斯的出发点则是结构。前者认为惯习是社会再生产的机制，而后者则认为结构才是社会再生产的机制。但两者对行动与结构如何互动的方式问题上，都走向了一个寻求帮助的变量，那就是"实践"。但布迪厄强调的是"人的实践"，因为"惯习是生成实践的方式"；而吉登斯则认为在结构的构成元素里，资源为规则提供了条件，而规则凭借着这些条件具体体现于"社会实践"之中。但不管如何，我们认为，实践总是由构成社会的具体的人的实践，实践的主体显然只有是具有行动意图的行为人。在这个意义上，布迪厄与吉登斯最终走向了统一。

关于行动与结构的关系问题，国内学者中有系统研究的是郑杭生与杨

敏在《社会互构论：世界眼光下的中国特色社会学理论的新探索》一书
中所体现出的观点。郑杭生与杨敏是在中国改革开放以后，对中国在快速
转型的社会过程中，针对现实的热点问题：改革开放引起的社会利益格局
的变化需要从个人与社会的关系中如何正确理解与把握？因为利益格局的
变化归根结底在于："从个人方面看，是每个社会成员如何从社会获得资
源与机会的机制的转轨；从社会方面看，是如何将社会资源与机会分配给
每个社会成员的机制的转轨。"基于对这个现实的判断，他们提出了"社
会互构论"的观点，这个观点认为："社会互构论在理论预设上不主张对
于个人与社会其中一方的优先性选择（这意味着对其中另一方的排斥性
选择）；在实践中不赞成具体的个人与社会的关系上的主导或从属、支配
或服从、强制或被制的观念。"（郑杭生、杨敏，2010：6）并对社会互构
论下了一个这样的定义："简言之，社会互构论是关于个人与社会这两大
社会行动主体间的互构共变关系的社会学理论。"（郑杭生、杨敏，2010：
6）郑与杨的社会互构论给我们研究中国当前的社会现象提供了一种新的
思路，并在反思行动与结构这两极之间的方法论之争提供了一种中和的思
想，并否定了社会学研究上的任何一种宿命论观点和形形色色的唯意
志论。

　　但我们认为①，从构成社会的因素只是从"社会是个人的存在方式"
（郑杭生、杨敏，2010：199），而"人是社会关系的总和"（马克思的立
场）这个视角分析社会与个人的关系，是有种"同义反复"的逻辑循环
关系。因为显然，任何社会的一种既定状态，它必然都是在社会与个人的
互构中共变产生的。但值得肯定的是，这种互构论它的确承认了人的行动
在社会建构中的积极意义，而不是被社会的规则、制度、法律（这些都
在不同的历史时期体现当权者的利益需要的一种规则安排）以及惯例、
习俗和文化（所有这些是被我们理解为社会存在的具体体现方式）所固
化的物理学意义上的原子做理解。从当代中国的历史经验我们可看出，国
家权力、政策施行、地方性的文化模式在一定程度上显然对人的行为塑
造、人的发展程度、人的思维变化产生重要的影响甚至是决定作用。另外

---

　　①　我们对郑杭生与杨敏教授提出的"社会互构论"观点进行评述，需商榷。可能是由于笔
者理解水平和学术倾向的原因造成的，若有不妥，文责自负，并请相关学者批评指正。

国内外的历史与现实也表明，为什么不同的国家制度、体制建制与文化传统会形成不同的社会发展形态、社会发展程度以及人的生活程度与发展方向。

从我们所调查的钢贸市场与从业人员看，国家权力意志、政府的政策以及文化模式的变迁对该群体的发展都起到了重要的引导和约束的作用，虽然周宁钢贸群体在这期间发挥了重要的个人努力。一个钢贸群体从"世界钢贸看中国、中国钢贸看上海、上海钢贸看周宁"的辉煌历史走向了当前"防火、防盗、防福建钢贸"的崩盘变化，从中，我们得到的社会学意义上的结论显然是个体的主观行动受制于社会规则。这里我们所理解的社会规则是包含制度因素（包括正式制度与非正式制度等）与关系因素（主要是社会的连接方式如社会网络关系等）的。当然，在做这种理解的意义上，我们并不是要否定个体行动者是完全受制于制度规制的，如中国的革命及发展历史都表明每一次的社会变迁，基本上是普通个体在无法容忍当时现行的制度规制而发生暴动或改革的，如新中国的成立、家庭联产承包责任制的出现，等等。

而问题在于：我们如何构建一种理论框架，或者说通过哪种研究的方法论能体现和把握"行动与结构既是互构的关系，同时又要承认主体的行动建构意义，但又被结构所强约束的"这种模式？是否可以超越吉登斯所提出的"双重解释学"的学思模式？是否可以达到哈贝马斯所认为的生活世界的真实？是否可以解决布迪厄所构思的"从人的逻辑转向事实的逻辑"问题？反思社会学在这方面做出了一定的努力。但我们强调，任何试图通过一种所谓的"普适"理论或方法去把握"真实世界"的"真"的求解思路都是无效的。因为，任何理论和方法的提出都要受制于下面几个问题：首先是研究者智识的时空限制性；其次是提出者或研究者的利益立场；最重要的是任何理论与方法的提出必须要有"一定的条件"，只有在规定的条件框架下，一种理论或方法才是可信的和科学的。

三　一个拟定提出：建构结构

鉴于以上对行动与结构的一个学理背景及其它们之间关系的历时性梳理，最终我们的见解是认为"行动与结构既是互构的关系，同时又要承认主体的行动建构意义，但又被结构所强约束"的模式。这种行动与结构关系模式指向三个层面：首先阐明了行动与结构是互构的关系；其次是承认了主体行动对结构的建构意义，并且结构本身也是内含有被行动所建构的一种动态变化的理解；最后是在行动与结构关系中，强调了结构对行动具有强的制约影响与作用。因此，如何用一个既简洁又能体现行动与结构关系的这三个层面含义，同时必须又能体现社会学蕴涵的既有学理传承性又能关注学术前沿性，还要能体现国内外学术领域所能理解的词语，于是我们拟定了"建构结构"这个从主体身心出发理解结构的提法。

"建构结构"词意上可理解为：结构是由人的行动建构而成的；做这样理解的结构内蕴与个体建构是一个动态的相互建构过程；而建构结构整体词意又可理解为是一个由行为禀性出发的而又被结构所型塑的一个行为特征；它的落脚点在于个体行为，但又包含有对结构层面的一种相互建构的辩证关系。在功能主义或是结构主义者看来，这个词语表现出来的是一个矛盾的词语组合，这种理解恰是我们意欲打破的地方。总之我们的理解是：建构内蕴有结构的含义，而结构也是一个被建构的过程，建构与结构是一个相互内储的动态、个体与整体相互包含的辩证关系。

作这样理解的建构结构是基于发现：社会的发展总是处在社会与个体互构的过程，即社会向前发展的每一步，可以说就是一种既定的社会结构与个体行动相互抗争的过程。这是一个总的社会发展历史规律，而问题是：这个命题在历史长线上是"真"的，但现实却是为何总是会出现既定的结构意志与个体主体意志的相悖。于是，延伸这种理解方式追问导致的是"是谁在控制结构意志?"，这种结构意志体现了"谁的利益?"，至此，社会学的问究才有意义，即社会学关注的就是社会结构与个体行动或者说是个人与社会是如何良性运转的？良性运转的机制与条件是什么？在承认结构与行动互构关系上，我们是否有办法对行动与结构间的动态关系进行量化分析？显然这个工作是极其困难的，因为个体行动在被结构化的过程中，由于结构本身的复杂性，个体行为对社会因素的各种理解存在主观上的不同判定，都会产生不同的行为表现。因此我们的研究遵循社会学意义上的一般行为人的行动意向，无意涉及个体间心理学层面上个体研究。只有在做这种学科假设之后，我们将遵循一条学理路线：现象类别的划分，只有在类别的基础上，对类别进行有可能的归纳，并寻找它们之间的关联性与散化性。

基于以上的认识，目的在于：分析结构与行动的"互构动态关系"，构建一种类别学意义上的分析路径，以便对行动与结构进行"条件性的框架分析"，从而达致两者间如何影响作用的"机制问题"。此种致思模式对我们分析市场的社会学框架意义在于：

首先，将社会结构划分为分析层面上的可操作性的类别划分。在本文的分析中，正如我们把市场的社会结构划分为：市场的制度结构、市场的关系结构与市场的建构结构等。

其次，尤其强调建构结构是制度结构与关系结构的内化作用。制度结构与关系结构都可在建构结构的理解内涵内找到它们所给予的烙印。建构结构是制度结构与关系结构转化的中介，同时也是它们生成的机制。建构结构、制度结构与关系结构是"三位一体"的关系，在这个一体化的关系中，建构结构是基点，制度结构与关系结构只有通过建构结构才能被我们所理解。

最后，在制度结构、关系结构与建构结构的互动关系中，我们需分析它们之间如何互构的条件与机制问题。即我们要建立一个模型：在哪种制度结构与关系结构中，建构结构本身的作用能发挥正作用，从而促进社会的发展；而在哪种情境中，建构结构虽能内化它们，但却又被其所强制约束、影响和作用，显得"无可奈何"。这个模型的建立恰是我们在运用社会结构理论的同时，努力构建的一个有"条件框架"的意蕴所在。

关于它们之间相互关系所能构建的模型分析，我们将在论著的其他地方进行，在这将着重分析我们拟定提出的"建构结构"所要构思的学理素材及其内涵。

正如洛佩兹、斯科特所认为的，在社会学继续对迪尔凯姆的传统上把社会结构的特征分为"集体表征"与"集体关系"作为模板而延伸发展之时，另外一种强调从个体与社会结构的互动角度进行分析的"辅助的因素"——具象结构（embodied structure）已经被吉登斯、福柯和布迪厄等作了更好的理解。（洛佩兹、斯科特，2007：131）他们对具象结构的理解是：它是在铭刻于人类身体和思想中的"习惯和技能"中发现的，这些"习惯和技能"就使人们生产、再生产和改变制度结构和关系结构成为可能（洛佩兹、斯科特，2007：6）。关于具象结构的译法，是国内学者允春喜在对其作品中把 "embodied structure" 翻译为具象结构的，从英文词意上我们可看出，它强调的就是从人的身体出发去理解社会结构的含义。把 "被身体化的结构" 翻译为具象结构，可能是出于翻译者在对洛佩兹和斯科特的著作中发现对结构理解的两个方面含义，其一是认为制度与关系结构是一种虚拟化的抽象存在，其二是只有 "被身体化的结构" 才是可被行为者真实感知的具体存在，于是借用美术学意义上的术语 "具象" ——相对于抽象而言的理解对其进行翻译的。在洛佩兹、斯科特对 "被身体化的结构" 一词的理解意义上主要还是强调了身体的一种 "习惯" 和 "技能"。若作这种理解，我们认为，他还是偏向于行为主体者的被动结构化的意义上多些，因为 "习惯" 与 "技能" 的表述，其前提是身体被动接受结构化的意涵。其并没有真正理解布迪厄对行为者的一种建构的实践能力的肯定理解。同时，在中国的古代哲学传统中，从身体的 "身" 与 "心" 两个方面出发理解社会秩序的问题，是更有见地的。从古代中国的先秦、两汉、魏晋到宋元明清的文化史中，在如何处理人与社会关系的问题上，从人的身心出发再到社会秩序的构造，有一条明晰的路线可循。从中国文化中的 "知" 到 "行" 的过程恰也是表达了西方社会学理解意义上的一个主体 "实践" 的过程，两种文化最终的导向是一致的，即都是强调从个体的实践层面去理解个体如何实现社会秩序的问题。而一个主体实践的过程，也是一个主体建构结构的过程，在这个意义上，我们拟定提出的 "建构结构" 恰是能体现该含义。

我们提出的建构结构观点注重更深社会结构本体论的探究，如像洛佩兹、斯科特认为的那样，"关系和制度结构的基础在于人们基于利用可用的知识所做出的境况反应。知识并不是由分立的一组组 '事实' 和 '观念' 构成，它是建构行动的身体禀性和产生规范控制的社会行为的实践能力"（洛佩兹、斯科特，2007：131）。由此，测量社会结构的另一维度 "建构结构" 是 "作为它们在社会空间上定位的结果，是铭刻于人类身体上和他们思考、感觉和行为的方式上的。从这点来讲，身体和身体的存在成为社会结构上传、再生产和转换的中心。制度和关系的虚拟秩序就 '具体化' 在人类组织之中，这些组织的行动就使我们推断它们的存在成为可能"（洛佩兹、斯科特，2007：132）。可见，洛佩兹、斯科特是沿着布迪厄所理解的惯习思路展开谈论的。布迪厄对惯习的研究遵循的是

"作为社会实践的身体研究"的代表，表明的是主体身体需要在日常生活中经常地、系统地得到生产、维护和呈现，身体被看作是通过各种社会结构所制约的活动或实践得以实现和成为现实的潜能机制、转换机制和中介。

关于西方社会学中对"身体"的关注有许多有益的探讨。如传统马克思主义中对"身体感官的活动"到帕森斯的"行为有机体"等，都对身体重要性做了积极间接性的思考。其中，米德（Mead）的"自我"表述、特纳（Turner）的身体"秘史"、西林（Shilling）的身体"缺席在场"观等都对社会学与身体的关系进行了卓有成就的努力。进而，对身体的直接关注更是来自女权运动的影响。他们主要的议题在于，比如生育控制、堕胎权利和男人通过父系社会概念化的暴力和色情对女人性欲的控制，等等。这方面有影响力的研究如费尔斯通（Firestone, S.）认为的男人与女人的区别在于生物学意义上的差别；沃尔拜（1990）认为男人与女人的区别需在制度结构中去理解；萨维兹基（Sawicki）认为的具体化和性别鉴定必须被理解为社会关系领域社会实践的定位结果，以及鲍德（Bordo）等认为的身体不仅仅是文化准则的铭记场所，更是性别的社会控制场所等。可见，以上这些卓见都为我们理解"建构结构"的特性做出了基础性的铺垫工作，同时，也使我们把制度结构、关系结构和建构结构结合起来考虑成为可能。

从社会结构的角度出发理解社会相互作用的模型，尤其得益于舒兹（Schutz）等一批行动现象学的研究以及乔姆斯基（Chomsky）的结构语言学方法的启示。现象学强调行动者的行动意义对社会结构的理解，以及语言结构学理解的社会交往的"语法"，如西库列尔声称的，就社会结构根本存在这一事实而言，它只存在于个体为了了解社会状况和做出协调行动而使用的规则和程序之中。吉登斯对此的认识是，社会结构并不是关系或制度聚类的简单形构，而是强调行动者用来产生这些关系和制度模式的规则和资源系统。如吉登斯借用索绪尔语言学的观点，主张人们的行动和互动就如同言语一样，而社会结构就像是语言，并不存在于时间和空间中（吉登斯，1976），社会结构只是由规则和规则系统构成，它只是在个体相互作用中的"展示"，但不能还原为这些的相互作用，等等。

而从身体、权力与结构的角度探讨社会结构的福柯而言，身体是被看作是关系和制度结构的载体。福柯探究了个体身体具备社会关系和社会制度性质的方式以及对"社会躯体"的控制。如福柯认为，"个体通过他们在组织和人口数量分布中的位置而被组织起来。他们获得了对自身的感觉以及对适当行为的感觉，因为他们真实的身份行动是通过社会分配的过程而管理的"（福柯，1975：149，转引自洛佩兹、斯科特，2007：144）。由此，人们在社会中是通过获得了适合他们所占据位置以及他们将在社会中占据位置具有权力的行动惯习而做出情境中的行动。

从社会空间的场域特点审视了社会结构是关注个体身体禀性之建构结构的出发点。布迪厄提出的惯习概念是对此思想的进一步发扬。惯习所指的不是个体性、技能型的熟练习惯，而是一种集体性、持久性、规则行为的生成机制。布迪厄强调的惯习是一种"禀性"（disposition），在他看来，惯习包含两层含义：其一，是指"起组构作用的行为结果"，类同结构概念意涵；其二，是指"一种存在的方式，一种习惯性状态，特别是一种倾向、脾性、资质或嗜好"。惯习一方面在制约行为，另一方面又在产生行为。惯习是行为的结构性限制，但又是行动的生成模式。由此，布迪厄所强调的身体禀性的惯习是作为一种社会规范的符号载体。一个社会场域的结构就像一场游戏的结构，依赖于那些能有效动用他们技能的熟练游戏者的行为。布迪厄并且强调了这种行为是实践性的。它需要的只是一种在特殊不同的场域中采取的在"意识之下的"（infraconscious）或"语言之下的"（infralinguistic）行动趋向（布迪厄，1994：79）。这种行动的趋向是被铭刻于大脑和其他器官之中，个体是通过以例行的方式采取行动，而不必有意识思索到底他们应该做什么的方式，即以"实践理性"的方式（布迪厄，2007）。一个简单的例子是，骑自行车与本土说话者的说话行为都是不需要经过任何真正的思索就可完成既定之目标。

正是这些惯习概念的理解与发展使得关系结构和制度结构被合并进入了人的身体，从而成为主观行动的一种禀性。由此，价值、规范、意义以及思想等得以固定在人的身体内，成为姿态、手势、站立、思考和讲话等品味的方式。这即是布迪厄所谓的"建构社会结构"——个体在他们的行动中所面临的实际社会境遇的内在化和一般化的表达（布迪厄，1980）。当然，惯习这种持久的禀性系统也是体现了一种"客观生成图式"（generative schemes），即人们日常生活中某些持久计划的长期内化与固化而不必有战略意图的外在表现。它遵循的是"实践逻辑"（practical logic）——一种基于没有"规则"管理的生成程序的"没有概念的知识"（布迪厄，1972；1979）。然而，这并不是意味着，个体仅仅由本能或刚性习惯而对外部力量机械地做出反应。惯习体现的是"结构化的结构"（structured structures）和"促结构化的结构"（structuring structures）特征，即既是结构的产物，又是实践的生产者，为实践的生成提供原则。

梳理布迪厄的惯习观发现，虽然布氏努力构建的"惯习"试图突破行动与结构二元方法解析社会现象的不足，但其惯习观最终又不得不寻求马克思意义上的"实践"去解决其行动如何实现的机制问题。在布迪厄提出的实践哲学，以及他的"关系哲学"和"性情倾向的哲学"中所使用的"实践"、"惯习"等概念，正如其所言，"确信只有深入一个经验的具有历史处境的现实的特殊性中，才能理解社会世界最深刻的逻辑"、"关于习性，可以运用马克思描述尊重惯例原则时所使用的语言……在有关惯例法方面，马克思与习性的概念非常接近"（布迪厄，2007：149—150）。正如马克思在《资本论》当中提到的："只要现状的基础即作为现状基础的关系的不断再生产，随着时间的推移，取得有规则的和有秩序的形式，这种情况自然就会发生……如果一种生产方式持续一个时期，那么，它就会作为习惯和传统固定下来。"（马克思，1974：894）反复的再生产会因为时间的不断延续而产生固定化和习惯化的性质，而这种固定化和习惯化也就意味着布迪厄意义上的"习性惯习"的形成和稳固化。社会结构/秩序的制度化是这样，一种活动的"实践"化也是这样。按照葛兰西的说法，现代西方社会理论所倡导的"实践"观恰恰是利用这种机制而获得其学理意义上的合法性。布迪厄所理解的"实践"，其运作机制与其类似。由此，我们有理由认为，从行动出发理解行动与结构的互构问题，绕开行动的"实践议题"，都将是不可能的。

在上面已分析过的建构如何转向结构中，我们也同时引进了一个实践的变量，但实践是否就是万能的，亦即实践是否可以解析一切行动目的生成的模式？显然这个观点来自经验世界的挑战，行动的实践转向需要受制于"社会性的制约条件"，亦即我们所声称的"条件的框架"，行动的意向性、目的性是要受制于结构的约束的，并在不同的条件框架内其实践的能力、范围都不同。于是我们需提出一种模型："行动与结构的互构关系在承认主体行动实践能力的同时又要受制于结构的强约束"。鉴于此，我们可提出以下的经验性判断：

其一，社会发展过程中，当社会结构取得了稳定，受制于该社会结构的行为者其行动禀性就与该结构及其规则产生某种契合，从而行为主体总是按照其所内化的结构性要求在他们看来是正确的方式进行活动。这样，主体施动的行为与结构的复制和运作就比较一致地融合在一起。

其二，社会结构总是在社会实践活动中走向裂变并产生新的不稳定，一旦先前的稳固结构发生变化，成为一种耗散结构，那么原有的行为者就应在这种裂变的过程中需根据自己的实践能力做出不同的重新调整。但问题是施动主体的调整与适应变化的能力与结构的裂变发生并不是一个同步的过程。由此，期间必然会产生不同行为能力者的不同行动结果。导致的结果会出现：能及时适应和恰时做出调整的行为者，其仍能与结构的变化同步发展；而不具备调整能力的行为者就会被结构的变化甩出历史的舞台，成为结构裂变的牺牲品。从这个意义上，我们认为结构对主体行为的作用是强的。因为往往大部分行为者的习性总是带有强惯性的。如在我们所调查的案例中，当前因国家产业政策的变化，出现了一个钢贸群体与钢贸市场的整体困境所表现出的境况一样。

以上对行动与结构的动态过程进行的描述恰犹如马克思意义上的"量变—质变"辩证关系的历史唯物主义观点。从终极社会发展的角度而言，这是个社会历史发展的规律，但问题追问的是，在一个既定的时空域内，结构的变化，如体现出的一定时期内的国家权力意志、经济社会政策的变化是否是一种"正确"的方向？一种能体现全民意志的改变方向？这都需要我们进行深究结构如何变化的问题。

当前中国提出"市场深化改革"，既然是要进行"深化改革"，其前提必然是已被我们的能改革所掌握有改革力量的在位者认识到了经济社会的发展需要对之前的政策等做出吻合发展轨道的调整。这关乎"市场是一种制度"的理解，我们将在下一章节进行谈论。

第四章　市场的制度结构

中国过去一个十分头痛的问题是"一抓就死，一放就乱"。或者是靠政府的行政命令和行政手段全面禁止某些经济行为，或者是这种禁止一旦放松，无数的企业便会在没有任何协调的状态下一拥而上，马上将市场的局面变成过度竞争。

——高柏

作为一种制度结构的市场，其理解方式得益于对"制度"本身的历时性考察。制度有正式制度和非正式制度之分，概括而言，社会科学家所谓的制度就是行为或社会组织的一种规则或方式，是指人们在社会活动行为中所共同遵守的行事规程或行为准则。制度为适当性行为施加了认知和规范限制。正如维克多·尼所认为的那样："制度被定义为一个相互关联的非正式与正式因素的传统，这些因素包含习惯、共享信仰、传统、规范和支配行动者在其中追求和决定合法利益的社会关系的规则。根据这个观点，制度是通过促进与组织行动者的利益和实施主要代理关系从而为集体行动提供渠道的社会结构。"（尼，2009：66，转引自斯梅尔瑟、斯威德伯格，2009：66）因而，市场作为一种社会的组织方式，其存在是正式制度与非正式制度的一种"共识知识的契约形式"，是一种社会的组织模式，是一种"建构的游戏规则"和"虚拟秩序"中的制度结构存在。

调查发现，周宁人在上海乃至全国创办的钢贸交易市场①，是在中国

---

① 本文中在不同地方使用钢材交易市场、钢材现货交易市场、钢贸市场和钢市都是同指一个含义：钢材交易市场和钢材现货交易市场是一个较为书面的语言；而钢贸市场和钢市则是一个被周宁人日常口语表达的钢材现货交易市场。同时周宁人在不同的地方创办的钢材交易市场上述几个名称都有被在创办的市场上使用，如"柏树钢市"、"交运钢市"等。在工商行政部门登记的一般为"某某钢材市场经营管理有限公司"。

经济社会发展中，对钢材的刚性需求、国家政策市场化的变化——在由计划经济迈向市场经济的过程中，钢材由国家统一调控和分配模式走向自由交易而导致的一种市场模式。而为何是周宁人首先发起的这种市场的现货交易模式，缘于前面我们已经分析过的周宁人在长期经营与铁相关的产业习惯中，与较早到上海从事该领域的生意相关，并且与上海是中国市场经济改革的前沿，市场化的意识以及国家政策的支持等相关。在上海出现了全国最早的钢材现货交易市场，而这个市场恰是由周宁人创办的——上海逸仙钢材现货交易市场。之后，按照相同的模式，有如组织制度学家分析的那样，这种社会组织模式不断地得到模仿、复制，即同构性的发展，并在其后的经济社会发展过程中不断进行自身的再生产，且得到了充分扩张。但近年以来，在国家产业政策调控中，2011年下半年开始的对中国房地产产业的调控，国际经济形势的变化（世界性的经济危机），对产能过剩的钢铁产业造成了极大的冲击，处在贸易端的钢贸行业显然受到了严重的影响，再者由周宁人创办的钢贸市场其本身存在的内在运作模式，也决定了国家政策变化对其影响的程度。当前，由周宁人开发建设的钢贸市场以及周宁钢贸商普遍处在被银行联体起诉与资产拍卖之中。由周宁人经营的钢材市场目前呈现出了"人去场空"的一个个虚壳。

这引发了我们对钢贸市场这种特定市场为何会形成、是什么因素造就了一个一个钢贸市场神话的同时，又在辉煌的喝彩声中轰然倒下的思考。显然，其中制度因素是一个重要考量。这种制度包括了三个层面：首先是中国由计划经济时期向市场经济迈进的同时，并在当前市场深化改革之际，作为市场经济载体的特定专业市场孕育而成并又滑向衰落的制度变化原因；其次是钢材市场组织在领袖示范作用下，在一定时空内不断被"同构"而出现组织的趋同现象，市场再生产遵循的是合法性社会机制，而不是主要考虑效率问题；最后是特定有形市场本身作为一种经济社会组织形式，其内在市场运作模式不仅是经济学意义上的商品交易场所，更是一种有地方性文化在其中起重要作用的社会机制模式。由此，我们认为，市场形成、发展与变迁来自市场内外各种制度因素交互作用最终决定了其路向发展。

一　作为一种制度的市场

钢贸市场：一种"制度建构"的经济社会组织形式

中国钢贸市场的发展是在国家经济政策由计划经济向市场经济迈进时，由国家统一的国有物质部门向民营企业经营转变的过程。是一个被国家政策不断调控过程中，一种市场交易制度的建构过程。钢贸市场是在中国消费品交易市场成立之后向工业、金属等领域延伸而产生的一种市场交易模式。中国钢贸市场能够建立的条件，如刘拥军所概括认为的：首先是钢材能成为流通的商品；其次是钢贸市场作为独立的企业而存在，该企业通过为进场的商家提供实现钢材交易所必需的各种服务来获取收益；最后是有相当数量且从事钢材流通的经销商进驻到钢贸市场中（刘拥军，2009：5）。以上三个条件的变化恰是体现了中国钢材交易市场制度变迁的过程。另外，近期钢贸市场的转变则是在争夺商户的同时，因为有了市场融资担保配套的条件下，钢贸商户才有可能进驻。这种转向是市场开发商和商户以银行融资为主要目的，而不是把当地是否有钢材刚性需求作为钢材贸易的主要考量。

钢材成为流通商品的过程在新中国成立之后，整整经历了30多年，并且在经过20世纪80年代的"价格双轨制"，以及在90年代"国退民进"的市场化过程里，经营钢材交易的民营企业逐步走向合法化和占领经营钢贸市场的过程。

计划经济时期，钢材流通环节是由国家在各地方成立的国有物质部门统一采购和销售管理。那时，钢材作为国家重要的基础性生产物质是由施行指令性计划生产调拨的。钢铁企业所生产的钢材由流通领域的物资部门采购和销售，而物质部门是作为一个非营利性部门对钢企生产的钢材进行政府按计划需要的统一分配进行，这种模式见图4.1。

相比较而言，国外发达国家在钢材生产与流通渠道方面，一开始就存在着市场竞争，钢材流通渠道的建设是钢铁企业生存与发展的重要环节。发达国家钢铁企业必须主动参与钢材流通渠道建设，并且要掌握渠道的主导权。正如刘拥军对当前为何中国钢材贸易渠道存在没有一个主导价格机制的原因所认为的那样："从我国钢铁企业销售体制的发展历

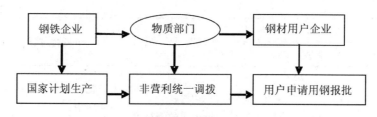

图 4.1　计划经济时期钢材基本流通流程与模式

资料来源：作者自制。

程来看，我国钢铁企业在渠道建设方面存在着'先天性'的缺陷，即钢铁企业长期游离于钢材流通渠道建设之外，导致中国钢铁企业进入市场经济后在渠道建设方面一直缺少有效的措施，难以在钢材流通渠道建设中发挥导向性作用，难以掌控钢材的最终流向。这也是导致中国钢材流通渠道建设时至今日依然缺少主导者的根本性原因。"（刘拥军，2009：5）而这恰是可以解释我国自物资部门退出钢材流通环节经营之后，国内钢材流通主要被民营商贸群体所掌控，但又难以形成主导销售的原因，并出现散、乱、多的钢贸人员现象。

改革开放后，钢材作为一种商品是在国家政策不断推向市场化过程中逐步形成的。期间，由国家计划统购分销模式向市场化自由销售的过程，经历了一个钢铁产品被赋予能够进行市场流通的"商品化"变化过程。这种变化详见表 4.1 所概括。

表 4.1　　　国家政策调控下钢企生产与经营及其市场化的过程

年份	国家 制度/政策	钢铁企业	市场化过程
1979	完成计划任务： 规定：运用市场调节，自找多余钢材产品销路	统一计划生产 地方钢材支配权扩大	规定鞍钢、武钢等 22 个重点企业钢厂按钢产量 3% 折成钢材，留给所在省、自治区、直辖市使用，地方钢铁厂用自产钢所生产的钢材自行分配。 同年，全国各钢厂自销钢材 87 万吨

年份	国家 制度/政策	钢铁企业	市场化过程
1981	完成计划任务。 规定：钢企自销部分产品，其价格由市场决定。 特征：价格双轨制管理制度的确立	统一调拨； 自行销售的钢材按照市场定价	将市场机制逐步引入钢企的生产与交换中； 开辟了生产资料价格改革的道路
1984	国务院颁发：《关于进一步扩大国营工业企业自主权的暂行规定》 规定：钢铁企业除可以销售超计划生产的钢材外，对计划内的钢材可以自销2%	根据经济社会的发展需要，钢企钢材生产资料生产迅速发展	虽国家规定计划内允许自销比例为2%，但计划外的销量开始逐步增多
1985—1991	国家政策默认	逐步市场化生产与销售	1985年全国钢铁企业自销钢材530万吨，占同年钢材产量的14.3%； 1990年全国钢铁企业自销钢材达到2135万吨，占同年钢材产量的43%； 1991年全国钢铁企业自销钢材达到2488万吨，占同年钢材产量的46%
1992	全国钢材调拨会议召开 规定：取消钢材计划内指标	深化市场化经营与销售	1992年全国钢铁企业自销钢材达到3487万吨，占同年钢材产量的57%
1993	规定：进一步减少国家指令性计划指标，除国防、农业、水利等专用钢材仍实行国家指导价外，其余93%的钢材价格均实行市场价	钢企的市场机制在价格形成中的主导地位基本确立	钢材生产资料自由购销

续表

国家		钢铁企业	市场化过程
年份	制度/政策		
1994	国家进一步放开钢材价格，包括国家订货钢材价格也全部放开	钢铁企业由钢材的生产者转变为钢材的经营者。中国地方的物质部门逐步淡出，并被改制	钢材市场交易行为常态化
1996	钢材指令性计划改为产需衔接计划		
1999 年	国家取消产需衔接计划：国家重点工程及重点行业所需要的钢材由国家按市场价进行订货		

资料来源：作者自制。

注：本章节相关数据来源于刘拥军在《中国钢铁业》2009 年第 9 期上发表的《中国钢材交易市场的演变与发展》一文中的相关资料。

在钢材作为一种被"商品化"的过程中，组织钢材进行贸易的场所也就应运而生。考察中国钢材交易市场的演变过程，从中我们可发现：首先是在中央和物资部门对可进行销售钢企生产计划外的自销钢材部分和物资部门有剩余的钢材资源在物资部门先行设立的不以营利为目的的交易市场开始的，如最早的上海生产资料交易市场的建立以及整个中国 20 世纪 80 年代各地方成立的钢材交易市场；其次是 20 世纪 90 年代之后，在中国社会主义市场经济深化改革中，国家对经营钢材市场的主体资格不再作强制要求，同时社会的用钢量急剧增多的情况下，恰又是原有物资部门因经营管理企业的效率低下，民营企业开办钢材交易市场开始出现并不断得到强大；再次是在进入 2000 年之后，在国有物资部门和钢企的全面改制中，原有物资部门的钢材交易市场不断被民营化的过程里，钢材交易市场出现了多种经济成分的并存状态，但从成立钢贸市场的数量看，民营企业占据了主导地位，并因为钢材贸易是资金密集型的行业，钢材交易市场开始引进金融担保服务的功能，并开始成立担保公司为进场的商户融资服务的模式；最后是在 2008 年之后，因世界发生了经济危机，且中国的钢铁行业出现产能过剩的情况，由此，在国家提出振兴钢铁行业与经济刺激政策中，已是较为成熟化与模式化的钢材交易市场融资模式开始全面进入了所谓"资本运作市场"的时代，此时，中国的钢材交易市场出现整体繁荣的景象；从 2011 年开始，国家施行产业政策调控，尤其是对房地产政策的调控，直接导致了占主要销量的建筑钢材缩量，并在世界经济危机进一步深化过程中，以制造业为主的中国外贸开始受到挑战，显然工业之粮的钢材也就受到了严重影响。最后，因为依靠钢材交易市场担保从金融银行融资的钢材经销商户因对终端用户的"垫资"、钢材价格急剧下跌等原因，银行融资开始出险并不断扩大而导致了整个坊间的信任危机等因素，钢材交易市场，尤其是民营的钢材交易市场走向了全面危机之中。中国钢材交易市场的演变过程及特征从一些主要事件可窥见一般，见表 4.2。

表 4.2　　　　　　　　　　**中国钢材现货交易市场的演变及特征**

主体 时间	承办主体：演变及特征
	物资部门————→民营企业（主导）
1979 年 10 月	全国最早的钢材现货交易市场 ——上海生产资料交易市场 主办单位：上海市生产资料服务公司 模式： 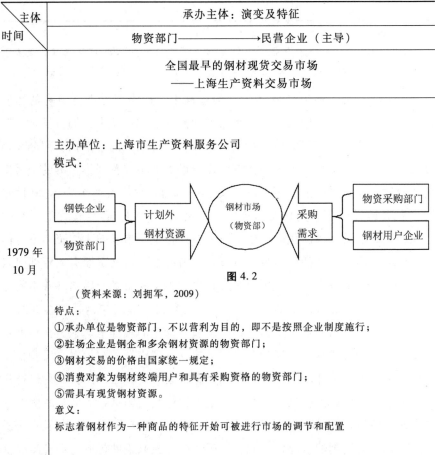 **图 4.2** （资料来源：刘拥军，2009） 特点： ①承办单位是物资部门，不以营利为目的，即不是按照企业制度施行； ②驻场企业是钢企和多余钢材资源的物资部门； ③钢材交易的价格由国家统一规定； ④消费对象为钢材终端用户和具有采购资格的物资部门； ⑤需具有现货钢材资源。 意义： 标志着钢材作为一种商品的特征开始可被进行市场的调节和配置

主体时间	承办主体：演变及特征
	物资部门————————→民营企业（主导）
1986 年 1 月	国务院：《研究对计划外钢材实行专营和设立钢材交易市场问题的会议纪要》 主要内容： ①研究设立钢材交易市场，允许库存进入市场交易，议价成交； ②交易市场由物资部门统一组织，并受当地工商行政管理机关的监督； ③对议价交易的钢材，适当减税，吸引与促进驻场商户； ④研究制定具体实施办法：如规定原则上每个中等城市只能设一个钢材市场，直辖市和省会城市可设二个，对超过的要予以合并或撤销。 对承办主体的规定： 钢材市场由物资部门主办，不以营利为目的。 对进场钢材的规定： ①重点钢企和县以上钢企计划外的自销； ②国家和地方投放市场的钢材； ③进口钢材（经贸部门以进养出的除外）； ④用钢单位库存多余的； ⑤用废钢加工、串换的钢材，等等。 对结算的规定： 交易需通过银行统一结算，使用统一发票；需加盖钢材市场专用章
1988 年 11 月	国务院：《关于加强钢材市场管理的决定》 国家工商行政管理局和物资部：《关于清理整顿钢材经营单位的通知》 截至 1990 年，全国先后建立 294 个钢材市场。 钢材交易市场特点：统一由物资部门承办，模式与最早的上海生产资料交易市场一样，但更规定了入场商户和钢材资源的性质
1992 年 开始	钢材交易市场成为钢材经销商的首选交易平台 背景： 中国市场经济改革进一步深化； 中国钢企出现了新特点

续表

主体\时间	承办主体：演变及特征
	物资部门————————→民营企业（主导）
1992 年开始	①各区域钢企的不均衡分布； ②钢材生产的集中度呈现"逆集中化"发展趋势； ③区域间钢材流通量逐年增大； ④钢企缺乏流通渠道营销的有效经验与方法，在流通渠道中处于"相对弱势"。 消费者出现了新特点： ①乡镇企业、民营及个体企业用钢发展迅速； ②用钢消费种类繁多； ③产业集群模式蓬勃发展，区域集中性趋强； ④建筑用钢比例维持 50% 以上，建筑用钢分布散大且不确定性加强，等等。 以上特点决定了钢材交易市场的刚性需求。 特征： 承办钢材交易市场的主体出现了新变化，此时因原有的物资部门承担主办的钢材交易市场因不以营利为目的的非企业特点已经不适合中国市场经济发展的要求，在整个物资部门转制的过程中，钢材交易市场也逐渐被改制或被民营化。此时，国家也不再强调钢材市场的主办主体规定，并且地方政府加大了对钢材交易市场的支持力度，包括土地规划、税收优惠等有利条件吸引民营资本开办钢材交易市场，由此，民营钢材交易市场得到了蓬勃发展。但在 1996 年之前，全国较规模以上的钢材交易市场仍然是以国有成分的经济体为主体，出现多种经济成分并存的格局
1996 年11 月	全国第一个"前店后库"式钢材现货交易市场的出现 ——上海逸仙钢材交易市场 特点： ①实现了商流管理与物流管理相结合的钢材流通新模式； ②减少了钢材流通环节的交易次数，降低了用钢客户成本； ③发挥出资源集散、信息集散的功能，交易价格更加公开透明（议价为主）； ④市场以管理赚取服务费，如收取商铺/场地租金、起吊费/库存费、物业费等

续表

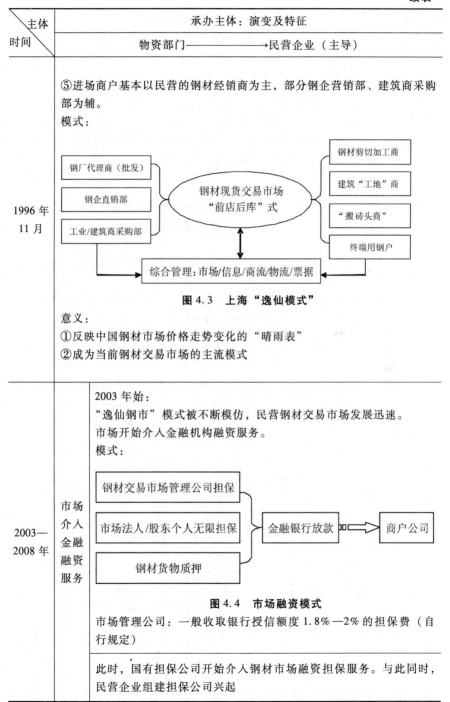

主体\时间	承办主体：演变及特征
	物资部门————————→民营企业（主导）

⑤进场商户基本以民营的钢材经销商为主，部分钢企营销部、建筑商采购部为辅。

1996 年 11 月

模式：

图 4.3　上海"逸仙模式"

意义：
①反映中国钢材市场价格走势变化的"晴雨表"
②成为当前钢材交易市场的主流模式

2003—2008 年　市场介入金融融资服务

2003 年始：
"逸仙钢市"模式被不断模仿，民营钢材交易市场发展迅速。
市场开始介入金融机构融资服务。

模式：

图 4.4　市场融资模式

市场管理公司：一般收取银行授信额度 1.8%—2% 的担保费（自行规定）

此时，国有担保公司开始介入钢材市场融资担保服务。与此同时，民营企业组建担保公司兴起

续表

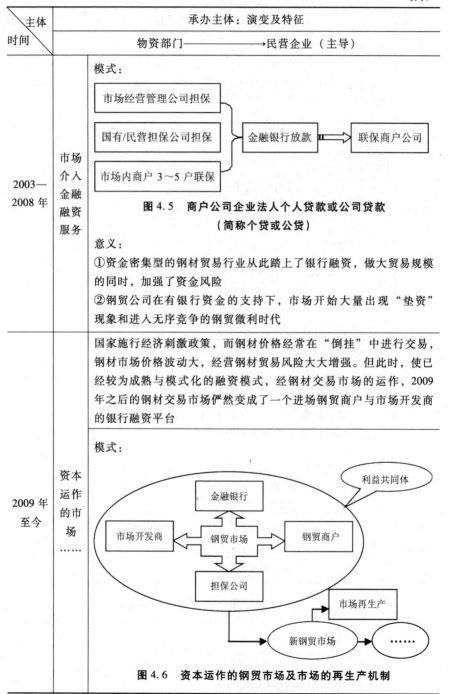

主体 时间	承办主体：演变及特征	
	物资部门—————————→民营企业（主导）	
2003— 2008年	市场介入金融融资服务	模式： 图4.5　商户公司企业法人个人贷款或公司贷款 （简称个贷或公贷） 意义： ①资金密集型的钢材贸易行业从此踏上了银行融资，做大贸易规模的同时，加强了资金风险 ②钢贸公司在有银行资金的支持下，市场开始大量出现"垫资"现象和进入无序竞争的钢贸微利时代
2009年至今	资本运作的市场……	国家施行经济刺激政策，而钢材价格经常在"倒挂"中进行交易，钢材市场价格波动大，经营钢材贸易风险大大增强。但此时，使已经较为成熟与模式化的融资模式，经钢材交易市场的运作，2009年之后的钢材交易市场俨然变成了一个进场钢贸商户与市场开发商的银行融资平台 模式： 图4.6　资本运作的钢贸市场及市场的再生产机制

续表

主体 时间	承办主体：演变及特征	
	物资部门————————→民营企业（主导）	
2009— 至今	资本运作的市场……	近况： ①2009—2011 年，以融资作为平台的民营钢材交易市场不断得到再生产 ②2012 年之后，因钢贸群体涉及大量银行融资出险与民间借贷纠纷，许多民营钢贸市场处于转型与危机中 ③2013 年 3 月，钢市主流模式的第一家"前店后库"式、全国最大钢材市场交易量的"逸仙钢材交易市场"意欲申请破产（涉及银行融资、担保 60 多亿元）

资料来源：笔者自制。

　　中国改革开放后，钢材成为一种被商品化的过程，是在中国钢材逐渐被置放在一个个形成的交易场所进行交易的历史过程。显然，这种钢材交易市场作为一种市场制度是被国家所建构出来的，其中构成钢材交易市场的组成要件也是在国家不断建构过程中体现了国家权力意志（通过政策施行），是国家以各种方法系统地创造一种新社会管理技术以实现经济社会发展目标。为什么说这种迈向市场经济的一种钢材交易市场的制度安排很重要，因为：其一，市场中的交易主体如钢企、物资部门以及民营企业都不具有从整体上制定规则的能力；其二，国家作为一种权力管控部门尤其在我国这种国家体制中，由计划经济迈向市场经济过程里，钢材交易市场的交易秩序/制度安排是掌握在国家层面的；其三，在市场经济逐渐深化的过程里，在面对不确定性和艰难竞争时，企业根本无法解决竞争中的集体性问题。因此可以说，构建钢材交易市场，其内涵显然也是国家在不同时期根据其经济社会管理目标的确立，从而表现出不同的市场实践管理方式。

　　在弗雷格斯坦看来，创设一套能够建立起稳定市场的一般性规则，有助于对特定社会中特定产品领域的交易加以规范。在迈向市场经济过程中，行动者对于他们所交易秩序的稳定化所遇到的系统性难题开始有所认知，而这需要他们寻找解决问题的"社会—组织"途径。因此，弗雷格斯坦认为，"有助于行动者创造和维持现代市场的普适性社会技术是否能够出现，取决于行动者是否能够发现在产权（即谁拥有什么）、治理结构（即组织方式，包括公平与不公平的竞争手段）、交换规则（即从事交易）以及控制观（即在市场内部建立起地位等级制，来稳定占统治地位的行动者的地位）方面的问题"（弗雷格斯坦，2008：34）。这里，弗雷格斯坦主要认为，一个稳定的市场，或者说市场由产权、治理结构、交换规则以及控制观所建构。其中，他所强调国家的建构作用是在行动者相互的政治斗争中的一种结果。并且认为，通过政治斗争，一些资本家掌控了政府，制定出压制政治对手，为自己利益服务的规则。显然，弗雷格斯坦所提出的国家建构市场是被资本家控制所制定的规则，这与中国的市场经验是不吻合的，中国的经济市场也是被国家所建构，但并不是资本家政治斗争的结果。从中国钢材交易市场的建构过程看，恰是在市场经济改革与深化——即在"国退民进"的过程中，民营经济走向市场经济的前台，是民营经济逐步被赋予主体资格、合法化和强大的过程。至于民营经济与国有经济在当前是否是经济主体的问题，显然是另一个需探讨的问题，在这不作具体分析——因为当前改革还在进一步的深化当中，至于以后会发生怎样的转变，要看中国经济的具体实践方向。另外，关于弗雷格斯坦提出的市场建构的其他三个构成要素我们将在不同地方进行阐述并作出不同的解析。

从我们对当前中国钢材交易市场的调查看，在不断被再生产的市场里，因为涉及钢贸市场融资担保功能的强化影响，以及来自世界性全球钢材市场的格局问题——如中国铁矿石主要靠进口，且没有强的谈判权，而且钢材交易市场内部存在着混乱性问题，钢材交易市场出现了危机。因此，国家政府被赋予了应对市场危机的主要功能，且行动者总是往往游说政府要进行市场的干预。因为政府总是处在创立和实施市场制度的中心地位，当市场出现危机的时候，政府总是成为关注的焦点。当前摆在政府面前的一个问题是：在钢贸商涉及大量银行融资出险的情况下，钢贸商认为，在中国是"法不责众"的，其心理及情势判定如何与银行施行追偿的博弈中，体现了民营经济与国家争夺法律边界的问题。而这里又涉及中国金融银行的人事制度安排、银行追求利益最大化的决策，以及关乎钢贸商大量涉及民间借贷纠纷而产生的社会稳定等问题。2011 年下半年，国家有关部门调查显示，钢贸类行业融资风险是排在中国地方政府融资平台风险之后的第二大风险行业，这引发了我们对钢贸类行业融资的进一步思考：

首先，中国市场化改革深化中，民营经济发展需要银行融资支持，而钢贸市场成为钢贸商融资的平台之后，本是吻合国家对中小企业融资政策的，但为什么会出现如钢贸商普遍认为的"融资犹如吸毒"的恶性循环？

其次，是什么原因造就了钢贸市场在介入融资服务之后，不断地被推向再生产钢贸市场的怪圈中？

再次，当前银行对钢贸市场和钢贸商普遍采取集体起诉、追偿和大量对钢贸商的通缉中，加剧了一个钢贸群体走向灭亡的边缘。那么，国家在处理市场危机——市场失灵、系统性与行业性风险中的决策应该如何才是正确的？

最后，也是一个关键的问题，在银行介入民营钢贸商提供融资服务的同时，如何与钢贸商形成一个利益共同体，而不是单向地把银行追逐高利润放在第一位，这是很重要的。据我们所调查，钢贸商的银行融资成本，一般是要高于银行基准利率的10%—20%，加上钢材交易市场的担保费、担保公司的担保费、存单和银行季度绩效存款要求等间接性的费用，银行资金到钢贸商那里其利息一般都在15%—20%/年左右，这显然加重了钢材贸易成本。而根据有关部门统计，近5年来，中国钢材贸易利润平均也只有2%—5%之间。因此，政府如何制定一个有利于促进中国民营企业发展的融资环境和利率成本控制问题，显然是一个需要被重新思考的国家层面制度性问题。

案例市场的制度结构

上海 YF 钢材交易市场是一个按照"国有体制、市场机制"运作的市场，其母公司是1998年部队企业（上海警备区）改制后，在部队划拨自有的仓库上改建而成。在2004年8月之前，它是一个租赁给个体经营者堆放货物的场地。筹备建立钢材市场的是上海 YF 金属材料有限公司与上海 YX 担保公司共同投资建立的。上海 YF 集团是上海绿地集团下属的全资子公司，原上海 YF 金属材料有限公司主要承担了绿地集团、YF 集团房地产部钢材建筑材料的配送单位。这种模式是在中国钢材品种在20世纪80年代、90年代初只能由建筑单位向钢厂定量生产，由物资部门配送的情况下产生的。1998 年，上海警备区与国资委签订部队转制改革后，YF 集团成立，其下属的金属材料公司自此走上了"自主经营、自负盈亏"的企业法人自主经营的企业治理制度。

　　YF 金属材料公司所在的公司场地（上海长江西路 778 号）是紧邻上海宝钢集团的，其钢材的物流条件优越。在 2004 年 8 月，与上海 YX 担保公司共同出资，建设了上海 YF 钢材交易市场，YF 金属材料公司占股 51%，上海 YX 担保公司占股 49%，注册资本金 2000 万元。上海 YX 担保公司是由周宁人 ZWX 为董事长的民营担保公司，其股东全是周宁人。ZWX 是 1987 年 4 月到上海，担任周宁协作公司上海分公司副经理，1994 年 1 月，他创办了上海 FN 物资供应有限公司，就开始涉足上海钢材贸易。1998 年初，创办 XED 储运有限公司，并在同年 6 月，与周宁人合资创办了上海 JY 钢材现货市场经营管理有限公司，担任总裁。经过几年钢贸经营，2004 年发起成立上海 YX 担保有限公司，担任董事长，并与 YF 金属材料有限公司合资创办上海 YF 钢材交易市场。2010 年之前 ZWX 仍然担任周宁县驻沪办党委书记、驻沪办主任。

　　我们认为，上海 YF 钢材市场的创办得益于以下几个国家制度性因素的促成：（1）上海城市规划把宝山定位为物流基地，尤其是钢铁的物流基地。（2）部队土地的特殊性。在规划中长江西路以南是商业用地，工业用地建立厂房性质的土地应是保留的，但部队土地的性质，只有部队用于特殊用地，不然部队可自由采用，这给该地块一个时间表上的空间；（3）中国对民营担保公司开始有了政策的认可与扶持；（4）合作民营企业中的最大股东 ZWX 原是政府工作人员，在钢材贸易领域具有较高知名度和影响力。这些制度性要素引发了我们对中国迈向市场经济过程中的一些见解：

　　首先，在中国施行市场经济之后，原国有企业建筑单位的采购部门如上海 YF 金属材料有限公司进行改制后，其原有坐享其成按计划采购与配送的模式遭到市场经济冲击，从而必须走上按照"自主经营、自负盈亏"的现代市场企业机制运作。原有企业管理效率低下、员工危机感不足、企业经营体制不够灵活等特点也凸显出来。

　　其次，改制后的国有企业开始转向与民营企业的合作。在 20 世纪 90 年代之后，中国钢贸行业逐步被民营企业所代替的历史过程中，已经逐渐成熟化的民营企业具备了跟国有企业谈判与合作的条件。上海宝山区自成立周宁人第一个逸仙钢材交易市场（1996 年）起，周宁人逐渐掌控了上海钢材的流通渠道，并逐渐具备了较成熟的钢材交易市场管理运作的经验与资金实力。因此，YF 钢材市场与周宁人的合作是应运而生的。

再次，中国早年的地方经济协作办，作为一种地方政府经济部门与外界的经济交流中，其工作人员是一个市场经济的"试金石"。周宁历史上就是一个劳务大县，其县级的协作办作为一个政府部门就承担着如何使外出劳务人员走向务工经商集中化与规范化的责任。由此，以 ZWX 为首的驻沪办人员牵头成立的上海周宁商会以及自己加入经商人员行列，虽有国家工作人员不允许经商的政策规定，但其所带动的经商劳务人员和每年给周宁县所做出的劳务贡献，也就在其业绩中被默认。

最后，民营担保公司的国家政策出台，造就了一个国有企业与民营企业合作经营管理钢材交易市场的出现。2003 年，国家出台了中国民营担保公司的政策与法规，这个政策促进了具有资金密集型的钢材贸易行业走向成立民营担保公司的需要。钢材交易市场作为一个钢材贸易经营管理公司，在被银行所认可的具有融资担保服务的功能之后，如何引进担保公司和自己成立担保公司为其驻场的商户即使没有钢材货物质押的条件下，仍可进行融资，是配套钢材交易市场做大资金规模和市场交易量的另一种经济决策方式。在成立之初的上海 YF 钢材交易市场，因土地是部队的，经营主体是国有性质的，企业法人是国有的工作人员，因此，显然在钢贸市场作为一种担保的实体单位，是受到局限的，即银行要求市场土地和法人在一个市场可授信的情况下，需要土地作价作为担保物，并且法人也要承担无限连带责任。在这种金融机构银行的要求下，只有成立民营担保公司才可为驻场的钢贸商户做融资担保，于是，在这种企业制度建构思路中，上海 YX 担保公司与 YF 金属材料有限公司才合资创办了上海 YF 钢材交易市场。

上海 YF 钢材交易市场在与上海 YX 担保公司合作仅一年之后，就开始无法合作，YX 担保公司就撤出了。据我们调查得知，主要原因还是在于国有企业性质的钢材交易市场无法给驻场商户做融资担保，因而不欢而散。钢材贸易是资金密集型行业，在驻场商户需要进行银行资金配套情况下才有可能把规模做大，从而取得规模经济效益。进入 2000 年之后，民营钢材经销商也是在可被用钢客户"垫资"优势下，逐渐取代国有物质部门成为主导钢贸的。另外，钢材代理商需要付一定的保证金才能取得钢厂的代理权，并且需签订销售代理合同按月购销钢材，同时钢材经销商又需要有一定的库存量以保证钢材的市场供应，这种经销钢材的资金模式如图4.7所示：

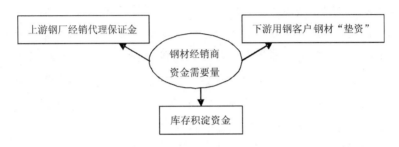

图4.7　钢材经销商资金需要量模式

钢材经销商需要三套资金：首先是钢厂代理需要一定比例的保证金。在1999年之后，钢厂全面进入市场机制运作，国家不再按照计划指令执行统一生产指标，所有钢材进行市场化的购销。在这种背景下，国内钢厂因存在生产积货的风险，为把风险转嫁给经销商，普遍采取了经销代理机制，并收取一定的保证金——每个钢厂的保证金根据自身的生产与资金需要有所不同。其次是在激烈市场竞争中，为使钢材流通快速运转获得流转速率利润，经销商一般需要给下游的建筑商垫资，或给市场内的二级销售商一定时间的"垫资与赊货"。最后是为使企业正常销售，并且钢厂一般是按月发货的模式下，经销商要有一定的库存量才能运转。从以上钢材经销商经销模式中可看出，钢材经销商为完成一笔生意，需要三套资金才能运转，因此，钢材经销商对银行的融资需求愿望强烈，且资金的需求量大。

这种模式强化了钢材交易市场为驻场商户融资担保的功能。因此，上海YF钢材市场成立之初，原意欲通过担保公司的担保功能能够规避国有企业为市场内的驻场商户进行银行融资担保而取得市场经营管理的效益。但银行在给钢材交易市场授信的同时，为风险可控，一般都需要市场经营管理公司作为第一担保人，显然如上面我们所分析的，YF钢材交易市场因法人和土地都是国有性质的，在银行需要融资担保的模式上碰到了瓶颈，因而国有与民营的合作最终不欢而散。

YF 钢材交易市场在民营企业和 YX 担保公司退出之后的 3 年运营管理中，市场的经营处在上海宝山区钢材交易市场中的劣势地位，进场的商户越来越少，其地理优势地位并没有得到发挥。如前面所分析的那样，自 2003 年之后，钢材交易市场开始介入融资担保服务的开始，市场拼的是融资服务的能力，而不是传统意义上的只是作为一个钢材储存、钢材流通环节的交易市场。

2008 年由美国开始爆发的金融危机引发了世界性经济危机，这给中国的经济发展也带来了深刻影响。在这种背景下，上海 YF 钢材交易市场的钢材交易量急剧缩减，同时 YF 集团经过几年对钢材市场的运作，也感觉到在上海若没有与周宁钢贸商帮进行再次合作，其效率显然是低下的。由此，在以 CMC 为首的一个钢贸团队再次获得了与 YF 市场的合作。并同时引进了深圳航空公司控股的 SYL 担保公司进行合作。其合作模式如图 4.8 所示。

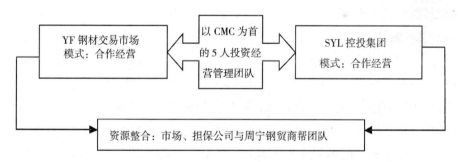

图 4.8　2009 年 YF 钢材交易市场合作经营模式

与 YF 钢材交易市场的合作方案：

1. 以 CMC 为首的周宁钢贸团队每年提交给 YF 集团 1200 万元的管理费用硬指标，每半年提交一次，从 2009 年 1 月 1 日计起。

2. 营业利润超过 1200 万元之后，按照合作经营的规定，YF 集团得 20%、周宁人经营团队得 80% 的利润分成。

3. 原有 YF 钢材交易市场的员工工资、福利及市场的一切管理、修缮费用由民营经营团队承担。

4. YF 集团承诺每年给市场商户包括民营股东在银行授信不超过 5 亿

元以上的担保额度。

与 SYL 控股集团(担保公司)的合作方案:

1. 合作主体单位是 SYL 控股集团上海分公司,SYL 深圳总部出具担保函为 YF 钢材市场的商户包括股东作银行融资担保。

2. CMC 团队提交给 SYL 的风险保证金 300 万元,同时根据担保营业利润按照 SYL 得 40%、CMC 团队得 60% 的分成模式进行合作。

其中,CMC 团队是以组建的投资管理公司——上海 GF 投资管理有限公司与以上两个单位进行合作的。

之后,SYL 控股集团因其具有的国有企业性质的担保公司在为钢贸商提供融资担保服务上也显现出了体制性的限制。在 2009 年从民生银行获得 2 亿元授信投放给 YF 钢材交易市场中之后,2010 年,因体制性原因和对钢贸商风险意识提高情况下,又以不合作而终结。但以 CMC 为首的经营团队在重新引进新股东之后再次收购了一家上海 YC 担保公司并进行增资扩股,注册资本达到 2.2 亿元,为配套 YF 钢材市场做融资担保服务。

2009—2010 年,是周宁钢贸商帮经营钢材和创办钢材市场的"繁荣"期。YF 钢材交易市场也是在 2009 年之后,开始呈现出了繁荣景象。市场中一共有交易席位(包括商住一体的商铺)260 间全部租出,进驻钢贸类公司 186 家(有些商户租用两间不等)。2009 年全年市场与担保公司担保余额达致 6 亿元,2010 年担保余额达致 8 亿元。相对于上海宝山区周边周宁人经营管理的钢材交易市场而言,YF 市场的融资担保额并不算高,正是这种国有与民营合作的钢材交易市场其有融资担保的局限性。但从当前看,这种模式挽救了一个钢材交易市场。2011 年开始显现、2013 年开始全面爆发的周宁人钢贸融资性风险,使得周宁人目前经营的大部分钢材交易市场出现了危机,而 YF 钢材交易市场因涉及融资担保服务还处在正常的风险可控范围之内,因此该市场当前仍然处在正常的经营之中,但银行担保出险代偿也使该市场处在经营极其困难之中。

按照诺斯对制度的理解,制度是人们构思出来的建构政治、经济和社会互动的限制,制度由正式规则(例如制度、法律和产权)和非正式的成分(例如认可、禁忌、习俗、传统和行为规范)构成的(North,1991:97)。当前,学界对制度的理解基本上是按照诺斯的看法进行分析，但我们又强调制度结构包含有行动者行动的意义。当然其发展又得益于经济社会学中波兰尼提出的宏观制度嵌入与格兰诺维特提出的微观制度嵌入的观点。这个来自社会学的嵌入性观点我们将在以下的论述中进行阐述。而以上对中国钢材交易市场的制度建构，我们主要是从体制性制度亦即正式制度的角度进行了梳理，发现中国经济模式的改变是由计划经济向市场经济的转变过程中，一个个承载着市场经济载体的有形市场，或称为特定市场、专业市场是在体制性的转变中被国家的产权、法律等制度不断建构出来的。其中，进入最近发展的钢材交易市场很大程度上是因为银行对民营企业的融资扶持政策中，因钢材交易市场创建的"融资平台"使得驻场的商户从银行融资变得简单了。而与此同时，出现大量企业融资出险的情况也是与当前我国银行业在风险控制的机制设计相关，我国银行普遍存在"重贷轻管"的制度设计问题，贷款后的后续管理没有跟上，往往是出现风险后才被动研究对策。企业经营困难暴露后，银行往往急于抽回贷款，且手段单一，主要依靠处置抵押物或诉讼，这样容易出现雪上加霜，将企业置于死地（熊霞，2007）。当前周宁人创办的钢材交易市场普遍存在被查封、商户被集体起诉而出现大量"跑路"现象也与此相关。

总之，从周宁钢贸商帮创办的钢材交易市场通过调查可发现，国家制度对我国钢材交易市场的建构主要与下面几个因素相关联：

第一，有形市场是国家经济体制性制度转变中，迈向市场经济的产物。其中国家的产权制度转换、政府政策、法律法规的制定都起着关键的作用。

第二，有形市场自身运作模式的特点，如钢材交易市场的股东同时与配套融资服务的担保公司的股东存在基本一致的企业制度，在被相关管理部门默认中存在着"自己为自己担保"的无意义担保怪圈，这种模式在经济上行时，会出现市场整体套取银行资金的繁荣虚假景象；而在经济下行时，则会出现行业系统性的风险。

第三，当前市场经济发展的主体离不开银行等金融部门的支持，因为信贷控制是经济和社会权力的基础，金融信贷结构决定了不同经济体的发展速度和产业结构。

第四，另一个重要的方面来自全球市场的挑战，如中国在改革开放后是一个钢铁需求量强劲的国家，而中国的铁矿石基本来自世界三大铁矿的进口，但在国际的铁矿石谈判方面一直处在弱势的地位，这给中国钢企生产和钢材贸易带来了非常不确定的因素，从而造就了钢企销售环节的代理机制设计，这也给钢材经销商造成了资金压力的同时，钢材市场的价格处在极其不稳定之中。

二　同构的力量

上节我们是从国家制度的视角分析了中国钢材交易市场是在多种国家制度性因素共建情况下，市场形成与发展出现了阶段性的市场特征。可概括为图4.9所示：

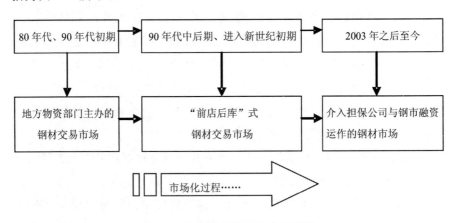

图4.9　钢贸市场阶段性变化模式

图4.9显示中国钢材交易市场发展出现三个不同阶段的模式：

第一种模式：国家主导物资部门成立的钢材交易市场。

第二种模式：民营企业创办的"前店后库"式钢材交易市场，逐步成为主导模式，并被后起开发的钢材市场不断复制。

第三种模式：担保公司与钢材市场经营管理公司为驻场商户提供融资担保服务，并在市场的竞争中，以提供融资担保服务才能生存与发展的模式。

以上三种模式中，第一种模式是完全在国家政策调控下，采取指令性计划创办的钢材市场。而在中国市场化的过程中，指令性计划的钢材市场逐渐被民营化，且形成一个统一的钢材市场模式："前店后库"式的交易市场，并在进入 21 世纪之后，这种模式的市场在引入融资担保服务功能之后，又形成了一个"资本运作的钢材交易市场"。现在我们的问题是：什么原因促使钢材交易市场会形成不同阶段的统一模式？或者说，形成中的钢材交易市场模式为何总是在被不断复制中面向市场的，而其中市场中的行动者为何没有考虑其模仿方向的正确性？

钢材交易市场不同时期的同质复制性（同构性）给了我们一个这样的提示：钢材市场组织不仅反映了经济社会管理技术的要求以及资源依赖，同时还要受到更广泛的环境尤其是文化因素的影响，这些因素包括对已存在的钢材市场模式的模仿、市场组织合法化的知识以及专家意见、地方法律规范和钢贸商的普遍认同等。正如鲍威尔和迪马吉奥所言的那样，"组织乃是深深地嵌植于社会与政治环境之中的，组织的结构和实践（practices）通常是反映了或因应于那些在比组织更大的社会中存在的规则、信念和惯例"（鲍威尔、迪马吉奥，2008：1）。

逸仙钢材交易市场是上海最早，也是全国最早按照"前店后库"的方式建设起来的。在采访中，董事长 ZHR 回忆当时创办市场的想法：

> 80 年代初我参军回来到县里的供销社上班，那时供销社承担着一些重要物资的购销任务，那时我就开始接触县里一些单位的建材分拨工作。后来我就自己到上海了，也算是下海吧。原来在周宁的时候，感觉到由原来需要挂靠单位才能对钢材进行买卖生意，后来在国家政策放松时，我开始自己成立钢材贸易经营部，那时，我的经营部在上海同行里算是较早的，记得是在 1987 年，申宁建材经营部成立，那个时候，我们周宁人就已经有一部分人跟我一样，也到上海经营建材了。后来在 1990 年，由于生意不断扩大，我开始把申宁的场地扩大，建立了申宁商场，开始主营钢材贸易。经过几年的努力，到 1995 年，申宁在上海的分部已达到 13 个。在经营钢材贸易时，我们与上海建工建立了较为稳定的业务关系，那个时候建工公司自己有物资采购部，但建筑钢材的品种多，而且每天需要补充不同的品种，比较零散，采购部在采购时常碰到一种品种需要到各个物资市场或者市面上的钢材经营部寻找。这个想法促使我想成立一个专门的钢材交易

市场。也就是知道建工（集团）在上海逸仙路有个堆场，里面平常堆放着周转用的建筑类建材，于是我找了几个朋友开始合计着把它租用下来。

开始的时候，我们比较看重的是这里原来就有铁路专用线，这个是我们最想要的东西，可以省下很多的物流费用，而且方便。这个场地比较好，里面原来就有当时单位的宿舍，经过改造就可以办公；而且空闲的场地比较集中，架几台龙门行车就可以了。当时，一个主要的想法是认为，我们周宁人已经有很多在上海各个地方在做着建材的生意，而且大家也比较熟悉，成立一个专门的钢材集中贸易的场所，可以把大家集中起来形成销售不同钢材品种的互补，便于客户节省寻找的时间。后来，几个股东一合计，就按照这种模式创办起来了。开始的时候，我们也考虑到到上海经营建材的老乡需要一个固定的又能够商住一体的地方，因为大家那个时候想的还是如何在上海能够生存下去，到市场来办公又要到外面租房子住，一个不方便，另一个费用也高，所以开始的时候，我们把原有的宿舍楼改造成一楼是办公的地点，二楼以上的地方配套给进场的周宁老乡作为生活住宿的地方。

开始经营的第一年，比较吃力，因为老乡们总认为集中到一个市场，明显要存在竞争，客户总要货比三家的嘛。开办市场的开始，主要是靠我们几个股东的关系，先把自己的亲戚、朋友叫过来，记得开始的半年时间里，进场的商户也只有26家，而且为了不让他们之间存在同类钢材品种的竞争，都是在经营不同种类的钢材。正是因为钢材的品种非常多，而且资金的要求也很高，到上海的周宁老乡那时能筹到10万元、20万元的就已经很不错，这个也决定了当时大家经营不同品种的钢材有了可能。后来慢慢地，老乡介绍老乡，进场的商户也就越来越多了。

（访谈记录20080308—ZHR）

经过几年的发展，后来在上海由周宁人开发的钢材交易市场全部都是按照这种市场模式开办了起来。逸仙钢材交易市场成立之后的几年，它得到了长足的发展，原来市场二楼以上的本是配给商户住宿的地方全部改造为办公室，到2006年，进场的企业就有856家，年成交量520万吨钢材，钢材年交易额达到 351 亿元，位居全国黑色金属现货交易市场之首。2008
年 9 月，经国家工商总局正式批准更名为"第一钢市市场股份有限公
司"，股份公司名下拥有 8 家全资控股公司和 1 家控股公司。到 2009 年，
市场年交易量达 1270 万吨，市场年交易额达到 529 亿元。2008 年 12 月，
在其周边开始动工建设"上海钢铁交易大厦"（投资将近 20 亿元），并在
2010 年 12 月竣工投入使用。期间，逸仙钢材交易市场先后获得了上海市
杨浦区商务委批准的"上海国际钢铁贸易园区"（2009 年 8 月）和科技
部批准的"上海国家现代服务业钢铁物流产业化基地"（2010 年 1 月）
的称号。

在"逸仙模式"的引领下，到 2010 年止，周宁钢贸商在上海开办
的钢材交易市场就已经达到 40 多个。其中包括 2005 年建成的华东地区
土地占用面积和进场商户最大最多的"上海松江钢材城"，其占地 960
亩（其中 630 亩为自有产权），进场企业近 2000 家，常住人口达 2 万
人。故此，钢贸行内有句话形容周宁钢贸商："世界钢材看中国、中国
钢材看上海，上海钢材看周宁"。自 1996 年起，在不到 15 年的时间里，
周宁人基本掌控了上海的钢材贸易，其中主要是以钢材交易市场为依托
和载体。

2003 年之前，钢材交易市场内的企业也零星有对接银行进行钢材质
押的融资活动，但仅限于市场中有较大库存量的企业，并且以驻场企业单
个获得银行贷款的支持为主。但到 2003 年之后，因国家开始对民营企业
成立担保公司的政策支持，周宁人经营的钢材市场开始介入了成立担保公
司为进场的企业提供融资担保的服务。据不完全统计，到 2010 年，上海
一共成立了 300 家左右的各类担保公司，其中能正常经营的有 150 家左
右，而在这 150 家之中，周宁钢贸商就占有 80 家左右。到 2011 年 10 月，
根据上海金融办和银监局的统计，钢贸类的银行融资额已达到 1510 亿元
（其中包括银行承兑融资），而这主要是以周宁人的钢贸商融资为主。因
此，我们把 2003 年之后的周宁人开办的钢材交易市场称为"资本运作的
市场"——融资平台。这是因为：

其一，钢材市场经营管理公司成为市场开发者和进场企业的"融资
平台"，同时利益相关者获得了各自需要的经济利益。

从市场经营管理公司而言，每个市场的股东都有其名下的钢贸类企

业，一般在一个钢贸市场中，市场经营管理公司的股东都是场中钢贸企业最强的公司，因为它获得银行的融资是容易的；同时，市场经营管理公司为驻场的企业做融资担保服务需要收取担保费，而且在不断的市场摸索中形成了一个普遍被钢贸商所默认的担保费用。收取担保费用有两种模式：一种是按照银行贷款额度的2%收取，在银行授信之后，放款给驻场企业之前收取；另一种是按照每百吨钢材月流转一次的核算方式转换成吊费的方式收取。总之，一个驻场钢贸企业从钢材市场融资的担保费用控制在2%—2.2%之间是被认可的。

从银行的角度而言，自从钢贸市场介入融资之后，就受到银行的欢迎，国内很多商业银行如民生银行还专门设立有金属冶金贷款部，银行直接对接钢材交易市场，银行根据钢材市场的经营情况、产权情况和股东的实力作出评估之后，整体授信给钢材市场，由钢材市场对驻场的企业进行甄别，然后统一按批次报送给银行从而获得贷款。银行对钢材市场做整体授信，由市场挑选钢贸企业，这为银行解决了银行与企业之间信息不对称的贷款问题，并且钢材市场也起到了对驻场钢贸企业的贷后共同监管的责任与作用。况且，钢材交易市场因钢材用资金量大的原因，银行出于自身利益的考虑，也喜欢做钢贸类的贷款业务。

从钢材交易市场内的钢贸企业而言，依托钢材交易市场能获得银行的贷款资金，是钢贸企业避免要直接面向银行从而可节约"交易成本"，中国中小企业要获得银行的贷款是存在很多的公关费用的。对此，驻场企业只要在某种程度上直接与市场的股东或管理者存在信任的关系，就可获得被市场管理者推荐给银行做贷款的可能。另外，获得贷款的钢贸企业在不断把自己的贸易公司扩大规模的同时，在一定的资金条件下，集合几个志同道合的亲戚、朋友就可"另起炉灶"，在别的地方开办钢材交易市场了。

其二，担保公司的介入，成就了钢材交易市场中有规模的企业会越强，而弱的企业也能获得银行贷款资金需要的机会。

钢材市场经营管理公司的担保仅限于为市场内的有库存量的企业作质押融资担保服务。而一个市场内具有实力代理钢厂成为代理经销商的企业在一个钢贸市场内毕竟是少数，大多的钢贸企业是从代理商那里拿货，然后销售给下游的用钢客户，从中挣取贸易差价。还有一部分是被周宁人所声称的"搬砖头商"——自己没有注册公司，或是依托熟人的公司，在外跑用钢客户，在与用钢客户签订销售合同后，从熟人那里赊货、送货最终取得贸易差价的生意人。在 2009 年之后，因贷款变得容易，这部分生意人基本上都注册钢贸公司了。在担保公司介入钢贸市场之后，市场中没有库存钢材的企业通过担保公司的担保和市场管理公司的担保，也能从银行获得授信和贷款了。

现就调查的 YF 钢材市场与上海 JB 担保公司合作中，在 2010 取得 ZG 银行整体授信 2 亿元，对达到条件的钢贸企业每家给予 500 万元的贷款额度。其对钢贸企业个人贷款的资料目录如表 4.3 所示。

表 4.3　　　ZG 银行"钢贸通"个人投资经营贷款资料目录

客户：＿＿＿＿＿＿　　公司名称：＿＿＿＿＿＿＿＿＿＿　　推荐人：＿＿＿＿＿＿

手机：＿＿＿＿＿＿　　公司电话：＿＿＿＿＿＿＿＿＿＿　　传　真：＿＿＿＿＿＿

序号	材料种类	材料名称	备注
1	个人资料	借款人个人资产，包括但不限于产权证、车辆、存折、存单、保险单、股权证明等（个人资产价值不低于人民币 300 万元，夫妻共有的财产也算）	复印件
2	个人资料	夫妻双方身份证、户口簿、结婚证，离异提供离婚证（判决书）、离异未再婚证明；未婚者提供单身证明，必须由当地民政局出具	复印件
3	企业资料	借款人背景公司营业执照、税务登记证、组织机构代码证（正本、副本都要，且通过 2009 年年检）	复印件
4	企业资料	贷款卡（正、反面都要清晰）、贷款卡年检合格通知书	复印件
5	企业资料	内资企业登记基本情况表、变更附页（档案机读材料、工商局调档）	复印件
6	企业资料	成立至今所有的公司章程（或修正案）及股东会决议、股权转让协议	复印件
7	企业资料	成立至今所有的验资报告	复印件
8	企业资料	2008、2009 年审计报告（必须与企业贷款卡信息数据相符）、最近 3 个月财务报表（负债表、损益表、现金流量表、负责人和财务必须签字）	复印件

续表

序号	材料种类	材料名称	备注
9	企业资料	上下游客户购、销合同，常年协议（各5份，注意合同日期以及合同编号不要重复，字体一致；供需方单位名称，地址，经办人签字，银行，账号都必须写明，合同金额大于贷款金额，并提供1份需方首付款证明，该合同及票据凭证必须是真实的，贷款后需进行确认）	复印件
10	企业资料	近3个月的纳税申报单及完税清单，负责人必须签字	复印件
11	企业资料	企业简介（2007、2008、2009年销售额，总利润，纯利润，合作企业，主营方向，公司架构图，2010年销售目标，公司仓库地址）；借款人个人简介（工作经历）	原件
12	企业资料	2009年12月及申贷当月库存盘点表（库存数额必须与提供的当月财务报表中——"存货明细"栏的数据一致）	原件
13	企业资料	近3个月银行对账单（加盖公章）	复印件
14	企业资料	截至申贷当月，如企业有贷款，提供贷款明细清单；若无其他贷款，提供一份无贷款声明	原件
15	企业资料	汇票如是全额保证金需提供银行定期存单复印件加盖公章	复印件

注：1. 准入条件：2009年销售额1亿元以上；股权转让（经营）满2年，增资满6个月，背景企业未在中国银行有企业贷款、借款人夫妻及股东个人信用无污点、企业贷款卡信息与审计报表信息相符的企业，方可申报。

2. 复印件统一使用A4纸，所有材料必须完整、清晰地全套复印，并加盖公司公章，多页加盖骑缝章。

3. 工商机读档案以及工商调档材料均提供工商盖章材料（复印件盖章原件）。

资料来源：上海YF钢材交易市场风控部。

从以上中国银行出具的贷款资料中，我们知道，钢贸企业只要年贸易额达到银行所规定的贸易额，个人资产达到其所规定的资产总数，不用钢材作为质押，就可获得银行的贷款。从银行出具的贷款资料目录，我们可看出，资料的设计就目录的条件门槛是较高的，但为何一般的企业甚或是刚转让过来的钢贸企业经过"包装"基本上也能贷到银行的资金——用周宁钢贸商的话说，企业要达到贷款条件的"标配"问题，关于这个问题我们将在文中的其他地方进行详述。

银行根据企业的注册资本金、企业报表和企业、股东的固定资产情况，以及企业的负债率作出评估从而给出不同的授信额度。2009 年之后，甚或银行认为，只有在银行贷款的企业才是良性的、优质的，因此不同的银行会给同一家企业同时授信。如我们调查的 YF 市场内的上海 TY 贸易有限公司，注册资本金为 2000 万元，它通过担保公司的担保，获得企业贷款（公贷）1000 万元，同时另从不同的担保公司担保而获得不同银行的 3 笔个人经营性贷款（个贷）共计 1500 万元。2009—2010 年，这两年期间，上海钢贸圈的担保公司为扩大贷款业务，基本又打破了只有在一个市场给予企业贷款的模式，可针对上海市内所有的钢贸类企业贷款，只要钢贸类企业能出具在钢材市场内驻户的市场租赁合同即可。于是，另一种现象在钢贸圈得以出现，即"虚拟席位"，比如上海 BS 钢市，其原先配套给驻场的商户成立的上海 RZ 担保公司——被评为"全国十大民营担保公司"，其为在上海的钢贸类企业给予担保时，必须要求是在 BS 钢市内有办公场所——即"交易席位"，但 RZ 担保公司每年的担保业务量达 20 亿元左右，其钢市的办公场所根本不够，而银行要贷款客户出具驻场租赁合同，于是钢材市场就与客户签订一份"虚拟"的办公场地合同，同时钢材市场要收取"虚拟席位费"——每年一般是真实席位费的一半租金。

因为这样，上海周宁钢贸商自从有了担保公司之后，并在担保公司不断增大业务量的情况下，上海的周宁钢贸商也逐渐走上了融资的道路。并且这种模式也被在上海之外的周宁钢贸商创办的钢材交易市场和担保公司不断学习与复制。据周宁在外商会的不完全统计，到 2010 年，周宁人在全国各地创办的钢材交易市场，包括钢材物流仓储、码头——都具备融资担保的功能，已经达到将近 400 个，其中由周宁人创办的担保公司也有300 家左右，从银行融资的额度（包括钢材质押贷款）达到 4000 亿元之多①。

其三，在全面介入融资担保服务的钢材交易市场，被当作是一种"融资平台"，其所套取的银行贷款资金，一部分进行市场的再生产；而

---

① 这些数据是根据周宁上海商会执行会长 XZC 的估计，并根据周宁人平常话语中得知的，相关的政府部门并未做过详尽的调查统计。

另一部分资金则投向于非钢贸行业，如购置土地、豪车和房地产等。

在"逸仙模式"钢材市场领袖示范的带动下，周宁人前期从钢贸行业赚取的利润和从银行"套取"的资金基本上用于钢材市场的再生产。进入 2000 年之后的初、中期，周宁人在上海创办的钢材市场基本处于饱和状态，与此同时，开始转向于江苏苏南一带钢材交易市场的创办。2007年之后，又开始转向苏北、广东、山东、浙江、天津、广西和四川等地。2009 年之后，因为国家经济刺激政策的影响，本是趋于成熟的钢材交易市场的融资模式得到了强化，把钢材交易市场当作"融资平台"便成为周宁钢贸商的一种"共识"。

如何从银行能贷到款？2009 年之后，周宁钢贸商日常问候语变成了"最近融到了多少"甚或是"最近从银行拿到了多少"。从事钢材贸易的利润从 2008 年开始，就已经进入了微利时代。2008 年，是钢材贸易商的一个"生死期"，这一年爆发的美国金融危机危及中国，使中国的房地产业和靠出口的工业制造业全面陷入困难。作为"建筑之粮、工业之筋"的钢材显然也是受到了沉重的打击。但 2009 年开始，因国家经济刺激政策、银根放松的环境下，周宁的钢贸商开始全面介入融资活动，造成了2009 年和 2010 年钢贸市场一片繁荣现象。期间，新的一批钢材市场、仓储码头、担保公司井喷式地发展起来，同时固定资产尤其是购置房地产成了重要的投资渠道。

我们所调查的上海 RT 贸易公司，从 2003 年开始注册公司到 2012 年，其发展的轨迹就可见一斑。

上海 RT 公司法人和总经理叫 CFS，CFS 原来是周宁县的一名公职人员，在 20 世纪 90 年代后期，利用其人脉关系与别人合作承包了周宁县一个小型水电站的土木工程，挣取了第一桶金 50 多万元。在进入 2000 年之后，就开始出资部分资金放在上海从事钢材贸易的朋友那边做生意。2003 年，辞职下海，自己注册公司，开始经营钢材贸易，在 2007 年之前，公司正常经营，也没有介入银行融资。但2007 年开始到 2008 年上半年，因在浙江诸暨做了一个房地产的钢材业务被"垫资"了将近 500 万元，因 2008 年房地产不景气，无法要回该笔款项，公司陷入了资金链断缺的境地。于是开始想从银行获得贷款盘活企业，此时，刚好他的一个朋友在江苏南通开办了一个钢材市场，2008 年，他从朋友那里借来 800 吨钢材，在周宁借钢材作为银行的质押物，与借现金一样的借款利息，把钢材折算成当时的市场价格，按照月息 2 分计，并规定钢材的价格涨落的差价由借物人所承担。于是在 2008 年 6 月把该钢材货物质押给华夏银行，获得了 400 万元的贷款。但钢材价格从 2008 年 6 月开始到 12 月，其质押的螺纹钢价格从 6000 元/吨下滑到 4000 元/吨。因此，这笔钢材货物质押就损失了 160 万元，加上借来的钢材的利息、银行的利息以及其他的一些如南通注册公司的费用、运输费用、办公费用等，短短半年时间内就亏损了将近 200 万元。

在 RT 公司陷入全面困难时期，2009 年钢贸市场迎来了新的春天。这一年，RT 公司从所驻场的 SJ 钢材城获得了 2 笔个人经营性贷款，又从 RZ 担保公司获得了 1 笔公贷，从 YF 钢材市场做了一笔银行承兑汇票。这样，在 2009 年的一年时间内，RT 公司就在上海的钢材市场和担保公司共获得了 3500 万元的银行贷款额度，扣除担保公司和银行的保证金，到企业和个人账户上的资金将近 2700 万元。2010 年，RT 公司还在福建福州 MW 钢材市场和江苏 ZJ 钢材市场成立两家公司，共获得银行贷款 1000 万元。

2010 年上半年，RT 公司与几个朋友开始筹建上海宝山区北边的一个码头，码头不是很大，占地 30 亩。年租金 150 万元，包括添置龙门行吊、办公场所装修、注册码头经营管理公司等，一共投资了将近 500 万元。同时，购置了保时捷汽车、上海房产三处、办公楼 300 平方米。又在江西某煤矿山投资股份 1000 万元。

这种模式总有爆发的时候。在周宁人看来，只要钢材市场的"融资平台"不倒，银行被"绑架"的过程中，牵涉到银行的相关工作人员的暗中"呵护"里，只要国家的经济政策不改变的情况下，采取"七个瓮、八个盖"的还贷手法，总能应付过来，况且钢贸圈内民间借贷比较容易，因为大家手头上都有钱了。但市场总是残酷的，在 2011 年 11 月，上海银监局和金融办连续发出钢贸行业融资风险的警示，2012 年江苏无锡惠山区一洲钢材市场爆发的钢材市场老总李国清"跑路"事件，促发了银行对钢贸行业"只还不贷"政策和造成了整个钢贸行业坊间的信任危机。"一洲事件"的爆发，终于使周宁钢贸商融资模式的弊病全面暴露出来。2012 年开始，RT 公司开始陷入了银行还款"还一笔笔、都出不来"的境况。于是，公司陷入了被银行起诉，所有固定资产被银行、担保公司查封与拍卖之中，且套取的信用卡资金 200 多万元无法按时还，CFS 当前还处在被法院通缉之中……

[访谈记录 20130718—CFS 的表弟 WYP（曾是 RT 公司的总经理）]

像 RT 公司这样的案例，目前在周宁钢贸商圈中比比皆是。从其经商历程看，CFS 在 2008 年才开始介入银行融资，从周宁人较早从事钢贸行业而言他算是保守的。周宁人后期在全国各地创办的钢材市场，基本是被"融资催化"的市场。

从"逸仙模式"开创的"前店后库"式的钢材交易市场到当前全面介入融资担保成为"融资平台"的钢材市场变化过程中，其中经济利益追求是主线，但为何会出现全国所有的钢材市场按照"逸仙模式"创办起来？为何周宁钢贸商后期全面介入了银行融资？是什么原因促使钢材交易市场不断得到自身的再生产而没有考虑"模式"本身的合法性与合理性问题？如果说商人是理性的，经济也是理性的，那么，就无法解释当前钢材市场出现的整体系统性危机的问题。

这方面有力的解析来自组织制度学派的观点。他们更擅长于运用"中程理论"——注重理性选择偏好的制度来源、摒弃超越受时空条件制约的"大理论"——的解释模式。如组织制度学派关于人的理性行为其基本假设不同于经济学解析的方式：一方面是强调人的行为经常不受功利主义的驱动，而是在强制、模仿以及规范的压力下，更多地出于合法性的考虑，或是认知方面的原因而趋同（Meyer and Rowan，1977；DiMaggio and Powell，1983）；另一方面是理性行为本身的选择偏好来自制度，而不是一种先验的、外在的存在。制度化的理性神话与制度本身的规范都以内生的形式，建构理性行为的选择偏好（DiMaggio and Powell，1991；Thelen and Steinmo，1992；Hall and Soskice，2003）（转引自弗雷格斯坦，2008：2）。组织制度学派是通过人的认知来解释制度存在的问题，即通过微观层面的个体的认知特点解释宏观层面制度化过程中的趋同现象。组织制度学派如迪马吉奥、鲍威尔曾对制度是这样定义的："能约束行动并提供秩序的共享规则体系，这个规则体系既限制行动主体追求最佳结果的企图和能力，又为一些自身利益受到通行的奖惩体制保护的社会集团提供特权。"（迪马吉奥、鲍威尔，1991：11）制度是一个在个体互动的过程中被建构出来的产物。也就是说，制度是行动主体作为群体在内部成员之间共享的关于习惯性行为的类型化，并且总是从文化与环境中寻找资源。在这种行为互动中形成的制度，它提供给人们在面临选择时，人们总是借鉴他人在相似情境下的经验，并以社会上通行的别人的做法作为行动的参照系，个人层面的行动总是受到集结层面的他人行为的影响。

　　在我们所调查的钢材交易市场，自从"前店后库"式的"逸仙模式"取得一定成功之后，周宁人甚或全国其他地方之后创办的钢材交易市场普遍采用了这种模式；在钢材市场经营管理公司具备为驻场商户提供融资担保功能之后，全国的钢材交易市场也同时在学习这种方式，并得到金融银行、政府相关部门的认可与支持；在介入融资贷款使贷款钢贸企业获得机会做大企业规模的同时，风险显然加剧，但"一蜂窝"地想方设法获得银行贷款显然是在没有评估自己企业是否合适贷款的条件下的一种模仿、趋同行为。地方政府在招商引资的压力下，引进一个个的钢材市场（钢材物流园），也是在模仿其他地区的方式下的一种从众行为；银行部门在业务指标和利益驱动下，没有进行详尽的调查，普遍认为钢材市场的担保与客户的联保制度能够消解出险的风控问题，没有进一步从制度的设计上和客户相互联保制度本身存在的"串联"问题上做出有效的研究而盲目投放贷款，也是一种银行间的趋同现象。在引发的融资出险问题后，又没有进行制度上的设计，而是粗暴地采取"一刀切"的方式对钢贸商进行抽贷、停贷，这加剧了钢贸企业走向灭亡，且又造成了大量的坏账问题，这也是各个银行组织间采取策略的趋同现象问题，等等。

三　市场制度的文化视角

　　我们一方面把市场理解为是一种经济社会组织的制度结构，另一方面，是基于市场的制度结构由那些参与市场交易的诸行动者的一种行为期望的文化或规范模式所组成的，并且通过这些期望——行动互动中被集结制度所认可的行为指向，行动者能够把握彼此的行为并且组织起相互之间的持久关系。就本研究的调查案例发现，为什么只有周宁钢贸商在不同的地方开发钢材市场，而其他地方的人并没有这种现象，这从经济学的视角已无法理解。我们需要探寻的是为什么只有周宁钢贸商具备开办钢材市场的条件，也只有周宁钢贸商热衷于开发同质性强的钢材市场？在当前确知开发同质性的钢材市场其竞争趋强的情况下，周宁钢贸商为何只有往这方面去进行钢贸市场的再生产？在确知盲目进行银行的融资，可能会给企业带来致命性的风险，但为什么又深陷其中而不能自拔？在被告诫"融资犹如吸毒"的已融资的企业劝告中，后面进场的周宁钢贸商还是一拨接一拨地到各个钢材市场进行融资？这些现象可从文化视角进行分析。

　　文化影响和控制着人们的日常交流，它提供给人们一种相同知识整体的行动准则、行为规范和合法信仰。周宁人在从事钢贸行业中形成了一种一致性相同文化主体的"模式一致性"。

　　市场制度是基于文化的导演，是由具有相同文化特征的市场参与者共同拥有的一种"虚拟存在"，它是一种虚拟秩序，是"契约中的非契约因素"。周宁钢贸商热衷于创办钢材市场并进入不同钢材市场进行钢材贸易是这个群体的社区文化骨架。这种文化模式是周宁钢贸群体社区系统的"脊柱"。当然，它们从来不是绝对刚性的实体，也不具有神秘的"真实"本性，只是在中国市场经济发展中诸行动者形成相对稳定的一种价值意识，这种价值意识存在于诸市场参与者洗练的思想中，有一个虚拟的客观性。这种虚拟的客观性存在于钢材市场中周宁钢贸商相互交往而建立起来的互惠期望基础之上。周宁钢贸商观察其他在场者时，推断他人的行动意义和动机，并且开始将这些观察公式化为关于他人在相同情况下通常会做什么的持久假定。

　　对于周宁钢贸商理解的钢材市场，它既是一种市场制度，也是一种主观的实在。作为主观的实在，这种市场制度是周宁钢贸商在日常交流中引导自己的"地图"。钢材市场对他们而言，就是一种概念化的存在，是文化促成的期望，是在给定范围内的一种恰当、合法、期望方式的规范化模式。

　　在一定的社会经济制度之中，重视个人日常行为的互动性，是社会学中的"新功能主义"和经济学中的"新制度主义"者提倡的，而这恰是我们研究市场社会结构的组成部分。在经济学家中，目前已经有这样的一种公认，即诸如市场交易等理性经济行为，是嵌入在给予它们意义和方向的制度框架之中的。最近的新制度经济学家也将社会制度看成是一种"游戏规则"，是提供一种交易的程序。这样理解的市场是给在场交易的经济行为者一种稳定和规律的意义，并且可以减少人们每天在市场交易所面对的不确定性。钢材市场这种制度安排提供给钢贸商一种语境，在这种语境之下，诸多公司之间或者公司与客户之间的经济交易得以发生。因此，把市场理解为是一种文化制度是新近的如新功能主义者、新制度主义者、社会建构论者以及其他一些思想流派已经共同发展的概念。

四　作为制度结构的市场及其社会学分析

经济制度学派的思路

作为一种市场制度的有形特定市场①，是一种古老的市场组织模式，在社会经济发展的历程中发挥了很大的作用。作为一种市场交易制度安排的特定市场，在世界上绝大多数国家中都曾经存在过或目前仍然存在着，如在 18 世纪的英国，就存在着许多地方工业产品的市场，著名的有布雷德福的匹头市场、威克菲尔德的圆帽市场和利兹的呢绒市场等。在西方发达国家工业化初期，特定有形市场作为一种市场的交易制度安排发挥着重要的作用，进入工业化的中期以后，这种市场的功能逐渐被商场、超市、现代大型贸易公司和商品交易所所取代。但在发展中国家的当前，有形特定市场仍然是一种市场组织的主要形式。尤其是我国从改革开放至今，有形特定市场的发育、形成和壮大，其规模之大、分布密度之高、交易人数之多并对整个社会经济的发展影响之大，则是中国特有的现象。

作为一种经济交易制度的市场，到目前为止还没有一个"共识"的

---

①　经济学意义上的有形、特定市场是按照我们对其梳理的文献进行定义的，是一种商品的交易场所；而本文我们则是从社会学的角度进行理解，为阐述的方便，在以下的阐述中，若没有特别的说明，我们所指的市场即是"有形市场"或者是"特定市场"。因为社会学的传统不是一般意义上去理解现实中的市场是一种价格机制，而是在经济学回归有形市场的研究中，采用社会学研究的方式，把市场理解为是一种经验性世界中的市场——一种交易场所，一种被我们可调查理解的有形市场，它不是抽象的，而是具体的存在的市场表现形式。

定义，这与主流经济学发展理论的侧重点研究存在关系。正如集贸市场研究专家 Polly Hill 所指出的那样，"历史上，经济学家由于集贸市场（Market Place）不符合一些市场原则而对前者漠然置之，恩赐似的把这个课题交给了经济史学家……现在，经济学家对这个问题的忽视到了登峰造极的地步"（转引自刘天祥，2006）。在中国崛起的大量有形特定市场之时，国内学者以及目前一般社会话语都把这种"有形的特定市场"称为"专业市场"。这个定义显然来自经济学家的概念延伸，并且目前一直被采用并使用着。在这个意义上，本文对"有形市场"、"特定市场"和"专业市场"都做统一的概念使用。

　　国内学界尤其是浙江学者曾对"专业市场"做过多次的专题研讨，其中把它当作一种制度的理解，代表性的观点有：张旭昆（1996）认为需要从产权特征和产品特征去理解它是具有互补关系的商品交易场所；张仁寿（1996）认为它与其说是市场经济发达的标志，倒不如说是市场经济不发达的产物；孙家贤（1992）认为它是按照市场规律运行的商品交易场所；郑勇军（1998）把它定义为是一种大规模集中交易的坐商式的市场制度安排；同时，李俊阳（1994）、陈理元（1996）等学者也基本上是从坐商制度的视角进行界定。目前国外市场经济国家因专业市场不再成为一个重要的商业业态，从而对其进行研究不多。从能够阅读到的文献看，他们对专业市场的界定认为，专业市场是在产业革命时期伴随家庭工业、小企业的发展而发展起来的一种市场交易方式。如英国皇家营销权利和税收委员会（1891）较早给出的关于集贸市场的定义被收录在《新帕尔格雷夫经济学辞典》中，对其定义为，"得到当局批准的、商家买家和卖家在某个特定时间相聚、或多或少地受到严格限制或规定的公共场所"。近年，对专业市场从经济学的视角进行较为系统研究的刘天祥给出了一个较为全面的概念：认为，专业市场是在一定区域内由众多经营者交易某一类或若干类具有某种逻辑关系的商品，以批发为主或批零兼营，按照市场规律运行的有形或有形无形相结合的现货商品交易场所（刘天祥，2007）。

　　以上对有形市场的特点做经济学的梳理，意欲于从经济学与社会学的视角说明了"作为经济交易制度的市场是如何与作为一个社会结构过程而实现的市场"差别。社会学研究的市场是要把具体的市场放在一个具体的情境下，试图从社会结构的视角考察市场，作为具体情境的市场，其历史与现实功能就是一种社会的建构，市场本身就是一种社会结构，市场作为一种正式的经济交易制度，是嵌于具体情境的社会结构中的，同时也是作为一种社会结构而存在，而这种社会结构是多维度的社会结构，是广义的社会结构——其中包含制度结构。

市场社会学的新制度主义模型

在我们所理解的社会结构之中包含有制度结构，是从社会学研究的意义上而言的。关于前面我们梳理经济学对市场制度的这种现象研究，国内经济学界基本是从制度经济学的视角进行解析，认为，特定市场（专业市场）是一个节约交易成本而建立的一种坐商制度（普遍采用新制度主义经济学的理解模式）。但从国家、市场与行动者的关系看，显然，我们所调查的钢材交易市场是在国家权力/政策的治理意向性中，同时钢贸商在互动里逐渐形成了一种能被相互理解的共享信仰、规范，并被社会关系所指引且不断试图遵从这种规则，从而走向一种社会管理技术的实现。

制度结构——包括共享信仰、规范和集体情感系统的制度思想自从迪尔凯姆提出之后，其在社会学的理论与方法研究中后来得到韦伯、布朗、马林诺夫斯基、亚历山大、卢曼和帕森斯等综合进一个结构功能主义的框架中，认为制度是社会中大多数人所共享的文化模式、规范和价值系统，它产生于社会建构的利益，为行动者提供激励。最近，发展的社会学新制度主义观点，通常指的是由迈耶（Meyer，W.）、罗恩（Rowan，B.）、斯科特（Scott，W.）、朱克尔（Zuker，L.）、迪马吉奥、鲍威尔、杰普森（Jepperson，L.）以及维克多·尼等人提出的组织分析中的"合法性"问题。其中由鲍威尔和迪马吉奥组织编写的《组织分析中的新制度主义》文集成为社会学新制度主义的经典。其核心思想——组织乃是深深地嵌植于社会与政治环境之中的——组织的结构与实践通常反映了或因应于那些在比组织更大的社会中存在的规则、信念和惯例。他们共同强调的是符号系统、文化脚本和心智模式在型塑组织行为中的重要性。其中，鲍威尔、迪马吉奥强调了组织结构和实践得以再生产的强制、规范与模仿过程；弗利南德（Freidland，R.）、阿尔弗德（Alford，R.）提出组织之间横向（cross - cutting）的制度性压力是组织制度变迁的源头；朱克尔认为制度化从根本上说是一种认知过程；杰普森的研究最终认为制度是一种"为了长期的重复活动秩序而存在的一种稳定设计"；而格兰诺维特和尼等在制度问题的研究上，都认为新的研究焦点应该是去解释制度如何同社会网络和规范互动以影响和引导经济行动，等等。

而新近组织制度研究的走向则是在行动实践理论基础上如何把一个组织看作是一个场域看待的，这种研究思路得益于布迪厄的场域理论和其提出的社会实践理论相关。场域概念既包括了组成场域人员之间的关系层面，也包括成员之间的文化层面，同时关注的焦点更是在于行动者都服从于组织相似的声望和规则压力。随着场域的出现和形成，场域成为争论的中心，竞争性的利益集团为了把他们所认为的中心性因素确立为场域的共同理解而竞争。而随着场域逐渐稳定和结构化，场域成员之间相互的知悉（mutual awareness）和共同的理解也逐渐形成。这并不是说已经建立的场域总是内在一致的，它们可能是片段化的，包含着多重的制度影响，同时又受到模糊性的或彼此矛盾的各种要求之影响。但是，稳定的制度场域中的参与者，至少可以对哪些是它们没有获得一致意见的问题达成共识（鲍威尔、迪马吉奥，2008：2）。在鲍威尔和迪马吉奥看来，为何提出"新制度主义"以区别于制度主义，主要就是以场域层次作为研究的焦点的——这与我们的思考不谋而合，我们提出的经济社会学的当代理论转向其特征就是在场域层面分析"市场的社会结构"与"市场场域"相结合的一种分析范式。

布迪厄的社会实践理论其所强调的人的认知模式转向是基于其提出的惯习行动、社会分层再生产和实践感的分析如何与社会结构之情景性相互建构的见解。布迪厄强调行动惯习是一种生成规则的系统，是基于行动者在社会范畴共享意义的基础上，从现象上经验了"像我们一样的人"的内化经验理解。由于具有共同的历史，每一个"阶段性的"场域成员都具有共同的相似惯习，这种惯习创造了与人们在他们所持续再生产的社会结构中占据位置相联系的各种规则。这种观点认为，制度与习性是分不开的，犹如布迪厄所形容的那样，"正如一件衣服或一间屋子，只有某人在家中的房间内穿上它才感到可以和舒适，才会待在房间内和穿上这件衣服一样，一种制度只有找到在这种制度中得到某种利益或好处的某一个人，才可能被实施和激活"（Boudieu，1981：309）。从调查的周宁钢贸商而言，从事钢贸的周宁人，在历来的周宁与"铁"相关的产业发展中，经商习性已经被塑模化了，他们相信，经营钢材贸易能使他们致富并获得人生价值的肯定，建立钢材交易市场被看作是一种事业的追求，且只有在这种经营中，根据他们所占有的资源进行一种规则的制定，如市场结构模式、社会关系运作和市场的再生产，等等。

虽然布迪厄的社会实践理论如迪马吉奥对其做出评价的那样，它才刚刚开始影响组织理论的新发展方向，但其理论的解析力已经在各个经验层面被应用了。新制度主义关注的核心问题是合法化和社会再生产的过程问题。并且强调了组织环境的文化要素的影响，文化要素给组织制度提供了一种合法化的解释能力。在我们调查的周宁钢贸商和其所建立那样多的钢材市场，若没有从文化的视角进行分析，是无法解析会出现一个20万人口的小山县居然有如此之多（将近10万人在从事钢材贸易活动）的人在从事同一个行业。钢材市场这种市场制度的不断再生产，其与市场中的中心行动者——国家、市场创办者与进场商户，是紧密相关的，即钢材市场是被这些中心行动者所共同得到不断建构的。

如果按照诺斯给制度的定义，即有正式的制度与非正式的制度，但经济社会学中的新制度主义者，更是强调了制度中所包含的行动者这个被现代社会学关注的变量。这个行动者是在制度结构中追求真实利益的个人或是组织。整合经济制度学、组织制度学以及新近发展的经济社会学的新制度主义等的观点，我们按照规则（制度环境、制度框架）、市场以及个体的相互关系，可构建出适合解析市场制度结构的市场社会学模型。如图4.10所示。

图4.10给我们展现的是这样一个市场社会学的新制度主义模型[①]：

制度环境：由支配产权、市场和企业的国家予以监督和实施的正式管理规则通过市场机制和国家管理给企业施加约束，并以此形成激励结构。

制度框架：包含了制度环境的正式规则和嵌入不间断的、相互作用的以塑造经济行为的社会关系中的非正式规则。

---

① 这部分见解参见维克多·尼所撰写《经济学与社会学中的新制度主义》一文中的介绍，收录在斯梅尔瑟、斯威德伯格主编的《经济社会学手册》（第二版）中，第59—80页。我们根据尼提供的构思方式，做了一些适合市场社会学研究范式的改制。

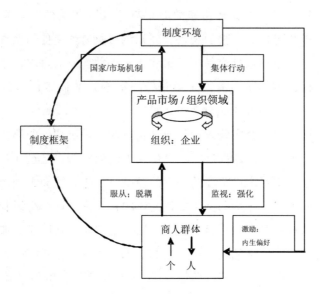

图 4.10　市场社会学的新制度主义模式

资料来源：根据维克多·尼建构的经济社会学新制度主义模型改制而成。

集体行动：表明的是组织采取集体行动争取正式规则向着更符合自己利益的方向改变。组织群体分布在一个组织领域中。

产品市场：是一个紧密的公司网络。在竞争性市场中，合法性的获取主要是受企业的生存和盈利的利益驱使。产品市场更是存在着场域的级次等级结构，企业总是按照其所占有的不同资源占据着市场中的不同地位在竞争着，并不断得到再生产。

组织领域：行动者对组织领域的游戏规则和文化信仰的顺从过程——趋同性（同构性）——激励和指导组织，使组织领域不断增长同质性。

商人群体与个人：商人群体中的顺从机制包括强制的、规范的和模仿的成分。个人总是在如布迪厄理解意义上的惯习生成机制那样行动。个体行动者显示的是内在经验化他人的行为为自己寻找适恰行为做导引。个人利益和偏好被包裹在"福利最大化"的规范里——它依赖与制度环境中的激励结构，通过自我监督强化了对正式规则的顺从，或是产生了对起源于对立的规范的脱耦（decoupling）。

我们构建的市场社会学的一个新制度主义模型，它勾画的目的在于：采纳了现代社会学中关于实践行动理论的成果，把新制度经济学、组织分析中的新制度主义以及经济社会学中的新制度主义等对市场制度结构上的理解整合在一起，以便能从更全面的视野去分析现实社会中的市场实践。其中，对制度的定义在于认为它是：促进、激励和支配社会和经济行动的正式与非正式制度因素的相互关联的系统；在个人的行为假设上，认为理性是社会建构的，其中强调行为的利益驱动，但利益同时受到共享信仰、规范和网络的塑造；宏观机制是国家治理、市场机制和集体行动；在微观个体机制上，认为个体的行为受到组织和网络（社会关系）的影响与约束，并受利益驱动，是由结构所约束，但又是规则的生成机制。

具体而言，市场作为一种经济交易制度，其"游戏规则"是历史过程各参与主体建构的"共识契约模式"。市场就是一种参与主体所建构的"游戏方式"，在这种"游戏规则"中，每个参与主体按照各自的社会位置，因掌握不同的资源资本进行"游戏"的，市场作为一种制度是历时与共时性的参与主体建构的承载体，其中有国家治理/管理、市场机制的支持与引导，也有市场组织领域发展的自发与自觉因素，更有市场内交易主体的推动。作为一种交易制度的市场是社会结构中的组成部分。

虽然当前还没有一种现成可用的概念可以用作市场制度理论概念的基点，我们寻求的只是智性焦点的"集簇概念"或"征兆概念"来理解市场，因为目前经济社会学关于对市场的理解，犹如新奥地利学派所言，其本身就是一种"非中心化的过程"，但鉴于我们对经济学采用的市场概念的批判——主要认为它是从"功能主义"与"历史主义"的视角定义的，在整合新制度主义经济学、组织分析的新制度主义以及经济社会学的新制度主义之后，提出一个"市场的制度结构"概念，以框合目前争论的市场制度问题。

再议钢材市场的制度结构：回归经验的场域视角及其修正问题

按照布迪厄对市场的理解，即认为"所谓的市场是相互竞争的行动者之间交换关系的总和，即直接的互动，这种互动依赖于（Simmel 所说的）'间接冲突'，或者换句话说，依赖于社会性建构的力量关系结构，场域中参加到这种结构中的不同行动者通过成功地施加的调整对结构有不同的程度的贡献，尤其是利用它们所能控制和引导的政府权力"①（转引自斯梅尔瑟、斯威德伯格，2009：95）。这里，在布迪厄看来，发生在市场场域之外的交换中，最重要的是与政府之间的交换。公司之间的竞争通常是采取政府权力的竞争形式——特别是制定法规的权力——还有赢得各种形式的政府干预优势。占支配地位的公司试图"修改"盛行的"游戏规则"以惠及自己，并且为了利用在场域的新状态下可以作为资本的各种特性，他们可以使用他们的社会资本对政府施加压力，让其修改游戏规则使其对他们有利。

　　显然，在西方国家土壤中生成的场域理论，在对国家与市场的关系问题上，政府在期间所起的作用是与中国当前的有计划的市场经济体制对市场的作用存在不一致。调查得知，从中国自改革开放之后到当前，钢材市场的发生、演变与发展，其中国家的权力意志所体现出来的力量是市场所无法抗拒的。在中国，国家的力量是占主导的地位，国家不仅仅是维持市场秩序与信心的调控者，更是创造市场交易秩序的主要力量。在中国当前的经济市场体制下，占支配地位的公司试图"修改"现行的"游戏规则"显然是不可能的，他们利用其社会资本对政府施加压力也是不存在的。因此，市场场域理论所强调的场域变迁力量主要来自场域内部结构的变化，即场域内部占有不同社会位置的公司之间的转换会导致市场的变迁，只是在沿着场域基本形态没有改变的情况下，是可能的。也就是在马克思理解意义下的一种"量变"的过程，其中，市场的质变，或者说市场演变形态的变化，在中国显然需要国家层面的力量塑造。这从钢材市场发展的由我们为其归纳的三种形态变化中就可以看出来。

　　另外，在布迪厄看来，在经济场域，正如其他场域一样，场域界限由于场域内部各种力量的斗争而面临危机。如果把钢材交易市场当作一个场域看待，或者说甚至把周宁钢贸商所创办的钢材交易市场全部当作一个场域看待，当前整个由其创办的市场陷入全面的危机之中，显然，这种危机

---

① 布迪厄关于市场的阐述最直接的文献在于其所写的《经济人类学原理》一文，在这篇纲要性的对市场理解的文章中，主要从市场的场域结构、作为斗争场域的经济场域、作为一个场域的企业、场域结构与斗争以及经济惯习等几个方面作出了对市场的理解。从国内翻译的文献看，收录在斯梅尔瑟、斯威德伯格主编的《经济社会学手册》（第二版），华夏出版社 2009 年版，第 89—106 页。

的出现并不是严格意义上的市场内部各种钢贸商之间力量斗争的结果。虽然，钢贸商在市场的开发中存在内部的竞争，而且这种竞争是市场经济的常态，如果按照 2008 年之前，周宁钢贸商的发展速度与模式，在中国经济发展的强劲态势中，其市场容量是能够得到市场自身消化的。即整体看，出现的钢材交易市场是能够理性地存在与发展，但急剧膨胀式地创办钢材交易市场，把市场当作是一个个"融资平台"，显然是国家的政策在起主要的作用，虽然不排除其市场模式本身的弊病问题。在我们的调查中，一些钢贸商都有如此的感叹："当前出现这么多的'跑路'现象，有我们自身盲目融资之外，银行也要负一定的责任！"当前，温州本是一个中国民营经济发展有缩影代表性的地方，出现了经济疲乏，出现了大量"跑路"和"银行成房东"的现象、鄂尔多斯城成"鬼城"现象，等等。在某种程度上，2008 年中国的房地产陷入"困境"，本是国家调控房价的最好时机，但到 2009 年之后的"大翻身"，显示了国家经济刺激政策的力量。周宁钢贸商在把创办钢材交易市场当作"融资平台"，所套现出的银行资金除一部分进行钢材市场的自身再生产再进行"融资"之外，大部分的银行资金流入了房地产行业。

周宁钢贸商进军房地产业，是宏观经济与微观利益行为因素促成的。在宏观经济上，自 2009 年起，中国的房地产得到急剧的发展，社会各种力量参与了房地产市场的建构，地方政府在业绩引导下利用"地方政府融资平台""土地财政"等的模式，与房地产开发商"合谋"进行开发；银行在做房地产按揭贷款、全额房地产价值贷款中，业务量急剧上扬，得到利益；中国民众在传统意识"以房养老"——与中国时下的社会福利制度相关、"以房能婚"的刚性需求中，以及"以房投资"的投机性需要里，彰显了房地产的繁荣。如据统计，2009、2010 年上海的房地产价格每年以 50% 左右上涨，中国其他地方存在类似情况。这种情况促使了周宁钢贸商利用"市场融资平台"，套取的资金往房地产业投资，是资本的本性使然。因为，钢材贸易进入了微利时代，又是经营风险强的行业。

微观经济行为方面，在上面我们所出示的中国银行给 YF 钢材市场的授信贷款资料目录中，我们可见，在银行与担保公司对企业需贷款要求中，每家企业授信 500 万元额度里需要房产资产价值 300 万元以上的固定房产作为资质条件。这种模式也促使了钢贸商进行融资的"房产包装"

活动。在钢贸商进行融资活动中行内有句话叫作"融资标配"：需有一套上海的房产，或固定厂房——这个钢贸商基本没有，因为是贸易类行业——达到300万元以上的市场价值（按照银行人士的说法，在上海有套房产，一是可说明有一定钢贸经商经历和实力，二是可说明，即使出现融资出险，可进行拍卖，这可节省拍卖行政费用和时间）；有部拿得出手的交通汽车工具（在周宁钢贸商行业内出现了"奥迪以下都是拖拉机"的形象表达）；另外，要有公司注册资本金达到1000万元以上，年贸易额达到1亿元以上。

关于第三条，若按正常经营与企业实力而言，后期进场的钢贸商，基本达不到这个要求，但中国的现象则是这些"软件"的企业资质问题都可以进行包装，公司注册资本金有专门的注册公司和代理公司进行运作，年贸易额、企业年度报表等有专门的会计公司进行包装并有会计审计报告部门也能出具所谓"正规"的审计。国家相关管理部门也是睁一只眼闭一只眼，只有在每年"严打"的时候，抽查到的企业需要付出一定的罚款金，并且其中周宁钢贸商在这个圈子总能求救"社会关系"进行"摆平"，最后，在几餐饭桌和"意思性的罚款"中得到解决。当然，一些没有这方面的"社会关系"的企业，也只好按照正式的罚款条例了。

回到前面，钢贸企业在了为了取得银行融资的房产条件里，钢贸公司在这个意义上，也是被迫进行买房与购房的。在全面钢贸商进行银行融资的氛围里，若靠自有资金，显然是有限的，在钢材市场里进行商贸活动，若因资金的不足，是处在弱势地位，如钢厂代理的资金、存货的资金和给下游公司"垫资"资金，随着圈内资金的水涨船高，是无法在资金充足量的市场中获得优势。在知道一踏进融资就像"吸毒"的循环中，已经使钢贸商无法自拔。但每个人总是像"苍蝇觅食"一样卷进去了。在上海购房、购豪车，甚至后期进军购置办公楼彰显公司实力，都是为了给银行、给担保公司一种"实力错觉"而获得更多的银行贷款。在调查中，发现后期的钢贸商普遍认为，"如临深渊，但不知方向在哪里，别人这样做我也这样做"的境况。在国内其他地方由周宁钢贸商创办的钢材市场与进场商户基本也是按照上海的模式进行融资与运作的。

以上的分析，我们是从"市场的危机来自哪里"与布迪厄的理解存在不一样的地方。因为在布迪厄看来，市场的危机是因为市场中的占支配地位的企业与被控制的企业——即挑战的企业，是在争夺场域的边界中，市场的场域结构发生变化而导致的。这种理解只是说明了市场危机的一个方面，而另一方面，我们认为是重要的方面，如我们所调查的钢材市场看，主要的力量还来自国家制度层面、市场组织的同构性力量以及市场中所形成的文化作用，等等。

另外，来自我们的调查案例发现，布迪厄在解决经济惯习的问题上，其所构思的惯习建构还需要进一步的发展和完善。如关于与各种不同惯习相一致的社会边界的准确形式和惯习随着时间的流逝进而转变的方式等经验性问题，仍需要进一步的讨论。关于这个问题我们将在"市场的建构结构"章节中进行专门探讨。

总之，从市场制度结构的视角分析市场的问题，显然，布迪厄的场域分析方法在提供给了我们一种"场域是受更大场域影响"的正确思路引导，但布迪厄因其从"中层理论"出发的场域分析是没有细化"场外经济场"是如何影响"场内"变化的途径做出更出色的研究。因此，我们提出的"市场的社会结构"其中包含的"市场的制度结构"的这种理解是一种更全面和多层次的分析方式。而这些能全面理解市场的制度问题的见地是在新制度经济学、组织分析的新制度主义者和经济社会学中的新制度主义者那里得到更多的研究启示。但显然，来自中国的经验，如我们所调查的钢材市场案例中，中国特有的经济模式，尤其是迈向有"计划的市场经济"改革中，其所强调的国家制度的作用又与制度学派的观点存在不一样的解释。例如，市场组织的同构力量的解析是能解释中国企业的现象，但中国对市场建构的强度问题、中国人特有的地方文化，尤其是中国人在市场的转型中所迸发出的一种社会文化引领的特有企业行为都不是西方的社会理论所能概括理解的那样。

第五章　市场的关系结构

> 市场是相互竞争的行动者之间交换关系的总和。(市场)场域结构是由不均等的资本分配所决定。
>
> ——布迪厄

在上一章里,我们主要探讨了作为制度结构的市场是如何与国家治理、政府政策以及市场组织制度同构和市场观文化作用等的制度关系问题。这一章,我们的研究着重于另一个层面的市场关系结构(relational structure)问题,在这种观念中,市场被看作是市场中的社会关系自身所组成,即被理解为市场中的行动者和他们的行动中间的因果关系和相互独立性以及他们所占据位置的模式。

对作为关系结构的市场,我们将进一步探讨的是作为市场社会结构中的行动者之间的一种社会关系,并且这种"关系"是如何定位,市场中的行动者根据自己在市场中的社会关系如何采取商业策略,等等。当前,西方社会学从社会关系的角度理解市场社会学的方式主要有两种取向:其一是采取网络分析的方法;其二是采取场域分析的方法。其中,网络分析方法在一定的程度上能同时兼顾理论与实证的研究,但社会网络方法并没有形成关于何为市场关系结构的完整理论,只是构建了一个探索社会关系的一般分析方法。而场域分析方法对市场的理解更多关注的是市场内在的一些深层次社会学关注的问题——如市场中的权力、竞争、互换关系、社会位置/地位以及市场变迁的动力机制等。但在引入行动实践理论之后,这两个视角又在一个新的层面走向融合,但分析的侧重点仍存在不同。

本章将通过钢材市场型构的关系结构问题进行调查分析,即主要从"市场中的关系结构"这一分析视角展开讨论，并提出一些具有中国经验的"市场中企业间关系"的看法。

一　"关系结构"的市场议题

这里，我们所调查的钢材交易市场，需要从"关系结构"视角分析的经验性问题主要是：

1. 为什么在周宁人创办的钢材市场里进场的公司基本是来自同一个县？其他地方的进场企业被孤立在外，即使有先期进场的公司最后都离场而去。

2. 市场中哪些公司能得到市场创办者的支持，尤其在银行融资的担保问题上？市场中哪些人具备强的资金拆借能力，以及市场内的钢材赊货调配能力？

3. 钢材市场，在市场面向外部经济体时，它是以一个集团企业（或企业联盟——格兰诺维特语）的形式出现，但在市场内，因驻场企业与市场开发者（管理者）存在正式与非正式的关系，又存在一种既合作又竞争的关系，那么这些关系是如何运作的且其内在的关系机制又是什么？

4. 钢材交易市场中，为什么存在市场开发者掌控着市场的规则制定，如进场商户经营钢材品种的规定，其中现货钢材公司——经营钢厂的代理商、有存货钢材的批发商等，不但能得到市场融资担保的支持，同时还得到市场开办者的"刻意挽留"和"经营品种的保护"；而有些公司处在受这些强公司的控制，不仅是价格上，而且在公司的业务依赖上，都是如此。钢材交易市场俨然形成了一个市场权力系统，其中，每个公司因其掌握着不同的资本资源，其在市场中的社会位置显然不一样。这种现象予以我们一种新的提示：市场的型构关系如何？

5. 当前，在同质同构复制中膨胀发展的周宁人经营的钢材交易市场，在迈向"融资平台"运作时，是什么内在的市场逻辑导致它全面处在危机之中，即市场的稳定性在什么关系结构情境下出现了问题？

问题1、2显示的是个体层面的社会联系问题，问题3、4和5体现的则是市场中企业间的关系结构问题。而"如何能把个体行动的变量性因素导致社会行动的结果"这个社会学困难性的解析问题，显然在这里是我们关注的关键。我们对个体行动的分析，是解释策略的中间步骤，因为这个解释的策略是用来探求"社会"层面的变化。在这个社会学分析思路的导引中，关于市场中的关系结构问题，我们主要探讨了构成市场中企业间的群体属性问题，这些属性包括：

1. 市场中驻场企业的典型性行动、生存与发展的商业策略；

2. 场域级次的分布和互动的集聚模式，例如结构级次的不平等及空间分布——其中强调企业的社会位置，或说"地位"的问题；

3. 描述市场中企业间成员关系的网络图谱；

4. 限定企业成员行动的非正式规则（informal rules）或者社会规范（social norms）——其中尤其关注"市场中的社会关系"的问题。

关于个体行动如何转换成社会行动的结果，即"微观—宏观"的连接机制问题，一直是社会科学研究的主线。这里，我们将探讨在"市场被看作是市场中的社会关系自身所组成，即被理解为市场中的行动者和他们的行动中间的因果关系和相互独立性以及他们所占据位置的模式"的市场关系结构理解模式下，对市场中的不同企业行动者其构建的社会机制进行解释的理论。

把市场看作是一种"关系结构"，主要探讨的问题是：由"商人"组成的市场，其中商人是靠什么经济或社会的机制聚合在一个市场中的？由商人组建的法人单位，即公司或企业，其在市场中的地位如何？市场内的企业是依靠什么样的方式结合在一起的？进而，我们可追问，市场的内部型构关系如何？

经济学的解释认为，市场是由平等的参与者进行交易活动，最终形成一个普遍被参与者都认可的"瓦尔拉斯拍卖师"（Walrasian auctioneer）的市场出清价格，并在这种形成中的价格机制导引中，形成由市场调节与资源配置的机制。也就是说，经济学认为市场是由交易原则组成的，即市场是一种匹配机制。但我们的田野调查发现，形成市场的价格机制背后，参与者的"社会网络""市场地位"在起着关键的作用。经济学只在价格的形成机制上给出市场的本质，因为在经济学看来，市场只是一种抽象的概念性存在。但社会学在不否定市场价格形成机制的同时，更是从组成市场的"社会行动者"出发，在经验性的有形市场中寻找建构市场的"行动者的联系方式"，即需要探讨现实市场社会中存在的能被感知的"市场型构关系"。

在社会学看来，组构市场的商人是嵌入在市场中的"社会人"，既然是社会人，那么这个社会人所具有的"社会属性"必然会在市场经济活动中得到展现。调查显示，发现内嵌于周宁钢贸商的明显特质是：首先，长期从事与"铁"相关的——如铸锅铸造、钢材贸易活动而导致其经商心理的行为塑造——务工经商的社会化过程；从一个小山县"出门在外"所形成的经商务工人员的县域"老乡网络"支持——社会关系运作的过程；承认个体经商能力不同导致的资源占有不均衡——社会分层的过程；强调通过个人的努力可获得改变山里人命运的机遇——社会流动的过程；以及认可一种通过"社会关系"方式可融入经营同一行业的可控商业空间——网络市场（族群集聚）的建构过程；等等。

关于中国商人或务工人员为何一个个在其所居住地之外会形成来自"同一个地域"的社会学解释，国内相关的研究有：如项飙（1998）、王春光（2000）对温州人"北京浙江村"和"巴黎的温州人"——主要从劳动力流动的视角分析这种带有综合资源进入一个新的社区——形成的"产业—社区型流动"解释；刘林平（2001）从社会资本与社会转型的视角分析深圳"平山村"形成一个以运输行业为主的聚居地；还有些国外的学者对中国为何会形成一个个以地域性为特征所形成的在远离其所居住地后从事同一行业的特征做出中国人聚结方式的解析，如"苏北人在上海"从事理发行业，甚或国外有些学者把中国的这种经济现象称为"网络资本主义"；等等。

以下我们就钢材交易市场形成的一种"家乡网络"与"组织网络"（企业间关系）的相互重叠关系，以及在这个钢材市场中形成的一种权力系统——强调市场内企业的位置，从网络分析和场域分析这两个视角进行分析，并说明市场的关系结构在中国市场实践中其所具有的特点。

二　关系结构的网络分析

这里，主要从"社会网络"的学理视角分析社会成员之间的关系，并在这个基础上对周宁钢贸商所构建的市场"家乡网络"以及后期演变成"融资结网"的模式进行风险传染机制的探讨，进而说明产生钢贸行业/区域系统性风险的原因。

从形式关系社会学到社会网络分析

马克思在分析社会组织模式中所强调的以经济资源的不平等分配作为基础而产生阶级之间的斗争问题是关系社会学的经典范式，但马克思的分析并没有采取“形式关系”连接的方式。当然在西方的社会学理论中强调从社会关系去分析社会结构的历史远比马克思提出的理论要早。但明确地提出“社会网络”概念的则是来自英国人类学家布朗（拉德克利夫—布朗，1922）对安达曼岛上居民的人类学考察强调的“社会实际存在的关系网”的社会结构问题。之后的纳德尔（Nadel，1951）从布朗的家庭位置（地位）的考察中进一步分析了“关系小组”的思想，认为社会关系不仅仅是来自对规则的宣读，而是在创造规则。对社会关系作为一种社会网络看待的思想更直接的研究来自德国形式社会学（formal sociology）的研究。其中，齐美尔对形式社会学的贡献是显著的。齐美尔在《社会学》（1908）一书中较为系统地分析了组成社会生活的内容和共有的社会思想、集体表征等能够通过在其“外形上表示的社会关系的客观形式”得到展现。具体表现在他通过“交往形式”或“社会交往”（vergesell-schaftung）途径对社会内容进行了独特分析。在齐美尔看来，这些“交往形式”是个体之间的实际关系，表现了行动之间的相应影响、相互依赖或者互相盘绕（wechselswirkung），社会交往由行动相互盘绕成或多或少的复杂模式而组成，“个体只不过是社会丝线盘绕自身的那个点”（齐美尔，1908：2）。

针对齐美尔将社会关系比喻为纺织品和丝线的关系，维泽（Wiese，V.）用地毯做了一个类推比喻，认为社会关系是有其自身规律性的“外在网络”组成，埃利亚斯则认为“社会网页”应该被看作是一个底土，个体在其中纺织或编织他们的行动。沿着这个思路，韦伯将社会关系看作是存在于个体行动间需要“相互调整”的地方，这些个人因此而集合在一个持久稳固和有序的联合行为模式之中，并将之付诸分析如家庭、市场、财产、阶级、教会和国家的概念，并且强调了冲突、竞争、公共和理性关系等社会选择的方式问题。同时，滕尼斯探究了“二造的”（dyadic）社会关系，把社会的构造方式根据个体连接方式的不同形成了“共同体”

和"法团社会"等两种构型。在滕尼斯看来，这些社会构型不是由制度化的个体角色所构成，而是由特别类型的个体动机产生的社会行动的因果互相依赖的关系所决定。在之后齐美尔的追随者维泽运用了如"方向""强度""距离"等变量对社会关系进行了几何学方法的处理（这个方向显示了社会关系的西方研究的主流，并得到了强劲发展）。与此同时，贝克尔更是细化了社会关系中的量化关系，把社会关系分为"联合"和"分裂"两个方向。其中，"联合"关系包括人际互动中的互惠、接近、协调，而"分裂"包括敌意、躲避和冲突等否定关系。在他们看来，社会生活是人与人之间的联系绳索上的一个个网孔，社会学的任务就是去追踪描绘由联合和分裂的关系编织而成的"网页"或"网络"。于是，在组成的社会网络中，个人的位置就是由他或她与其他人的关系来决定，这些社会关系的全体组成了一个用来确定和定位在一个社会结构或社会空间中的任何一个人的坐标系统。在这个基础上，维泽与贝克尔按照"联合"与"分裂"方式设计了社会生活中上百种的关系类型，这些类型所组成的社会实体，就是如他们所称的"复数模式"或"社会结构"。并且他们按照连续统一体的方式探究了较大集体和法团的构成——从人群和团体向抽象的集体进展。其中关键的是"持续时间"和"抽象程度"这两个维度：如在他们看来，从具体个人的群聚向一个拥有集体意识和独特识别的抽象实体变化，其中关键的是关系结构变化的持续时间；另外，一个人群就是一个既有形又短暂的关系结构，一个团体是一个有形但比较长久的关系，而一个诸如阶级这样抽象的集体则是既抽象又持久的关系，等等。之后，从社会整合与社会冲突的视角分别对社会构成方式的理论在不同的程度上都得到了长足发展。

布劳（Blau, P.）是明确提出与布朗等人结盟从"关系结构"去理解社会可能连接方式的作者。布劳引进一个"参数"的概念，认为任何有形的社会结构可根据他提出的参数概念作为参照进行类型化的区分。在他看来，参数是产生特殊类型社会关系原因的组织原则，例如他举出的如年龄、性别以及种族划分等作为广泛适用的关系参数。进而，布劳根据如"人口"等"异质性"的"水平"分类和按照等级次序等"分级"参数的"垂直"分类，把社会关系结构理解为异质性和不平等的结构。因而，社会学的任务就是分析异质性和不平等之间的界限，以便考察他们之间的关系问题，并且期望社会的连接方式上有"多元交叉认同的绳带"存在，这种绳带能够被个体所运用，并给其带来利益（后来格兰诺维特提出"弱连带、强作用"的思想与此类似）。

其实早在布朗提出的关系结构以连接人与人之间关系的时候就意识到必须引进数学的模式，尤其是非数量的数学微积分才能更准确地把握社会关系的结构特征。其中，莫雷诺（Levy Moreno）在 1934 年运用社会计量学出版的《谁将生存?》是社会网络分析历史中的一个标志性的事件。如其描述的那样，社会计量学基于"……实验技术……运用定量方法获得资料……探究群体的进化与组织及其群体内个体的位置"（1934：10—11）。其后的怀特、哈拉里（Harary，1953）、赞达（Zander）、诺曼（Norman，1953）等是试图使用图表理论建构社会结构模型的领军人物。他们主要是运用术语"点"（动因）和"线"（关系）去设计团体结构、社会结合和社会压力的图式。期间，霍曼斯（Homans，1950）的作品也是从记录和参照其所建构的关系互动的一些如频率、持续时间和方向等变量而建立社会互动的网络。巴尼斯（Barnes，1954）和博特（Bott，1956）模拟亲属和法团的结构作为例子发现了社会网络中"连通性"程度的必要问题。以上这些见解都是在拉德克利夫—布朗提出的"实际存在的关系的网络"基础上的应用经验性的实例分析得到发展的。自 20 世纪 60 年代之后，在运用微积分和图表理论的基础上，进一步地引进数学的代数方法对社会关系做出结构分析的作品中，美国的怀特（White，1963）和英国的米切尔（Michell，1969）是最具代表性的。他们认为，社会关系可以依照它们的互惠、强度、持久力，以及社会网络的全部"密度"或凝聚力来进行分析。在怀特的影响下，格兰诺维特（1974）以及其他人使用了日益复杂巧妙的数学方式探究了社会关系的结构问题。

以上是我们简要地梳理"关系结构"作为一种"社会网络"进行分析的有代表性的一些按照历时性发展的见解，这个研究方向目前远比我们摄取的能囊括的作品要多。总的来说，社会网络分析方法基于这样的一个观念："即行动者嵌入于在其中的社会关系的模式对于它们的行动结果有着重要的影响。而社会网络分析者则力求揭示不同类别的模式。他们还试图确定这些模式在何种条件下会出现以及会导致何种的后果。"并且是建立在以下四个共同性特点之上的：

1. 社会网路源自于联系社会行动者的关系基础之上的结构性思想；
2. 它以系统的经验数据为基础；
3. 它非常重视关系图形的绘制；
4. 它依赖于数学或计算模型的使用。

（弗里曼，2008：2—3）

在国际上，目前社会网络分析已经形成了一个较为成熟的学术共同体。

"家乡网络"构建：案例分析

　　YF 钢材交易市场在 2008 年之前，虽然进场商户主要是周宁钢贸商，但因为 2005 年因与以 ZWX 为首的上海 YX 担保公司退股不合作之后，市场中的商户呈现出了以周宁钢贸商为主，但还存在着来自其他地方的钢贸商。根据调查数据显示，YF 市场在 2009 年之前进场的商户一共是 147 家，其中，周宁籍的商户是 123 家，占 83.7%。这主要是因为在 2004 年开办 YF 市场时，合作担保公司的股东都是周宁人，且合作开始时，YX 担保公司共有 38 个股东都是周宁钢贸商，在他们的招商努力下，YF 市场的商户也基本是周宁人。但在其合作 1 年退股之后，进驻 YF 市场的商户大部分还是坚守在市场里。主要原因是 YF 市场的钢铁物流条件在上海宝山区较有优势。但原有 YX 担保公司股东自己的钢贸企业都撤出了该市场。其他由 YX 担保公司主要靠社会关系引进的钢贸商，部分留在了 YF 市场中，但在其他周宁人创办的钢材市场基本都设有营业点，或注册新公司。因数据来源的原因，现在我们就 2009 年之后，YF 市场在注入市场新股东之后，其之间的合作关系与新招进进场商户的变化做一个社会关系的分析。

　　新合作的 YF 钢材市场是在以 CMC 为首，但其股东来自 CLS 的高中同学组成的经营管理团队。CMC 原是在 20 世纪 90 年代初从宁德市经济协作办下海的人士，是周宁籍人；JCF 毕业于福州大学，在福州的一家日资企业做过 3 年，于 2003 年到上海从事钢材贸易，其公司总部在逸仙钢材交易市场；HSF 毕业于福建宁德师范专科学校，原在周宁县第四中学从事教学，于 2005 年到上海从事钢材贸易；LM 毕业于福州司法学院，毕业后在周宁法院工作，于 1999 年到上海从事钢材贸易；而 CLS 是高校老师，利用同学的关系，"牵桥搭线"与 CMC 进行合作，这样就形成了一个 YF 市场的新经营管理团队（与 YF 集团的合作模式见上章节中的阐述）。新经营管理团队的关系结构如图 5.1 所示。

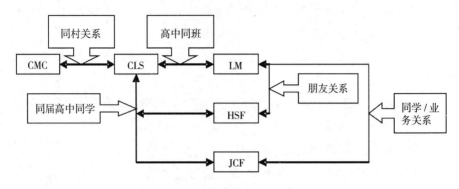

图 5.1　合作项目股东的社会关系

资料来源：笔者自制。

合作"故事"

CMC 是 20 世纪 90 年代初从宁德市经济协作办辞职下海的公职人员，是周宁县较早一批到上海经营钢材贸易的人士之一。20 世纪 90 年代后期到山东菏泽进行经商，主要从事农产品行业。在菏泽经商过程中，CMC 认识深圳 SYL 担保公司的负责人。在周宁钢贸行业进入高峰发展中，CMC 看到上海担保公司经营的政策支持与经营业绩，于 2008 年 3 月，在其张罗下，成立 SYL 担保公司上海分公司。在 SYL 上海分公司成立之初其客户目标就锁定在周宁人的钢贸行业。同时，CMC 与 YF 集团原上海警备区的后勤部 D 部长——1998 年筹建 YF 集团的人士之一——原来在上海经商时就认识，在其"关系"运作中，同时 YF 钢材市场也是经济效益一般的情况下，进行 SYL 担保公司与 YF 集团的合作（具体合作方式上章节我们已经做过说明）。

但当时，与 YF 市场和 SYL 合作需要前期投资 1500 万元资金，还不包括担保公司的运营费用——包括办公楼租金、员工工资与办公费用等，而 CMC 当时没有这个经济实力单独运营，于是需要寻找合作伙伴。CLS 是高校的老师，因与 CMC 是同村的关系，2008 年曾多次到 CMC 管理的担保公司玩，在闲聊中，因 CMC 透露出需要寻找项目的合作伙伴，而 CLS 的高中同学很多在上海经营钢材贸易。于是，在这种情况下，CLS 开始帮衬寻找合作伙伴。在 2008 年 10 月 19 日，CLS 到 YF 钢材市场考察市场项目，无意间碰到了在 YF 市场经营钢贸生意的高中同学 ZLQ，晚上在 ZLQ 的促成下，ZLQ 把在上海宝山区附近经营钢材贸易的高中同学集聚在一起吃了顿饭。饭桌上，CLS 谈起有个注册资本金 3 个亿的担保公司，并且有个宝山区的钢材交易市场项目可进行承包经营。CLS 谈起此事，饭桌上的同学基本都不在意，因为大家知道 CLS 是一直在读书且现在又在高校教书，这个信息也是随便说说而已。但第二天，一起共餐的同学 JCF 主动给 CLS 打了电话，具体问项目的真实性情况。于是，CLS 就关于 SYL 担保公司与 YF 市场的合作事宜向 JCF 作了介绍。当时，用 JCF 的说法，2008 年下半年因金融危机的影响，钢材生意很不好做，他一直在做"资金过桥"的生意，同时也想把其经营的钢贸公司进行转型和升级，也在积极寻找和筹备创办钢材市场，在这种情况下，一拍即合。但同时，CLS 与 JCF 虽说是高中同一届的同学，但将近 15 年没有来往，而且知道，CLS 与 CMC 是同村的关系，可能存在信任的风险问题。在这种情况下，JCF 提议多叫一些同学进行合作，于是 CLS 又叫了同班同学 LM（那晚共进晚餐的），在 LM 的联系下，又叫了 LM 既是高中同学关系又是朋友关系的 HSF，而且 LM 与 JCF 也经常有钢材贸易生意的来往。于是，YF 市场与担保公司的合作事宜就在这 5 人当中，根据每人的经济实力和意愿开始认股，合作时间从 2009 年 1 月 1 日起开始。用他们的话说，这个合作团体就是在"知根知底"的情况下合作项目的。

与 YF 市场的合作是组建一个管理委员会，CMC 担任管委会主任，JCF 担任 YF 市场总经理；与 SYL 担保公司的合作，CMC 担任总裁，CLS 担任总经理。另外，HSF 和 LM 因其自身公司业务繁忙，不愿具体出面担任合作公司的职务。其实，从股份的持股比例看，JCF 是 5 个股东中持有最大的股份，但因项目合作的源头筹备者（信息来源）是 CMC，且 CMC 具有较强的人脉关系和经商经验，因此，5 个合伙人同意其为"主任"和"总裁"，具体负责合作公司的协调工作。JCF 具体负责市场经营管理工作，CLS 具体负责银行的授信对接与钢贸客户的担保融资业务工作。

但"知根知底"的 5 人经营管理团队，在与 YF 市场和 SYL 担保公司的合作中，并没有按照原有的商业合同方式经营下去。原因是与 SYL 担保公司的合作中，原 SYL 承诺在合作后三个月内取得上海某商业银行 2

个亿的授信用于 YF 市场的钢贸客户，但合作期限到期，并没有按照原有的计划施行。最重要的是原来合作股东的 300 万元保证金经过 CMC 的运作，其中 200 万元从 SYL 的账上又划给 CMC 作为个人的经营费用。虽然有出具借款欠条，但在其他股东看来，是否是 CMC 在"空手套白狼"？即利用了各股东按照股份比例筹资的合作资金，经过 CMC 与 SYL 公司的"合谋"在骗得股东的资金之后，与 SYL 公司瓜分？因此，在 5 人合作之后的半年时间内，5 人合作团队在"质疑"CMC 中其合作已经在"名存实亡"的关系中勉强维持着。当时，迫于压力，CMC 等 5 人又与 SYL 签订了一份补充协议，规定在 2009 年 6 月 30 日之前，若 SYL 无法取得银行授信，那么之前与 SYL 的合作协议自动失效，并 SYL 无条件归还原有的 300 万元保证金。2009 年 6 月底，其实以 CMC 为总裁的 SYL 已经取得上海 MS 银行 2 亿元的担保授信，但其未告知合作伙伴，而是开始重组 SYL 新合作股东，CMC 通过与其在周宁工作时具有同事关系的 ZCS，并通过 ZCS 的关系，重新组合了一个新 4 人团队与 SYL 再次合作，其合作模式、条件与原有的一致。7 月，SYL 在 YF 市场做了 2 亿元的个贷（个人经营性贷款），共 40 家公司（市场内企业），每户 500 万元的额度。客户融资到手的资金成本是高昂的。[①]这样，在 2009 年 8 月，除 CMC 之外，另外具有同学关系的 4 人就没有与 SYL 继续合作，且要回了在 SYL 担保公司按股份比例出资的保证金。

与 SYL 公司的分合关系中，更加促使了原有 5 人团队之间关系"破裂"，但鉴于 YF 市场的合作投资款已付，并产生了一定的管理费用，更重要的原因是 2009 年 4 月 JCF 的钢贸公司通过 YF 钢材市场的担保作了

---

① 因为 MS 银行与 SYL 是第一次合作，谈判的结果是银行收取客户 30% 的保证金，即每个商户需 150 万元作为保证金存在银行与担保公司的监管账户中，但 SYL 收取客户 35% 的保证金，即其实每个商户需要 175 万元作为保证金，另外收取额度 1.8% 的担保费用，同时 YF 市场作为加保方，再收取 1.8% 的担保费用。这样，SYL 担保公司在担保放给客户 2 个亿元的额度的同时，就有 40×25 万元 = 1000 万元的资金留在担保公司被其所用，同时客户需承担共计敞口 3.6% 的担保费用，即 325 万元×3.6% = 11.7 万元，并且客户还承担额度 500 万元的基准利息再上浮 20% 的月利息。2009 年当时的银行基准利率是 5.31%，这样客户年银行利率就是 5.31%×（1 + 20%）×12 月×500 万元 = 38.232 万元。这样，1 年中，客户融资 500 万元共计承担 49.932 万元的利息。而且，客户融资时需要先付 11.7 万元的"砍头"利息，客户实际到手的资金是 325—11.7 = 313.3（万元），这样计算，客户的月利息即为 49.932÷313.3÷12（月）= 13.2812%。

2000 万元的钢材货物质押融资，HSF 公司作了 1500 万元的钢材货物质押融资，股东 LM 的暗股股东 TWS 做了 1500 万元的货物质押融资，并在 2009 年 7 月每家股东的公司也从 SYL 担保的银行取得银行各 500 万元的"个贷"。并且，2010 年，几个股东的钢材货物质押融资额度有所增加，但其中股东 LM 的个人公司业务主要以市场拿货供货给建筑商的模式，并没有做货物质押融资，CLS 是高校的教师刚涉及钢贸行业不具备有货物质押的资金实力。2009 年至 2011 年，5 人合作团队仍然在继续维持着，但已经出现了市场经营管理与担保公司两个不同的团队，其中，CMC 仍然是两边团队的"领导"。

从 YF 市场 5 人团队合作经营的变迁看：

1. 5 人合作是在周宁钢贸商进入市场融资运作的时期，在"共建市场"既可提升各个公司在业界的"社会地位"，同时又能为自己经营的公司获得融资方便平台而进行合作的，并且通过市场担保获得银行融资是首要考虑。

2. 市场的共建是基于有项目资源的 CMC 与有资金实力的一个出资团队在各取所需的情况下，通过中间人 CLS 的"牵线搭桥"所构建。

3. 但因为 5 人团队之间的社会关系的属性不同，在具体经营决策过程中出现了不同层面的"信任关系"。从建立在社会关系基础上的个人感知的角度出发，其信任图式如图 5.2 所示。

其中，从 CMC 看，

从 CLS 看，

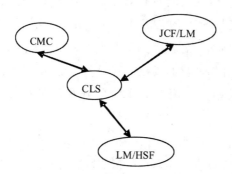

从 JCF 看,

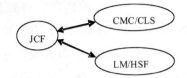

从 LM／HSF 看,

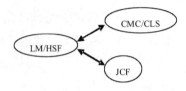

图 5.2　基于社会关系的 5 人合作团队信任分布图

资料来源: 笔者自制。

在 5 人合作开始时, 签订了一份合作协议, 按照股权的比例, 实行合作公司管理的"民主制", 即一项市场管理政策、决策的出台以股权比例"少数服从多数"的方式。但在具体的操作层面基本并没有按照这样施行, 而是以 CMC 的个人意见为主导, 虽然 JCF 的股权比例最大。显然这是一个复杂的人际信任网络关系图谱。

从图 5.2 可看出, CMC 一直把一个以 CLS 为线点的同学团队看作是一个整体; 而 CLS 则是处在以同村关系和同学关系的关系之间游离和做整合工作; JCF 更是把 CMC、CLS 和 LM、HSF 当作两个团体看待; HSF、LM 则是把 CMC、CLS 和 JCF 当作两个不同团体看待。在这个 5 人团体中, 因 HSF 与 LM 既是同学关系, 平常又是交往甚好的朋友关系, 因此在分析时, 把他们看作是一个紧密度的关系。而 LM 与 JCF 虽是同学关系, 平时也有经济生意的往来, 但两人之间的交情并不是很深。其中, 在经营的过程中, 因 CMC 另外又与 SYL 的新团队合作, 在这个层面上, 4 人同学关系的组成人员在融资担保问题上, 则又从同一个利益团体与 CMC 合作。因为这个牵涉不但是合作经营的股权分红问题, 更为重要的是在合作公司在提供给商户做担保融资方面上的风险偏好和经济承受力的考量问题。

4. 在 CMC 的运作中, 2011 年 3 月, 因市场本身的经营效益不被看好, 实际上市场经营本身并没有给股东们带来实际的经济效益, 而是合作股东们只是把市场看作是一个融资方便的平台。真正的效益来自担保公司，而具有同学关系的4人并没有参与到担保公司的运作，在这种情况下，再次签订协议以4人同学关系的股东退出了YF钢材市场的合作关系，其所有的股份由CMC独资承担，合作关系终止。从合作终止可看出，合作项目中，具有强社会关系的CMC，也是因为其在外界人士看来是合作项目的"领头人"最终取得项目的经营管理权。

以上我们是从5人合作团队在从项目开始谈判到最终终止合作的过程，进行了以一种"社会关系"为纽带，而又在组成合作经营团队中所出现的信任问题作了分析。在外界一直被看好的一个具有高学历、高素质的合作团队，最终也是因为"内部信任"问题，走向终止。其中，留给我们需要思考的问题是：在承认市场经济行为是被嵌入在社会关系中的，但因社会关系的属性不同，又造成了合作中信任属性不同；另一方面，从宏观视角看，中国的民营企业在经营自己公司时，即自主经营模式里，是"一条龙"，但在合作经营过程中为何在签订合作协议（按照现代性的企业制度运作）之后，往往会出现"散沙"的现象？即集体行动中的合作关系仍然是"信任"问题，而如何达至"信任"，又是怎样才能建立信任，即其信任的机制在中国的社会里应是什么，是值得我们深究的思考问题。

5人合作伊始，另3人同学关系的同学基本把CMC和CLS当作是一个紧密关系的合伙人看待，主要是因为CMC与CLS不仅是同村人的关系，况且其村庄是同姓村庄，且CMC与CLS是同宗族的关系。因此，在2009年的第一次银行融资的时候，因CLS没有注册自己的公司，在借助其亲戚的公司进行融资的时候，阻力来自另外的3个同学，认为CLS不具备融资的运作能力，虽然其借助的亲戚公司有"实力"。在这个关节点上，CMC是支持CLS的。

关系、信任与合作议题

从上面建立的5人合作团队的社会关系与合作信任模型，我们可提出这样的问题：

1. 是什么社会关系使5人能够合作？
2. 合作的机制显然是建立在信任的基础上，但信任的分布与性质又存在不同，这种不同属性的信任导致合作失败，其关键的原因是什么？

3. 在经济项目合作中，在多大的程度上合作能够独立于信任而存在？

4. 在经济生活中，是否有可能把信任转变为是合作的结果而不是它的前提条件？

5. 也就是说，是否有可能建立一种机制，在权力与利益无涉的条件下有可能出现合作或者说合作将能进行下去？

关系、信任与合作的问题一直以来是经济学和社会学研究的焦点议题。从案例发现，合作的基础是信任，而信任的来源在于社会关系。案例展现的是钢贸民营企业合作的基础问题，即是在具有"社会关系"的前提下，因有共同的经济利益追求走向合作。信任是一个相当复杂的社会和心理现象，关乎多层面、多维度的理解。但统一的被普遍接受的概念因学科研究不同还未形成。基本上，经济学研究把信任看作是一种理性的计算（Williamson，1993）或者制度的因素（North，1990）；心理学研究认为信任是一种对合作方的判断，这种判断受到个人认知模式的影响（Malhotra，2004）；而社会学更愿意从信任是镶嵌在社会关系中，并能利用其社会关系的资源获取利益的方式，即认为信任是人与人之间或者制度之间的相互关系的嵌入属性（Granovetter，1985；Zucker，1986）；对建立在社会关系基础之上的合作者表示信任，就意味着对其拥有合作的信心，即一种对未来合作行为正的预期，这种预期能够减少合作行为的不确定性，即预期正收益（Burt，Knez，1996），等等。

从案例发现，在选取合作的时候，中国人喜欢在有"社会关系"的熟人社会中按照如费孝通的"差序格局"、彭泗清的"亲缘选择"或汪和建的"亲情法则"进行选取合作项目的合伙人。但在进行合作中，在一定程度上考虑情感的信任因素，主要还是以利益的考量作为信任的导向图。5 人团队信任走向分裂的第一步是在合作团队提交给 SYL 公司 300 万元的保证金中，其中 200 万元被 CMC 借走，虽然有借款欠条，但在另外合作团队看来，这显然有"圈套"的嫌疑。如果 5 人之间足够信任，把 SYL 看作是一个"外部"的经济体，而提交的保证金能够拿回来给"自己人"使用，那么从 5 人合作体看，这显然是更好的经济运行方式。但因 SYL 开始合作的时候是由 CMC 引进的，并且其他 4 人不知道他们之间是否还存在另外的经济利益关系，在这种情况下，虽然 CMC 是 CLS 的同村人，但显然另外 4 人（包括 CLS）更相信"CMC 与 SYL 担保公司是一伙的"。其次促使 CLS 走向与另外具有同学关系的"信任分裂"事件是在 CLS 借助其亲戚的公司进行共同融资①的内部争论上，在开始由股东公司先向银行取授信做融资的过程中，CLS 提交的公司在另外 3 人同学的"秘密商讨"中，并未通过向银行提交公司贷款的资料。这个事情促使了 CLS 对另外 3 同学有了"看法"。因为在 CLS 看来，经营市场的效益是个未来的预算，而能够融到银行的资金是现实的。促使同学关系的 4 人与 CMC 走向进一步分裂的更是来自 SYL 公司取得 2 亿元授信之后，CMC 进行了公司合作伙伴的重组。这样在担保费上合作人并不能对该笔担保费进行按原先的股份比例分红，同时也不能对存留在担保公司的 1000 万元有使用支配权。可见，5 人合作团队在经营中因不能形成一个统一的"共同体利益"，而是在"各打算盘"中由信任产生危机最终走向解体。

　　从案例获知，5 人团队是在由有"社会关系属性"的基础上进行项目合作的，在具体企业经营合作中，每个组成人员对其他人员进行信任判断的认知中，根据信任是否能获取自己预期的经济利益做出选择行为。也就是说，信任与合作的机制在中国是由"社会关系"引起的，但信任是在认知判断的基础上根据对合作方进行风险评估而做出的一种预期理性决策。据此，我们需要解决两个问题：第一，为何合作？第二，怎能合作？

　　第一，为何合作？

　　从生物进化论的角度，贝特森（Bateson，P.）阐述了人们三种合作的方式，第一是认为至少在过去，得到帮助的个体之间是亲属；合作就像父母照顾孩子，并因类似的原因得以进化。第二是个体集合体中合作行为产生的特征有利于这样的群体在特别的条件下胜过那些不进行有效合作的群体。第三是合作的个体之间是互惠的，即使它们之间不是亲属；合作的行为得以进化是因为这样做的个体比没有这样做的个体更易于生存下来（转引自郑也夫，2003：15—16）。贝特森在这强调了合作的方式有亲属

_____

　　①　借助亲戚或朋友的公司进行融资，当时在钢贸圈中是比较普遍的一种融资方式。即只要有信任关系的亲戚或朋友愿意出货（钢材）通过有关系的人在市场获得贷款，按照"出货"的成本计算由双方共同承担相应的协议比例的成本并获得相应比例的银行融资资金。

关系、群体有效合作行为和互惠所得。从社会交换理论的角度，布劳（Blau，1964）提出了交互关系的一方主动做出一些有利于对方的行为，使得对方也会做出一些有利于自己的行为。布劳提出两种建立信任的方式：第一种，建立互惠的默契；第二种，通过长时间的互惠活动使信任能够加强。而以格兰诺维特（1985）为代表的新经济社会学则认为，任何经济行为都是嵌入于社会结构中的，经济交换得以发生的基础上是双方必须建立一定程度的相互信任。中国的本土研究则是强调了在中国这种情理社会中，有传统文化隐射下的人际关系是建立信任的基础，即信任是基于个人关系的连带，并且又基于后天成就上的理性计算。当前中国，由"社会关系"引发的信任与合作问题，在市场经济活动中，由文化、结构的信任原因走向了主要以"工具"为目的合作。

中国民营企业的发展，按照汪和建的研究，是按照一种"网络生产"的方式不断取得经济成就的，其中"自我经营"显示了中国人的特有心理特征。汪的研究显示，中国人需要合伙经营是源于自身对项目资金的不足导致的。这个结论与我们观察调查的周宁人钢贸商经营情况是吻合的。周宁人在经营钢贸时，基本是按照"自主经营"的方式，只有在创办市场或担保公司这样需要资金量大的情况下，才会选择与别人合作。合作对象的选择是基于与自己有"社会关系的亲疏"进行排序。合作首先考虑的是信任的问题，然后根据经济能力是否匹配进行筛选，是按照"关系理性"的方式进行。其中，合作的有效性集合问题，是建立在自己能否在合作中获得比自己"单干"而获得更大收益的判断基础上才有可能。

第二，怎能合作？——基于合作风险的视角。

5人合作团队是基于在社会关系的基础上整合在一起，但在具体经营管理中，因为各个成员之间的经济实力、心理承受能力存在不同，即风险的偏好不同以及信任各方对合作方的风险评估不同，在决策执行过程中，出现了主要以权力与利益的角度考量合作的信任问题。

CMC是项目合作的整合者，但因为在合作开始，其股份的资金大部分是由除CLS之外的同学按照股份比例给予"垫资"的，承诺按照月息2%给付。这样就出现了"信任风险"问题。但CMC掌握着与YF集团和SYL担保公司的"关系桥"的作用，况且合作伙伴按照协议给予他"领导者"的身份，他的决策或者心理的变化，决定着这个合作团队是否能顺利合作的关键。在合作开始，JCF 虽是最大的股东（股份比例最大），但在 YF 集团和 SYL 看来，决策的"拍板权"仍然是 CMC。这里虽出现了在社会关系的心理判断上 JCF 对 CMC 的信任度不是很高，但鉴于经济利益的考虑，并且 CMC 对"权力"的运用，在决策上 JCF 与 CMC"走到了一块"。在运用"权力"与"经济利益"考量中的 5 人信任关系发生了变化，如图 5.3 所示。

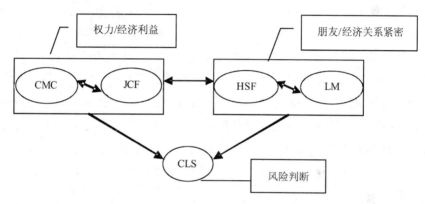

图 5.3　"权力"与"利益"中的 5 人合作信任模式
资料来源：笔者自制。

在引进"风险"因素之后，建立在社会关系基础上的信任合作演变成了一种"权力"与"利益"的角斗场。5 人合作在围绕"权力"与"利益"中争取自己最大效用的同时，根据对合作方所掌握的资源进行判断从而做出原有信任模式的调整。这方面的经济学研究，如科尔曼与威廉姆森对合作中的信任问题，提出了信任甚至是风险的子集，认为信任决策与其他风险决策一样，是根据个体内在理性价值判断对潜在收益进行计算得出的，是计算型信任（科尔曼，1992；威廉姆森，1993）。信任虽然会受到社会关系的影响，但很大程度上往往是人们理性选择的后果（Guth，1997；张维迎，2002）。信任来源于多轮博弈过程中人们追求长期利益而建立的规范（罗必良，2002；杨万东，2002）。而社会学在信任风险方面则强调制度层面对信任方的约束意义，如卢曼（2005）认为，信任不是心理学意义上的微观的个体信任或私人信任，而是宏观层面的系统问题，即从制度功能的角度出发理解信任能降低交易的不确定性；更多的社会学研究，尤其是中国背景下的研究，则是从社会关系或社会网络的视角，分析信任来自对"亲属、朋友、同学、同乡等关系"的一种可预测判断。在引进"权力"与"利益"的变量后，我们认为建立在社会关系基础之上的信任已经超出"社会关系"的范畴，考量合作方的风险则是来自投资回报的预期。信任是一种风险承担行为（Mayer，1995），信任意味着承担由信任带来的风险（Saber，1993）。从决策角度看信任，主观信任是对对方表现出合乎期望行为的可能性评估，直觉风险是对期望行为不实现的可能性评估，而行为信任则是对主观信任的结果，行为信任是风险认知后的风险承担（Das，Teng，2004）。可见，社会学研究的在社会关系基础上的信任边界问题和经济学研究意义上的可以重复博弈过程导致的进行决策选择行为，都是在没有考虑行动者的"权力"与"利益"条件下的一种对信任风险的预期把握。调查得知，从5人团队中出现的信任变迁看，拥有权力与强利益关联才是信任的行为表现，虽然在心理层面存在着对对方的不信任。也就是可以说，信任的基础是建立在对对方的一种"权力"与"经济利益"的预期上，这种预期能够带来自己更大的收益判断。5人团队在合作之初，CLS是"牵线搭桥"的作用，或者说是博特意义上的网络"结构洞"的作用，他是在被双方都信任的基础上通过努力使他们合作在一起的。但后期CLS被"边缘化"了，而且事实证明，在2010年12月，鉴于CLS在合作团队中已经"无力"左右CMC与另外3同学的信任整合能力，并且在引进融资担保的问题上，另外的4人则认为CLS是没有承担经济风险的能力，况且在CLS看来合作经营钢材市场的经营效益不是主要的目的，主要目的是通过市场的平台能融到银行的资金把自己的企业发展壮大，但又无法取得合作方的风险信任，于是，CLS最先退出了这个合作团体。

　　以上我们通过5人合作信任的问题展开了其信任演变的关系分析，得知，在中国社会中，由社会关系引发的合作行为，最终因为对信任风险的评估在介入权力与经济利益考量下，虽然建立有内部合作协议（市场合同），但无法在平等的层面上进行有效的合作。建立在社会关系基础上的信任是合作的条件，但并不是合作的结果，无涉权力与经济利益的信任合作机制并不是市场活动的常态。

网络市场的构建

以上我们阐述了 5 人合作的关系结构，主要是分析了中国社会市场活动中，依靠社会关系建立的合作关系，因为关涉到合作中的信任、权力与经济利益的重叠关联，最终 5 人合作走向解体的机制问题。在合作伊始，或在外界看来，或 5 人团体表面表现出来的"团结"对市场的招商活动具有积极的意义。招商对于合作股东而言是利益一致的。现就招商中形成的"家乡网络"做一个关系结构的分析。

到 2010 年 6 月，YF 市场的进场商户共有 186 家，即由新股东合作开始后，市场新招进的商户共有 39 家。在这 39 家里，因为"与股东关系"进场的商户如表 5.1 所示：

表 5.1　　　　　　　　　与"股东关系"进场的商户

股东关系	家族关系	同村关系	同学关系	同事关系	朋友关系	其他
CMC	1	4	0	2	4	
JCF	1	0		0	5	
HSF	2	0	7	3	2	2
LM	0	0		2	3	
CLS	0	0		0	1	

说明：因为股东 JCF、HSF、LM 和 CLS 是高中的同学，因此表中同学关系是他们共有的关系。另外，因股东 CMC 与 CLS 是同村的关系，因此 CLS 同村关系一栏中的关系划入在 CMC 的同村关系栏中。"其他"栏中的 2 人，也是周宁人，是股东 LM 的朋友的朋友。

资料来源：笔者调查自制。

从招商进场的商户看，显示的特征是：

1. 进场商户都是来自周宁县。在后期钢材市场进入以融资为目的的市场商业形态中，周宁人创办的钢材市场形成了一个"市场内卷化"——无法进入跨界经营，而使市场过密化——的情景。

2. 进场商户主要是以"社会关系"为纽带。在钢材市场里，俨然形成了一个以亲缘、同缘、友缘的关系圈。

3. 进场商户是以通过社会关系为基础获得市场股东担保而能取得银

行融资资金为目的。在周宁人创办的钢材市场里，能获得其担保而融到银行资金的公司一般有两种情况：要么在市场中，你资金实力雄厚，融资只是一种配套资金，在银行资金成本可控的情况下，即该公司不依靠融资而生存与发展的公司，这些公司钢材市场的股东愿意为其担保，但存在信息不对称，会出现"逆向选择"与"道德风险"的问题；要么你是"市场股东信得过"的具有强社会关系的人员，即在周宁人看来是"知根知底"的人才能获得其担保从而取得银行融资。

4. 另外，更常见的是在周宁人的钢材市场里，市场利用进场商户的公司，用周宁人的话说是"借用公司的壳"，通过其市场或其所成立的担保公司担保从银行获得的资金与市场股东（或担保公司股东）"共用"。这个"共用"银行资金是周宁人后期创办市场经常使用的融资方式。如何让进场商户可以与市场股东共用银行资金的基础便是有社会关系的信任关系。而这个社会关系在钢材市场里便是"自己人"。

周宁人经营的钢材市场所形成的企业网络关系，并不像经济学所研究的企业集群关系。企业集群根据交易成本经济学派认为："如果处于同一行业领域或产业链上的不同企业之间能够展开高效率合作，则可以有效地降低企业交易成本，并在彼此之间形成某种较为稳定的契约关系，在地理位置上相邻近的集群企业之间由于空间区域所限以及文化环境规制更容易产生这种契约式的稳定合作关系。而产业分工的日益细化和信息技术的不断进步则促使这种合作关系不断向综合化、立体化的方向演变——集群企业社会网络化，处于社会网络中的集群企业为了获取竞争优势和确立市场地位，进而提高企业在复杂多变环境下的竞争力，必须努力加强企业间的合作。"（程聪，谢宏明，2012：28）国内关于集群企业的研究基本是按照这个思路展开，并且相关的研究都是在论证企业集群的积极作用。然而企业集群中企业关系的"黑暗面"（Dark Side of Relationship）——企业间的信息不对称、投机行为、关系冲突及关系嵌套（Anderson and Jap，2005）等并没有得到重视。在企业集群的研究中，地方或区域的社会网络一直是关注的重点。集群企业所嵌入的地方/区域社会网络的研究基本是围绕"本地性"的内涵来探讨。Capello 和 Faggian 曾把集群企业地方社会网络分为地理临近性网络和组织临近性网络两大类（Capello，Faggian，2005）。而 Argouslidis 和 Indounas 则进一步将集群企业分为地理、组织、制度、社会和认知相近等五个维度（Argouslidis，Indounas，2010）。在区域社会网络的后续研究中，有关产业集群网络嵌入的分析主要从这5个方面展开讨论的。

但我们对 YF 市场招商进场的企业进行调查发现，周宁人经营的钢材市场并不是按照集群企业的方式进行。市场与市场之间是零散的网络关系——主要体现在个体资金拆借、不同市场间的个体融资互保上，而不是产品的互补关系，并不存在具有某种"依赖"的产业分工体系，反倒是钢材市场内部形成一个较为完整的组织间网络关系。在引进融资担保之后的钢材市场，市场内部的企业并不是集群关系，也不是科斯意义上的"公司组织"关系，而是更像格兰诺维特理解意义上的"企业集团"关系（格兰诺维特，2007：144），但又存在不同。下面我们先对格氏提出的"企业集团"特征进行阐述，之后，从调查发现，中国企业结盟的一些中国市场经验的特有性质。

格兰诺维特关注的市场现象是："为什么企业也会整合成一个可认知到的社会结构？"也就是说，多数企业会在颇排外的一个企业群体内相互做生意。于是，格氏把这种合作企业的群体称为"企业集团"。在探讨企业集团是"如何"的问题上，格氏提出了这样的问题："什么使得集合一群企业成为多多少少有黏合力的社会结构变为可能，且什么决定了这个结构的形态？"（格兰诺维特，2007：146）在格氏总结看来，主要有四种经济理论与此相关：（1）资源依赖理论：企业很少会是自给自足的，所以大家会结成联盟以相互取得日常所需的资源（Pfeffer and Salancik，1978）；（2）结成策略联盟是为了因市场及客户需求的常变本质（Piore and Sabel，1984）；（3）马克思理解意义上的资本家联合以对抗其他社会利益；（4）为了政府或经济体中"寻租"而结合，这样可以得到比完全竞争时多得多的"租金"（Olson，1982）。

但正如格氏所认为的那样，经济学在理解企业联盟上虽有关注联盟的动机问题，但基本是一种静态的分析。而社会学视角更多关注的是"联盟何以可能"以及经济行动者如何动态地建构联盟的问题。格氏从"鸟瞰"的比喻视角分析企业联盟的焦距，即可以"视企业集团为一群互有正式或非正式连接的公司的集合体，而其连接强度是中等的"。这样定义企业集团就排除了太松——如短期的战略联盟或"太黏"——在法律上被视为一个单一实体公司——的企业集合体。即企业集团包括一组公司整合在一起，既不完全整合也不太松散；多数企业集团介乎结盟与联邦之间。如格氏判断那样，关乎这方面的研究少之又少，可能的原因来自"外人却不那么清楚"，虽然它是一种普遍的经济社会现象。同时，这与长期以来经济学与社会学的割裂研究相关，直到威廉姆森提出的"市场与层级"关系之后，人们才开始关注这类的"中间层次"——连接个体和总体层次研究之间的关键问题。但诸如威廉姆森（1975）和钱德勒（1977，1990）等还是从厂商理论的视角认为这种中间层次只是组织不稳定的过渡形式。在这个问题上，格氏是持不同意见的，在格氏看来，"小型有弹性的小企业，以合作方式相互结成网络会更有实质优势，这正是企业集团的特色"。进而，格氏从"如何联盟"的角度探讨了"企业集团连带的主轴"问题，即在分析企业集团与其他的公司组合连接方式上，首要的任务是如何辨别这些连带主轴，是地域、政治党派、种族、家族还是宗教，等等。

关于这方面的探讨，格氏也大量着墨于如何从信任的视角分析连带的主轴问题。他引用了大量的相关研究，如赖弗认为企业集团的成员一般而言，"靠着人际信任的关系而连接，这关系是建基于个人、种族或社区背景的"（Left，1978：663）。李特灵和瑞克里夫（Zeitlin and Ratcliff，1988）定义智利的"kinecon"为"一个复杂的社会单位，其中经济利益与亲族连带铰接在一块"。他们都强调了家族强固信任关系对经济活动的影响，这些例子还有，如韩国的财团企业、日本的家族企业、美国的"社会化部门"，等等。并且把这种分析扩大到跨国种群的企业集团连带上，认为如泰国的中国人、洪都拉斯的巴勒斯坦人、巴西的立陶宛人、曼彻斯特的巴基斯坦人、东非的印度人和迈阿密的古巴人，等等。这些因在地理位置而产生的地域与种族交错作用的连带关系，他称之为"族群聚穴"。另外，来自企业集团连带的主轴还有如董事会的连接——即一群公司在他们的董事会中有一群相同的人做董事，以便协调整个集团的行动。在所有权的关系上，有相互持股以便"保持大家的温情"，并可不受到敌意兼并的威胁；还有印度企业集团模式的"管理代理系统"——通过"管理合约"，让代理公司代管他们的公司，等等。

另一个来自企业集团的基本特质是他们的层级威权结构是如何组织

的。格氏在这个问题上主要把威权结构划分为"层级控制型"和"平等伙伴型"两种。其中层级控制型具有典型的是韩国财团的例子，也即被比卡特称为"制度性父权主义"的范例（Biggart，1991）。在这种威权结构中，一个家族拥有所有公司并专制地管理他们；而日本的企业集团之间则是比较平等的，在日本，一个集团中的公司虽然在法律上是独立的，但却会用各种方法协调其行动，如相互持股、总裁俱乐部等的施行。最后，在威权结构上，格氏提出了一个让我们继续探讨的问题，如其所言，"一般而论，集团来自一家公司者比较可能是垂直权威式，至少在创始时是如此，而集团来自平起平坐伙伴结盟的则权威水平分散化。是否一个集团能长保它起始时的水平或垂直连带，这主要看长时段中这样的组合如何与制度环境摩擦，因此是一个问题，值得我们进一步研究"（格兰诺维特，2007：173）。

　　以上我们是对格兰诺维特所提出的研究企业中间层次的企业网络关系的一种"企业集团"的特征。格氏主要从企业联盟的角度分析一种介乎市场与公司组织之间的企业联盟网络关系，在这种关系中一种正式与非正式的结构得到强调，并从"何以联盟"的动态关系阐述了企业间的连带主轴、所有权关系和威权结构，并最终提出了"值得我们进一步研究"的是企业集团的效益（长保）如何与制度环境关系而产生不同结果的问题。

　　现在我们回到 YF 钢材市场进场商户之间以及进场商户与市场经营者之间的关系探讨格兰诺维特提出的需"进一步研究"的问题在中国市场实践中的表现，同时并提出有中国特性的市场经验问题。在上章节中我们曾经探讨了周宁人经营钢材市场经历了从"前店后库"式的钢材市场迈向"融资平台"的市场转变。现在我们就这两种市场的模式进行分析，以便寻找中国市场实践的本土化特性。

　　在介入融资担保之前，周宁人在各地创办的市场是以当地的钢材需要量作为考量的，即是按照钢材市场供求关系的判断所建立。在中国迈向市场经济发展时期，钢材市场作为一种专业市场其效益以及其能促进中国经济发展得到了学者、政府管理者的认可，并得到了相关理论的论证。在一个有形市场中为何都是来自同一个地域的人所组成，这个从社会关系或社会网络的视角也得到了充分的论证。但相关的研究只是停留在一种"说明性的解释"上,而并没有从它的内部是如何运作的,尤其是关联到进场商户与市场经营者之间的"权力结构"的组织问题。另外,在市场内的公司之间是如何互动的,互动的目的是什么,相关的研究也基本是从经济学的角度进行理解,但在介入社会学的变量之后,其情况又是如何,之前的研究并没有提供一种有效的解析思路,尤其是市场演变成一种"融资平台"的情况。

把 YF 市场作为调查的对象,使我们更能清晰地看到,周宁人创办市场的阶段性特征问题。2004 年 YF 集团与上海 YX 担保公司的合作,以 ZWX 为首的担保公司意欲通过"实体(市场)+资本运作(担保公司)"的模式,赢得市场的长效发展,但鉴于 YF 集团是国有企业性质的单位,在给资金密集型的私营钢贸商做担保问题上,并没有获得认可。YX 担保公司是由 38 家钢贸商按不同出资股份比例筹建的,其中尤其是小股东其出发点基本是以通过担保公司依托实体的钢材交易市场获得银行的融资为目的。由于 YX 担保公司的股东比较多,这对市场创办初期的招商是有好处的,通过股东们的努力,进场的商户基本来自周宁县,且每个商户总是与担保公司的股东们有着这样或那样的"关系"。一年后,因国有企业的体制性和低效运作的原因,更为重要的是在融资担保的问题上与 YX 合作的初衷并不一致,最终导致合作解体,但招商进场的商户大部分仍然在场(在钢材市场里)。主要原因是进场商户中有些是具有"经济实力"做钢厂代理商和批发商的企业,并且形成了主要以型材品种为特色的专营市场。而大部分的其他进场企业则是这些企业的下游客户,"前店后库"式的钢材市场有一个好处是,市场内的企业在与终端客户谈生意时,都可以把市场中货场上的钢材呈现给客户看,并"说出"这些钢材就是他的企业库存,以取得客户对钢贸企业的经济信任。但事实上,市场内大部分的钢贸公司并没有自己的钢材存货,在谈得生意合同后,利用在市场内"自己人的关系"从代理商/批发商那里提货,并且赊货现象在钢材市场里是正常的商业形态。在周宁人的钢材市场里,形成了一个"规矩",即赊货在一周之内无须算"提走钢材"折算后的垫资利息,超过一周后按照当时被普遍认可的民间借贷利息并按赊货天数计。另外,若进场的商户没有与代理商/批发商具有直接的人际信任关系,若想从他们那里赊货,那么,在钢材市场里又形成了另一种赊货的模式,即在提货时,要有被批发商认可（信任）的市场内的其他商户给予担保，或市场经营管理公司的股东愿意为其担保，并出具担保责任书，这样就可以赊货了。通过赊货的模式，在取得终端用钢户的回笼资金后再还给批发商。这样，在市场里与钢材批发商具有直接或间接的"人际信任关系"的商户就可做资金密集型的钢贸生意了。可见，这种赊货模式导致了市场内的企业之间需要更大的信任感，而这个信任感则来自有"社会关系"的"家乡人"——周宁是一个人口不足 21 万的小山县，人与人之间只要"绕几圈"都能拉上要么是亲戚、要么是同学、要么是朋友的朋友关系，等等。

这样我们可判断出，在没有介入融资时周宁人的钢材市场，其构建的主要因素在于市场中需要有一些具有"实力"做钢厂代理商或是批发商——要么是钢厂代理商，要么是从市场上"吃货"的——"大户"存在。钢材市场内部形成了一个界限分明的流通等级。当然在 YX 担保公司退出 YF 市场之后，市场内的"大户"是得到市场管理者的认可的，因为市场的主要收入依靠钢材货物流量收取"吊费"，当然，其他商户的店面租金也是主要的。在市场没有给商户做融资担保时期，一些"大户"自己取得银行的授信，但需要市场管理经营管理公司作为监管方，或商户自己寻得第三方监管公司进行货物质押的融资监管。鉴于 YF 市场是国有企业性质的市场，银行在与驻场商户借贷关系中，银行是信任 YF 市场的，所以，YF 市场被银行赋予"融资监管"权力。这样，YF 市场形成了市场日常经营管理和给商户融资监管的垂直权力关系，而市场内的进场商户在水平伙伴关系上形成了公司网络关系。可见，"前店后库"式的钢材市场其威权机构可如图 5.4 所示。

在经济学的分析看来，可以把当前企业间的合作关系看作是一种战略联盟型组织（alliance organization）或是边界模糊型组织（boundaryless organization），但从钢材市场内部企业之间的社会关系运作看，我们更愿意承认它是一种社会网络构建的"网络组织"。从组织管理的历程看，企业间的网络组织并没有得到充分的认知和研究，而来自日本企业间"分包制"的传统管理模式在取得企业发展和绩效之后，组织管理在分工体系中如何有效地整合企业间的资源，从而增进社会的福利，是企业走向以网络组织为特点的"现代企业"转变，亦即跨企业分工管理实现了从"看不见的手"到"看得见的手"，再到"相互间握手"的分工效益上升的逻

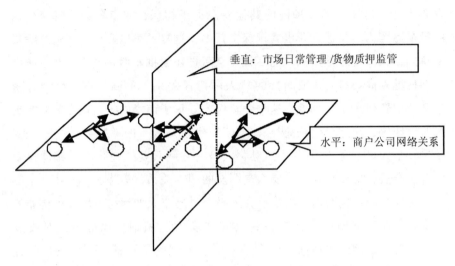

图 5.4   "前店后库"式钢材市场的权威结构模型

说明：图中小菱形表示钢材"大户"；小圆圈表示给"大户"经销钢材的散户。

资料来源：笔者自制。

辑演变。而如何达至"相互间握手"？显然在钢材市场内其运作的机制是内化于中国传统文化隐射下的社会关系联系观。在威廉姆森（1982）看来，在市场和层级制之间为使有限理性降到最低和避免机会主义的产生，还存在着一种"非市场组织的安排"，他把这种"非市场组织的安排"叫作"混合组织"。而 Ouchi（1980）则进一步分析了市场中企业间社会关系的作用，即认为企业间的长期关系是在正式组织环境下通过非专门化的契约来实现，企业间的战略网络则是一个轴心企业与其关联企业之间建立的专门关系，这些关系具有层级制关系的大多数特征：如相对的非结构性任务、长期观点、相对非专门化的契约等，这些关系几乎具有投资的所有特征（转引自郭劲光，2004：20）。国外学者在研究如中国、韩国和日本的经济为何能发展起来，发现这些国家存在着与西方国家不同的组织结构，如汉密尔顿（Hamilton）把亚洲经济称为"网络资本主义"、卡斯特尔（Castel，1998）把中国的经济叫作"关系资本主义"、爱布勒（Tim Ambler，1994）把中国的经济发展称为"关系范式"——以区别于新古典范式和冲突范式。国内近年来尤其是台湾的学者如吴思华、赖士葆、俞海琴和大陆的仇保兴、陈守明和郭劲光等都在网络组织研究方面做出了出色研究。

从社会学的视角对网络组织的研究，汪和建的"关系交易与网络生产"一文则是具有代表性意义的。汪和建对中国企业自主经营研究方面，得出了"一个总体性的判断，即个人自治信念及亲友关系运作……有力地引导了中国人自主创业以及中国私营企业的快速增长……事实上，近30年来……主要通过创建网络生产这一独特的生产方式，创造出了世界公认的竞争利器——中国价格（China Price）。'中国价格'无疑显示了网络生产这一独特的市场实践方式的存在及其产生的巨大效应"（汪和建，2012：327）。并提出了"关系交易作为一种特殊的关系行动，是引导和决定网络生产的根本力量"。2004年，汪和建在对吴江市横扇镇羊毛衫产业区进行实地调查的基础上，构建了一个"Y生产网络"。汪氏从分析"内生于自我行动的关系交易的两个特性，即工具化他人和差等性给予"出发，论证了这两个特性分别构造工具性互惠交易和义务性互惠交易的交易模式，从而实现网络生产的建构。同时，并指出，"差等性给予是维持生产网络及其运作的积极的力量，因为由其引申而来的义务性互惠交易能够形成一种有利于生产网络团结的庇护依赖的关系网络。相反，工具化他人则可能诱发策略性的（包括机会主义的）权力运作，从而造成上下间支配与自治（反支配）的斗争，其结果便会引起生产网络的变异或衰退"（汪和建，2012：329）。

而我们的问题是：这种由关系交易引发的两种交易行为，即工具性互惠交易和义务性互惠交易行为在构建生产网络时所引发的两种策略"庇护依赖"与"策略性权力运作"是静态的吗？是否存在一种"外部制度环境变化"时，其策略或者说经济行为的结果都发生改变？

从YF市场调查的情况看，网络市场在构建的前期，由社会关系构建的网络市场具有汪氏所论证的模型特征，但在钢材市场引进融资担保功能之后产生的系统性风险时，网络市场中组织之间产生的庇护依赖关系与权力运作的策略关系其行动边界模糊了。甚或可说，在经济利益面前，关系显得"苍白"了。

现在就YF市场在5人合作团队经营之后，市场网络构建的机制做一分析，并对这种运作机制所产生的结果做出一个判断："自保"是公司在面临危机时的理性选择，而"人人自保"最终又导致系统性风险的产生。

2009年，YF市场再度与周宁5人团队的合作，是鉴于以下的原因：

（1）上海的钢材市场基本已被周宁人所垄断，没有周宁人的参与合作经营，市场没有办法招商；（2）在钢材市场步入融资担保模式之后，市场假若没有给市场的进场商户进行融资担保服务，不但招商困难，而且不断造成商户离场；（3）引进市场配套的担保公司是钢材市场运作走向生存与发展的必备性条件，等等。在这种"市场情势性"情况下，5人合作团队具备这样的操作能力，于是YF市场开始国有与民营企业的再度合作经营管理。从合作开始进场的39个商户看，招商的主要进场商户都是与股东有"社会关系"的。

2009年，SYL公司取得银行授信担保2亿元放给YF市场商户，从甄选的40个商户（每户500万元的额度）统计看，新进场的39个商户就占32个（包括股东），另外8个融资名额给原来就在YF市场内的商户。从货物质押1.5亿元看，5人合作团队共计做了5000万元的质押融资，另外的1亿元是给原来市场内的钢材"大户"质押融资的。并且，在作SYL担保公司担保的另外8个原市场商户的个人经营性贷款时，需要市场内的"大户"作为额外的个人担保（这个是市场经营者规定的，银行并不作此要求），同时商户之间采取5户联保的模式。从这种融资模式看，钢材市场显然提高了其"权力范围"。在原来没有介入融资担保时的市场其具有的功能只是市场的日常管理和货物质押的监管权利与义务，但介入融资担保功能之后，市场的权力结构发生了变化。第一，只有那些被市场股东所信任的商户能得到其担保而获得银行资金；第二，市场内商户之间因联保的需要，商户更愿意与自己信任的商户作为联保组；第三，没有被市场股东认可，但只要有市场内的钢材"大户"愿意为其担保，也能获得其融资担保服务。在钢材市场介入融资担保功能之后，市场的威权结构如图5.5所示，发生了改变。

与没有介入融资担保时的钢材市场相比，具有融资担保功能的钢材市场其内部的关系结构发生了如下变化：

1. 市场股东内部因风险偏好和股东与进场商户之间的不同属性关系，导致股东之间需要从"风险管理"视角审核不同股东推荐的融资商户。

2. 从融资商户的甄选机制看，具有信任关系的熟人比没有与市场股东有人际关系的商户更能获得市场经营管理公司/市场股东的融资担保。

3. 为增进市场经济效益，市场内的"大户"仍是被市场扶持的对象，

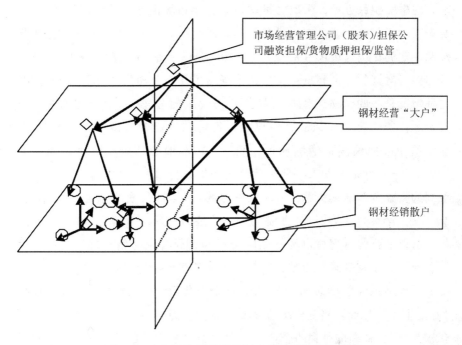

市场经营管理公司（股东）/担保公司融资担保/货物质押担保/监管

钢材经营"大户"

钢材经销散户

图 5. 5　介入融资担保后钢材市场的威权结构模型

资料来源：笔者自制。

尤其在融资时能给予担保，但需要比原来收取监管费高得多的融资担保费。

4. 在垂直层级制上，市场不仅承担日常市场管理事务，更是进场商户谁能得到银行融资的"决定权力在握者"。

5. 市场股东自己在银行融资时，愿意与市场内的钢材"大户"联保，以便形成钢材销售"联盟"机制。

6. 在水平伙伴关系上，市场股东要求不具有信任熟人关系的市场内商户融资时需要市场内的任一钢材"大户"担保，这催化了市场内钢材大户与一般散户另一层面上的层级依赖关系。

7. 银行和担保公司要求钢贸商在融资时需要联保机制（一般为3—5个）的设置，在银行看来，这种模式能化解融资出险的作用。但事实上，这种互保模式强化了市场内商户之间的社会关系运作。

8. YF 市场在 2010 年下半年之后，采取了与其他钢材市场一样的融资模式，即市场的合作股东，其实在 YF 市场里，主要是以 CMC 为主的股东，在融资担保方面，采取的策略是"占用市场内商户的融资额度"，主要表现为：其一，若没有与股东取得信任关系下，从银行融资的资金需要按照一定的比例与市场（股东）"共用"——一般为"五五分成"，市场承担银行融资的一半利息；其二，市场借用商户公司的"壳"进行融资，这种情况是一些"进入钢材贸易行业不久"的公司——在市场看来，其资金运作能力会产生风险，商户从银行融到的资金"借给"市场股东，承诺给予按照民间拆借利息计；其三，市场股东"聘用"个人当公司"法人"——注册公司及一些运营公司产生的费用由聘用人承担，从银行融到的资金全部给其所用，承诺从银行融到资金按照资金量的一个比例给予"法人酬劳费"，或"年薪制"——一般为8万—10万元每年。

从以上我们对钢材市场介入融资运作，或者说把钢材市场当作"融资平台"这个特性理解出发，它并不像格兰诺维特所界定的"企业集团"特征，也不像经济学理解意义上的"企业集群"，又不像汪和建构建的"网络生产"特征。格兰诺维特提出"企业集团"概念的特征之一是"所有权关系"，强调的是集团企业"控股"或"相互持股"的股份所有权关系；"企业集群"强调的是产品分工体系的完善问题；汪氏构建的"网络生产"也是在"分工体系"框架下，"社会关系"在其中起到的关键作用问题。而我们调查的钢材市场当迈向"融资平台"时，显然要比他们的分析要复杂。第一，钢材交易市场具有"专业市场"——买卖双方交易的特定场所——的特征，但市场内存在市场经营管理的产品划定、市场股东是钢材贸易商、市场内有钢材"大户"、"大户"之间的战略联盟、"大户"与"散户"之间的经营联盟、市场内因存在"社会关系"不同而形成的"赊货"模式等，这些特征形成了特定市场的地方性文化。第二，市场在介入融资担保功能之后，"为谁提供担保"、"怎样才能通过市场担保而获得银行融资"和"与谁互保"是市场经营管理者和进场商户、商户之间考虑的主要问题。由此，形成了钢材市场特有的"威权结构"：市场股东之间、市场股东与钢材"大户"之间、市场股东与散户商户之间、"大户"与散户之间、散户与散户之间、散户中又有"工地商"、"搬砖头"商等区别，这些不同性质的市场经营主体之间产生了错综复杂的"权力"关系。而如何判定经营主体在市场内的"社会位置"——主要根据其个人资产、公司财务情况、"为人如何"的信誉问题、与市场股东的

"关系如何"等——是其在市场内获得各项资源（包括融资、资金拆借和赊货等）的关键。第三，钢材市场成为"融资平台"是建立在"家乡网络市场"基础上的一种新商业形态。其中，市场股东（包括担保公司的股东，两者股东具有叠合关系）获得为商户融资担保的担保费经济利益之外，借助商户公司的"壳"，进行再融资；进场商户通过市场担保的融资进行钢材贸易需要外，另外进行"他地"钢材市场的创建，获得其他地方的"市场地位"而进行再融资。

从以上钢材市场呈现出的特性看，按照进场商户的日常话语声称，即把市场经营管理的股东称为"领导"，因此，在这个意义上，我们把钢材市场看作是一个"领导型社会关系的企业结盟"。这个定义显示出中国市场经验的特点：其一，"领导型"吻合中国计划经济以来，对原有"单位制"影响下的市场经济特征，是经济体制过渡期间的一种文化和经济模式的"惯性依赖"，而事实上，也是市场经营者对进场商户具有经济利益控制功能，同时又具有政治意义上的权力运行功能；其二，强调"社会关系"，是与中国的关系文化吻合的，采用社会资本概念显然与中国的关系文化特性存在不同；其三，"企业结盟"不仅是经济学意义上的企业战略联盟关系，更是有建立在社会关系引发出的信任感基础上的经营结盟和融资结盟特征。因此，我们采用"企业结盟"概念比"企业联盟"概念更能体现钢材市场内企业之间的关系。

中小企业通过社会关系获得融资，国内外的理论与经验研究较为充分。但从"融资结网"形成的风险传染机制以及引发的区域/行业的系统性风险，需要从理论和经验层面上得到进一步论证。从当前周宁人经营的钢材交易市场发生的系统性风险，可供我们对社会关系的负面作用进行有益的探讨。

"融资结网"的风险传染机制

YF市场内商户的融资网络不仅体现在市场内，同时钢贸商户还在周宁人经营的不同市场进行融资。其网络融资的简化模式可如图5.6所示。

从上面的模式看出，钢材市场俨然形成了错综复杂的市场内外融资网络。如A市场内部有着复杂的融资网络关系，A市场中的商户又与B、C，甚或D等市场中的商户形成融资网络关系。这样只要钢材市场中任何一

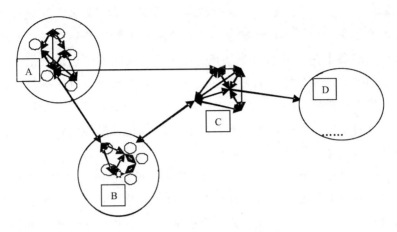

图 5.6   市场内外融资结网模式

资料来源：笔者自制。

个企业发生财务状况恶化，还不了银行的融资借贷资金，就会导致互保组需给予偿还贷款的担保责任。这样就形成了一个风险的传染机制。

企业在进行互保融资时是带有明显的利益动机。首先是融资互保可提供给企业带来银信资金，从事自有资金不足的市场商业行为；其次是若在经营不善的情况下，可转移信贷风险，由相互联保的其他企业给予代偿。例如 A 企业无力还贷银信资金，按照联保责任，必须由给予担保的另外联保企业 B、C、D、E……企业按照需偿贷资金的额度按比例偿还。这样融资企业就形成了风险捆绑关系，客观上造成了融资结网方的风险依赖。融资结网中的企业其财务风险很容易形成传染，个体风险的分担和转移其实质也是风险在网络内的传染过程。置身于融资结网内的企业，不但要承担自己经营的风险，还要承担联保方的经营风险。个体风险通过联保方的风险分担转移、传染至网络内的邻近节点，从而产生风险传染。更为严重的是，若 A 企业经营不善而破产，或者是恶意"逃跑"，那么，给予联保的企业 B、C、D、E 等企业中任何一家或是多家，因联保代偿拖累，也产生破产或"跑路"，那么风险进一步累积，触发了破产或是"跑路"的连锁反应，造成了"多米诺骨牌效应"，进而就形成了系统性风险。2011年下半年，因世界性经济危机的延伸、我国房产限购令的出台，使得钢材的价格一路下滑，并且首先由上海金融办和银监局连续出台了"钢贸融资的风险警示"，再加上"一洲事件"的爆发——无锡一洲钢材市场的老总李国清"跑路",使得具有融资结网特征的周宁钢贸商开始全面陷入经营、互保和信任的危机中,进而爆发了钢贸系统性风险。

根据吴宝对国外相关文献的梳理(Allen and Gale, 2001; Freixas et al., 2000; Furfine, 2003; Boss et al., 2004; Elsinger et al., 2006; Iori et al., 2006; Nier et al., 2007; Shin, 2008; Battiston et al., 2007 等)得出"个体风险传染机制升级为系统性风险的网络机制"主要有:风险依赖机制(interdependence)、风险传递机制(Risk propagation)和风险加速机制(Risk accelerator)。如其所言,"个体风险不仅会透过融资结网关系转移、扩散,还会在过程中增殖、放大,最终可能酿成系统性风险。个体风险向系统性风险演进升级是上述三种网络机制相互交织作用的结果"。(吴宝,2012:107)当然其风险的演进过程因涉及多种因素,其复杂性和不可预测性都较强,现将对系统性风险的演化进行一个"3人联保简化模型"的概念构建,如图 5.7 所示。

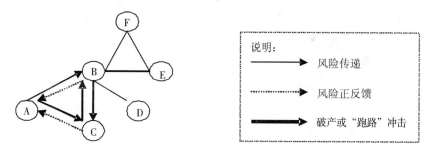

阶段 1:A 企业经营风险出现,无力偿贷银信借贷,或"跑路",B、C 企业联保代偿,形成局部风险加速。

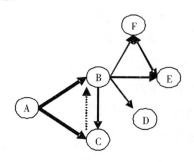

阶段 2:A 企业破产或"跑路"导致 C 企业破产或"跑路",风险经 B 企业向更多的融资网络成员传递。

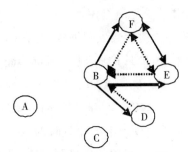

阶段3：剩余的网络成员间形成风险加速环路，最终B企业破产或"跑路"，并导致D、E、F企业也面临破产，整个网络崩溃。

图5.7　个体风险向系统性风险的演进

资料来源：吴宝，2012年。因钢贸市场当前"跑路"现象严重，故对其所构建的模型做了些修改。

以上三个阶段说明了个体风险在风险依赖、风险传递和风险加速三种网络机制作用下演进为系统性风险的可能路径。当然现实中市场实践会呈现出更多复杂性和不可预测性，但这个简单的"3人互保风险传染模型"能够为我们提供一个"个体风险是如何升级为系统性风险"的网络机制解释。

自2003年到2008年期间，周宁人经营的钢材市场虽然已介入融资担保的运作，但总体上因为银行的风控管理和市场的甄别管理体系较为严格，更重要的是银行放贷规模的控制，即使"偶有"发生企业经营不善导致的偿贷风险，市场和相互联保的企业为了使经营能够继续下去，或是在周宁人看来，挽留银行的信誉更为重要，基本没有给银行造成坏账。例如2008年11月，周宁钢贸商缪文因经营不善，亏损3亿元，银行融资1.8亿元，民间借贷1.2亿元。后来，由缪文所在的上海北铁钢材交易市场为其偿还银行融资信贷6000万元，周宁上海商会在周宁人创办的钢材市场共筹资4000万元，剩下的由其联保的企业根据自己"实力"情况与银行谈判，最终把欠银行的1.8亿元全部补上。2008年，虽然在经济金融危机时期，"缪文事件"在银行看来是周宁钢贸商"抱团取信"的典型案例。

2009年之后，因国家经济刺激政策的施行、周宁钢贸圈在银行系统内的"信誉"，以及"市场＋担保公司＋5户联保＝贷款"模式的成熟，周宁钢贸商的银信融资变得简单了。同时，因钢铁产能过剩、房地产市场急速发展,"手头有资金"的钢贸商为抢生意,"垫资"经营成了常态,但钢贸商到手的资金成本攀高(从银行获得的资金通过市场与担保公司的担保费用和银行基准利息上浮10%—20%,共计资金成本都在1.5%/月息左右,还不包括企业融资需"包装"的费用)、钢贸利润微利,甚或出现一有经营"钢材现货"就亏损的状态,由此钢贸商套取的银行资金大量地流入固定资产的投资和进行钢材交易市场、担保公司的再生产。

YF市场在2011年11月2日,通过JB担保公司和市场的银信担保从福建福州MJ支行做了10家企业(两个联保组,每组5家公司,每家额度500万元)融资到期还款,其中出现了SH公司无法偿贷的现象。当时市场考虑还需要与MJ支行继续合作获得融资,因此市场与其联保的商户协商,按照市场与联保商户按相同比例承担出险敞口资金。但到了2012年3月8日,到期的另外10家企业,已经开始出现联保组中RN公司,和另一联保组中JK、HT等2家企业无力偿贷的情况。据我们的调查,企业RN一直以来经营情况良好,但RN企业在上海RZ担保公司与另外4人联保做了一个1000万元的企业公贷,因其联保组中已有1家企业无力偿贷,需追加其联保责任,故在YF市场还贷之前已经为其他联保组偿贷了一笔资金。JK企业情况类似,而HT是因为从银行获得资金在深圳与一些朋友购得一层商场,而商场的抵押贷款一直因为各种原因,未能按其计划时间获得融资,因此企业资金链断缺,无力还贷YF市场银行融资资金。开始出现和加速爆发的风险传染在整个钢贸市场弥漫,同时,银行开始对整个周宁人经营的钢材市场、担保公司和钢贸商开始高度的风险警示,并采取惜贷、停贷的策略,这更加加速了整个周宁钢贸圈的风险传染。2012年下半年始至今,联保机制已经丧失了任何法律效用,银行开始认为,只要单个企业自己能还贷融资资金,就不再追究其联保责任。但事实上,周宁钢贸商已经在2012年下半年之前,在担保公司和钢材市场的压力下,以及考量自己企业的资信问题,在"尽量"还贷与承担联保责任中"耗尽"了现金资金流。当然,期间也出现了一些企业"恶意"不还贷的现象。故此,当前周宁钢贸商陷入了"融资网络崩溃"阶段。其内在的风险传染机制如上面我们所分析的那样,造成了区域/行业系统性风险。

以往国外对社会资本的研究大多集中谈论其对工作寻找、技术创新、战略合作等方面的积极作用，较少提及社会资本的负面效应（Portes & Landolt，1996；Portes，1998）。国内的研究大多也从社会关系如何带动区域人员网络式就业、创业以及农民工如何融入城市的社会网络支持等方面展开探讨，但如吴宝所言，"关于社会资本负面效应的研究更是少见"。现就社会关系/社会资本——关于这两者的区别，相关的学者已经做过分析，在这不再强调——的负面效应问题做一个简单的梳理，以便我们对该问题有个基本认知。

国外从社会资本概念的提出到运用，即在布迪厄、科尔曼和普特南的作品中都是强调社会资本的积极效应。但有一些学者已经开始对社会资本的积极作用产生怀疑，具有代表性的作者如汉森从关系维护成本角度提出对社会资本进行过度投资或不当投资可能会造成负担（Hansen，1998），乌兹认为过度嵌入会引致惰性和狭隘观念（Uzzi，1997）。波茨更将社会资本的负面效应归纳为 4 种表现形式（Portes & Landolt，1996；Portes，1998）：

1. 合谋排外，社会资本在为成员提供有价值资源的同时，也用成员资格排斥了可能的外来者，甚至合谋危害公众利益；

2. 免费搭乘造成枪打出头鸟，强调团结互助的规范架构支持，后进者向先进者谋求资助，后进者的社会资本帮助其获取资助，先进者却因免费搭乘承受社会负担，丧失积累和成功的机会；

3. 限制个体自由和商业自主性，社会资本赖以运行的内部规范在追求团结的同时会施加个体控制，抑制有悖集体规范的行为；

4. 向下沉沦的规范压力，某些群体团结的基础本身就是成员都身处相同的逆境或不为主流社会所认同，内部规范排斥和抑制试图摆脱这类困境的行为，使成员形成低端锁定。

[转引自吴宝，《社会学研究》，2011（3）：86]

相关的研究，国内吴宝博士提出"社会资本→融资风险网络结构→传染效应"的理论模型以及从浙江案例的实证分析，进一步为波茨等人关于社会资本负面效应的论述提供了实证支持，并提出以下的命题：

1. 企业家个体/企业集体社会资本越高，融资风险网络的平均中心度也越高，网络破碎程度随之下降，遏制大规模风险传染的能力越低。

2. 企业家个体/企业集体社会资本越高，融资风险网络的凝聚系数越高，越容易加剧派系内的风险传染。（吴宝，2011）

吴宝博士把市场中的企业行为者分为"企业家个体资本"和"企业集体社会资本"，从融资网络的"中心度"、"凝聚系数"等网络数据分析了融资结网的风险传染机制问题。并从浙江案例的实证研究出发，阐明了社会资本的负面效应。在这方面的国内研究，吴宝博士的论证为本书这章节的研究提供了一个很好的研究参照。[①]

但吴的研究样本是浙江的上市公司，我们所调查的对象是在一个高度密集运用社会关系进行钢贸网络构建所创办的"钢材交易专业市场"和后期演变成以"融资平台"为目的的民营企业融资结网结构，而且市场内外形成了一个具有"威权结构"特征明显的"市场权力系统"。其中所凸显的"领导型社会关系的企业结盟"关系，是与"均质平等企业主体"的网络分析所不一样的地方。例如：

1. 钢材市场股东或担保公司借用客户公司的"壳"进行再次融资所体现出来的一种"利益合谋"基础上的权力运作是网路分析无法体现的；

2. 再如市场内钢材经营"大户"可为一些散户进行担保融资，除了一些具有社会关系建立起来的感情因素之外，主要是以其"经销结盟"创造客户群为首要考虑；

3. 以"融资平台"为目的的市场其股东或担保公司与商户"合谋"套取银行资金在其他项目上进行再投资，即把"银信融资"转化为"民间借贷"或"股权投资"，其中市场股东方或担保公司方获得更大的资金去操作他们认为比经营钢材市场或担保公司更有效益的经济项目，而被"捆绑"的被融资担保的公司获得等待项目经营的股权分红或民间利息与银信利息的差价收益，等等。

以上是钢材交易市场结网体现出与其他市场不一样的特质。从社会网

---

① 有兴趣的读者可参看吴宝博士论文《企业融资结网与风险传染机制研究》，浙江工业大学，2012 年；《社会资本、融资结网与风险传染——浙江案例研究》，《社会学研究》2011 年第 3 期等有关"社会资本、融资结网与风险传染"的模型、机制和实证的分析。

络分析的网络风险传染机制能为我们提供一种分析思路，但显然钢材交易市场形成特有的商业模式，即介入"权力"运作的社会变量之后，它所体现出来的网络特征显得更加复杂。

三 关系结构中的"场域分析"

这个论题将探讨的是市场中的分层关系、等级排列，以及体现场域级次的社会位置关系，并在此基础上其所内含的一种市场权力关系。市场被看作是一种分层的权力系统，即可被理解为是一种"社会空间中的社会机制"，其中，我们尤其强调市场行动者的市场地位意义。

市场与分层/地位/权力

市场分层研究的是市场"以哪种方式"划分成不同的组成成员，而这些组成成员又可通过一定的界限保持着相互分离。市场组成成员之间，或者说市场的型构关系，是关注权力与结构的社会学分层理论所要探讨的主要议题。因组成市场的成员在市场中所处的"社会位置"不同，亦即有"地位"不同，那么组成市场的成员之间就会存在着为争夺利益而使用"权力"。在这个意义上，我们可以把市场看作是一个"权力系统"。

关于市场中的分层结构/地位/权力系统问题，我们主要关注的是：

1. 市场突出表现为组成其成员之间的一种有规可循的等级秩序。在市场中，各个组成成员彼此争战以获得增进他们自身的利益。

2. 分层将市场划分为不同的级次关系，处在相同级次上的成员其共同点多于不同于他们的群体的共同点。

3. 市场中的分层始终以经济物质方面为第一要素。

4. 市场分层始终具有权力的特性，即占有资源的成员比其他人更具有权力，且可以运用他们的权力去影响他人的行为。

5. 分层显示了市场成员具有"地位"特性，这不仅关涉资源的获得，而且是可获得一种文化上的认同，并通过文化影响他人。

6. 市场中的支配成员始终会力求排斥和剥夺受控成员，但受控成员也会力求穿透支配成员的界限。市场总是在不断被争夺"边界"的过程中走向形态的变化，亦即受控成员总是力求改变市场的等级秩序，以有利于自身所处的位置。因此，市场是在被不断争夺中，各个不同的组成成员进行自身再生产的过程。

市场与分层问题

经济学领域关于研究市场与层级关系的问题，威廉姆森提出的"市场与层级制"的观点具有代表性。威廉姆森对市场、层级制和相关的反垄断问题的分析，如其所言，"经济问题的显著特征将超出经济分析的范畴"（威廉姆森，2011，289）。其中，威氏从组织失灵的框架强调了决定交易效率的是交易而非技术；参与交易经济可以基本上解释从自主市场签订契约向层级制的转变。并提醒需注意两点：其一是假定所谈及的当事人参与了反复签订契约；其二是在市场和层级制之间的选择必须考虑市场的特定类型和特定内部组织模式。进而，威廉姆森从市场交易范式的转变、人性假定的微观理论、结构—行为—绩效范式以及产权传统等四个方面进行分析，最终在引入"市场层级制"的变量之后，提出了市场与层级制的一些主要特征，主要有：证明微观经济组织中有趣问题的基础是交易而非技术；维持一种比较制度的态度，市场和层级制被认为是其他可选择的签订契约模式；规定人类的基本属性是有限理性和机会主义，并在组织失灵框架中将此与一系列的如复杂性、不确定性和少数人条件等相联系的观点；相应地放弃无摩擦的假设，虽然承认无摩擦的假设是有用的；与分层制分解原理相关的组织形式，作为一种内部组织对应物，被引入工业组织常见的市场结构方法中；在层级制中，提出包括同辈群体组织、雇佣关系、纵向一体化、集团组织、技术进步、主导企业和寡占的问题；偏向于既不支持也不反对组织的自由市场模式的"价值中立"方法；引入"氛围"概念，提出"满意的交易关系"成为经济问题中的一部分，并且提出要避免在交易中和群体中忽略"态度互动"的作用，该互动作用与分析的等价交换模式相关联，在分析中隐含假设可分割，等等。（威廉姆森，2011，295）

从威廉姆森对市场与层级制关系所论证的主要特征可看出：其一，认为人的经济行为的基本属性是"有限理性"与"机会主义"；其二，层级制在市场中被运用于解析组织内外部的市场结构模式；其三，强调市场行动者是在"互动"的"氛围"中寻找"满意的交易关系"。可见，威廉姆森是站在制度经济学的阵营批判了新古典经济学中关于经济行为、市场交易的范式，并引进了"氛围"概念，且强调了市场参与者之间的"互动关系"，以达至一种交易关系的"满意性"。其中，威廉姆森的"氛围"概念体现出了与市场交易模式相比，层级制，至少在某些方面，提供了一种较少计算的交易氛围，尤其是在同辈群体的小型组织中更偏好这种层级制的方式。在我们理解看来，"氛围"概念恰是体现了人际的社会关系，尤其是建立在社会关系基础上的一种因有"信任"关系而建立起的组织形式。因为在"不确定性条件下"——即是在无法判断信任的情况下，在少数交易者之间发生的市场交易行为，倾向于偏好层级制的交易。

威廉姆森给我们展现的是在同辈群体组织、雇佣关系、纵向一体化、集团组织、技术进步、主导企业和寡占问题等市场情况下，市场组织偏好于层级制的组织方式的选择问题。但若从经济社会学的视角对市场进行分析，显然威廉姆森的市场层级制还没有进一步地分析层级制存在的"社会机制"问题，他主要还是从"交易的效率视角"给出市场层级制的选择问题。然而，事实上市场内外部存在的一种"权力"结构、市场行动者因其所占有的不同资源而具有的不同社会位置影响其行为策略的选择问题，以及市场行动者的"地位"，即偏向于一种文化上的理解的等级制问题，在威廉姆森的作品中并未得到进一步阐释。而这方面来自近期经济社会学的研究比经济学领域的研究更加充分。持市场是一种权力系统的观点，以及涉及权力背后的社会位置等的观念从马克思之后到后来的韦伯以及最近的波多尼、布迪厄和斯威德伯格等，都表现出了对市场中的层级秩序的重视。

马克思是从阶级斗争的角度说明了在市场表现出来的物物交换，其背后实际折射出来的是阶级斗争的人的关系。市场中表现出来的人的阶级关系是从人的劳动与剩余价值的剥削关系展开论述的。而韦伯则是从阶级竞争的视角分析了市场中不平等的关系不仅仅来自完全由物质的因素所决定，也需要从参与者的观念与意图的角度出发，来作更全面的理解。其中，韦伯强调了在社会结构中人所占据的结构立场或位置的彼此分化，因为他们受到占据这种立场或位置的"生活机会"（life chances）的共同影响。当然韦伯也同意马克思关于产权是确立阶级的首要因素，但韦伯同时也强调生活机会，即获取稀缺资源物品和服务的渠道，从这个角度而言，韦伯的阶级理论更可以理解为是一种消费理论而不是生产理论。按照韦伯理解的生活机会所能带来的不同群体或个人在社会位置上的变化，他的阶层理论与马克思不同的是，他强调的是市场而不是生产。因为在韦伯看来，"市场上的这种机会是一种决定性的要素，体现出决定个人命运的共有条件。从这个意义上而言，阶级处境就是市场处境。"（Weber，1982：62）

　　总的说来，社会学所言的社会分层指的是犹如地质构造的不同层面，它依据一定的具有社会属性的成员被区分为高低有序的不同等级、不同层次的过程与现象。而造成这个差异的是人们在社会结构中因地位分布的不均以及这些地位之间的一种相互关系模式不同等因素。如上所述，马克思的阶级学说、韦伯以及之后的沃纳的多元分层模式具有代表性，其后还呈现出如帕累托的精英理论、布劳—邓肯的职业分层学说以及帕森斯代表的分层功能论、达伦多夫等人代表的分层冲突论等。韦伯对社会分层的概述是西方分层理论最大的源头之一，在分析获取"生活机会"的基础上，韦伯主张造成社会不平等的除了马克思意义上的经济因素之外，另外还有声誉和权力，因此韦伯创立了经济、声誉、权力等三位一体的分层模式以考察一个社会的经济、文化和政治三大领域中的社会不平等问题。

市场与地位问题

　　关于市场中的地位问题，最近波多尼在《地位的信号》（2011）一书中，开篇就阐述："人们总是期待结构社会学家们对于行动者的位置对行动者成就所造成的影响保持高度的敏感。"波多尼从对葡萄酒行业的经验研究中发现，市场中行动者的地位解决了市场中的交易匹配问题。即在理解"市场是如何运转的"这个问题上，有待解决的问题是：是什么因素决定了哪个买者和卖者相互匹配？是什么因素决定了交易的条件？在这个问题上，波多尼承认了格兰诺维特的嵌入性观点、乌兹的强社会关系中的信息与信任的流通作用、博特的结点结构洞等理论，但波多尼更是从如其所言，"简单地说，我强调的网络重要性并不是简单地把网络看成是信息或资源流动的渠道，更在于把社会网络看作是身份（identity）的重要组成部分"（波多尼，2011：6）。并且强调"地位的渗透性"，即认为一个行动者的地位会受到与他交往的人的地位影响，而且地位也会在同一个行动者的不同领域之间渗透。波多尼开展的"市场地位动态过程"（status dynamics in markets）的研究目标，其中他提出需要解决的分析性问题主要是：什么是维持市场地位次序的主要市场机制？其他相关领域中的地位特征是如何溢出到市场领域，从而对市场竞争产生影响的？哪些经济报酬方面的差异是由地位次序带来的？哪些环境条件决定这些由地位次序带来的经济报酬是大还是小？（波多尼，2011：8）

关于对地位的关注，在整个 20 世纪中最闻名的社会学家如韦伯、布劳、霍曼斯、默顿、帕森斯以及伯杰等都发现地位对于社会情境中行动的重要意义。如波多尼所言，"地位的概念展现出一幅关于位置的层级制（hierarchy）———一种社会秩序———图景，个体在这一层级制中的位置会影响其他人对该个体的期待和行动，从而决定该个体面临的机会和约束条件"（波多尼，2011：13）。波多尼是将这个最具有味道的社会学概念运用于市场内部竞争的研究中，即用地位等级制的图景对市场中的生产者进行一种概念化。

波多尼对市场地位所提出的"在层级制中影响个体的期待和行动是决定他所获的机会和约束条件的"理解，实际上是认为，地位在市场秩序中能带给行动者的是一种在"预期状态"下，通过对人际互动情境的把握，利用其所占有的机会与资源转化为一种能满足他实现权力与声望的市场层级位置。把地位建立在一种"预期状态理论"（expectation states theory）上的理解，这方面的研究尤其是得益于伯杰（Joseph Berger）与他的同事等团队对其进行的探讨。用"预期状态理论"与"互动理论"对层级制的地位如何转化为分内行为的理解，他们认为：首先，行动被假定是情境依赖的———行动者知道如何在情境中依据可资利用的社会和文化的参考框架来行动；其次，通过以下一些途径，这些参考框架发挥了它们的影响———一方面是人们的理解，另一方面则是人们对情境中何者为真的信赖与预期；最后，这些信赖和预期是在互动过程之中萌芽和维持的。（特纳，2001：127）这种行为预期理论探讨的地位差异显示出的特征是考虑预期如何能够通过行动者从群体外部带入当下互动情境的信息和知识———信赖与预期的产生。并强调行动者是如何组织用以引发角色扮演预期的地位差异，且根据对行为的预期，确保他们地位和声望的相匹配。进而伯杰等人通过"地位特征的弥散"（diffuse status characteristics）概念工具阐明了地位被特征化的特点。地位特征的弥散指的是情境中身份特征在特定个人身上的扩散如果（1）在个体看来该特征具有两个或多个不同的状态；（2）对于每一地位状态，个体都有与之相连的一般预期；（3）个体将这些相互区分的、对能力和特性的预期与每一个状态对应起来，就构成了一个完整的扩散过程。用这种分析方法表明市场中行动者的性别、职业、教育水平、社会关系、占有的资源以及身体魅力等都可以成为地位特征弥散的范例，因为它们一般都将遇到上述的三种情况。那么这种身份信息的弥散是如何被组织进并转化为一种分内的行为呢？伯杰通过"激活命题"和"显要性命题"主张：任何身份信息的弥散都意味着在相应情境中行动者被因此而区分开来；或者与任务相关的地位信息将被激活。这样，他提出：

1. 如果行动者具有多种不同的地位弥散，或如果其所享有的地位与其所执行的任务在文化上是相连的，行动者就会根据与相应地位一致的原则，将一般性预期和各种特定能力分别归属于他们自身，并彼此确认（地位信息显要性）。

2. 行动者将显要地位信息运用于每一个新的任务和新的情境，除非他们具有特定的知识或信念证实该方案是行不通的（地位信息相关性）。

3. 一个具有地位优势的行动者较之于地位劣势的行动者，将被预期更为能干（预期匹配）。

（转引自特纳，2001：131）

我们运用"预期状态理论"与"互动理论"解析市场中的不同行动者所具有的地位特征及其行为特性，可表明引发市场行为的时机、行为表现的输出与评价的交流以及行为的影响，都将在自我预期和对他人预期中得到反映。这样，一些个体所具有的地位特征弥散（用以区分行动者的市场地位）的出现就足以引发在市场中的权力与声望的分化，从而提供与资源占据相关的地位差异。

进而，我们需要进一步探讨的问题是："这些被地位特征弥散所具有的市场地位差异是如何得到合法化说明的？"这个问题的提出说明了在地位差异基础上所形成的权力与声望其合法化的趋势在于控制者的控制行为的"有效性"如何得到展现的。根据预期行为理论，互动情境中人们彼此交织的市场信念是任何个体的社会结构的一部分，并将这种社会结构作为参照物将身份位置与地位弥散、任务能力与任务完成连接起来。当行动者根据这些预期进行市场行为时，他们让这些预期的市场行为生效，从而就建立起它们的合法性。这里展现的是：认同的社会位置参照信念对身份位置评价所勾勒出的地位有高位和低位之别；互动情境中因身份位置评价的不同，表现出对各种行为预期的不一致；并强调当行为与预期身份位置的一致被他人认为有效时，且他们切实地将这种预期的区分与权力和声望进行拟合时，即体现在行为有效性基础上的权力与声望层级就会趋于合法化。这种地位位置被合法化的情势说明了高位者对低位者的控制，并能得到一种更有权预期程度高的尊敬和对别人一般化的顺从，而低位者则只是从高位者那里得到在他看来是有一定价值的赐予。

在我们看来，市场组织概念中存在三个层面的关注：（1）制度结构的市场；（2）关系结构的市场；（3）建构结构的市场。对这三个层面的关注着重于组成它们的要素主要是正式制度体现出的国家权力、政策意图以及非正式制度体现出的一种文化意涵包括规范、价值观、信仰以及社会类别等，还同时关注组成市场的一种型构关系所体现出的其自身的组成方式，并强调它们之间的一种人际互动包括交往的社会持久网络、层级划分的社会位置和地位，且由此映射出的权力和声望，等等。而这些社会结构的要素运用于互动情境之中时，行为的建构结构情境也就出现了。地位特征弥散的显要性元素是通过这样的一种方式来看待市场中的经济行为的，即在市场的情境状况下，不同类型的市场地位特征和参照社会结构如何和在什么条件下，对行动者而言变得重要，并在行为中能体现出一种由市场地位所决定的市场分层体系。

市场与权力问题

探讨市场中的权力问题，我们主要关注的是在承认市场内外存在层级制的基础上，因市场中的参与者占有的资源不同而具有被认同的地位差异从而导致的不同参与者具有一种影响他人的"效力"，而这种效力我们即可定义它是一种"权力"。关于市场关系结构中的权力问题，我们将分析以下这些问题：

1. 权力意味着某些公司对于其他类似的公司来说具有特定的影响，即会产生某种效力关系。

2. 权力与市场中的资源分配保持着一种特定的关系。在这里权力被看成是某些公司占有诸如财产或地位等其他资源的分配，或者说权力本身就是一种资源，它能够争夺或控制其他资源的使用。

3. 市场中的权力表现为一种特定程度的聚集。持这个观点的权力理论主要探讨权力具有相对的集聚和集中趋势，即具有相同权力资源的公司经常会形成一种联盟或结盟的关系，这样做以便它会进一步控制来自意欲动摇他们的另一些公司的力量。

4. 市场中的权力表现出来的是大多数公司或企业之间一种可被定义的面向，或在不同的公司之间进行一种可让渡、可交换资源，它转换于各公司之间。

5. 在市场中权力的使用和运用，它体现出一种市场分层、地位关系的分化意义。

市场社会学中关于"权力"的讨论，或者说"权力"意涵①的主张，借助于社会学理论基础上的奠基性学术渊源以及之后发展的对权力不同理解角度的综合运用。奠基性的权力观主要有：马克思的批判结构主义、韦伯的建构主义以及同时倡导功能主义与功利主义主旨的经典精英理论。之后发展的从不同视角探讨权力观主要是来自福柯、阿伦特、哈贝马斯、帕森斯、曼、达尔、巴克拉克和巴拉茨以及卢克斯和克莱格等。

马克思的批判结构主义权力观将权力视为经济关系中能够从根本上决定社会形态的一个解释；韦伯根据权力在何等程度上足以获得合法的地位而勾勒出不同权力类型之间的差异；而经典的精英理论则是宣称，权力是一种产生于组织，尤其是占主导地位的组织它所据有的稀缺资源，并认为它对经济社会而言是不可或缺的。

具体来说，对于马克思而言，权力是无所不在的并认为它无须论证。

---

① 关于从社会学理论的视角探讨"权力"观的问题，是试图在权力观运用于理解市场结构的运思中，需要首先探明的理论问题。有兴趣的读者可参见沃特斯在《现代社会学理论》（华夏出版社 2000 年版）一书中关于"权力与国家"章节部分的进一步分析。

因为在马克思看来，人类历史就是一部不断争夺资源的历史。其中强调了物质资源与权力的获得之间是一种循环式的关系：一个人拥有的物质资源越多，他就越能控制他人；而能控制他人就意味着他所能获取的资源就越多。并且马克思认为，对稀缺资源的垄断能促使那些不具备该资源的人们服从；而且因这种占有资源产生的权力经常发生在厂矿企业中。

　　相对而言，韦伯则认为，权力是一个分析经济社会现象的基础性概念。他曾这样定义权力："一个行动者能够任凭反抗而贯彻其个人意志的可能性，而不论这一可能性是建立在怎样的基础之上"（Weber，1978：53）。在这个定义中，韦伯主要是认为"权力是一种能控制他人"的能力，并且根据"人身上所有可以想见的性质及所有可以想见的条件组合"发展出了一套权力概念等级体系。这个权力的概念等级体系如图 5.8 所示。

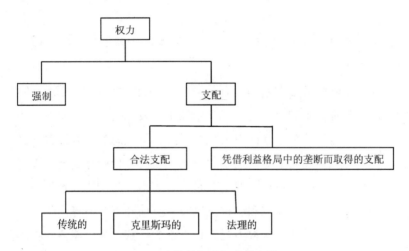

图 5.8　韦伯的权力概念等级体系

资料来源：参见沃特斯，2000：237。

　　从图 5.8 可看出韦伯的"权力"概念谱系所体现出的主要观点如下：

　　1. 权力来自对他人控制的能力；

　　2. 权力的类型形式主要有基于"命令型"的"强制"和基于"遵从可能性基础"上的"支配"（domination）；

　　3. 支配又来源于两种情况：一种是建立在"无合法性基础上"的"凭借一种利益格局的支配（特别是凭借一种垄断地位）"；另一种是建立

在"合法性基础上"的"凭借权威——即命令权力和遵从职责的支配"。

4. 在这个基础上，韦伯进一步宣称"合法性支配"因实施方式、获得的服从方式以及保障其实现的权力结构设置不同，提出了一个"合法支配的类型学框架"：（1）传统型支配（traditional domination）主要以当权者生来就因袭一种赋予其决断大权的特殊地位，而臣属者则先赋地因袭一种地位忠诚或服从的地位；（2）克里斯玛型支配（charismatic domination）是以凭借个人卓越的才能或天赋而被赋予合法性地位的；（3）法理型支配（rational – legal domination）的合法性来源有二：一是"法律"成分，包括为服从者制定的法律或法则；二是"理性"成分，意味着这些法律或法则对完成特定的或直接的目标而言具有效力与效率。而促成上述的合法性的支配的主要形式，在韦伯看来是一种"科层制行政机构"的"权力结构"最为有效。

当然，在韦伯看来，以上的这些"合法性支配的类型学框架"只是一种理念型建构，而现实经验中的实例总是以一种混合型的多种支配方式存在。

另外来自政治分层体系中关于"权力共谋"的经典精英理论也可为我们提供一个分析"权力"特征的视角。精英理论倡导社会中存在着主要的两个群体：一个是精英阶层；另一个显然就是与此相对应的非精英阶层或者说是大众（mass）群体。关于这方面的研究，最早的精英论者主要有帕累托（Pareto，1966）、梅塞尔（Meisel，1962）、莫斯卡（Mosca）和米歇尔斯（Michels）等人。其中，梅塞尔的"3C"说阐述了精英理论的核心要素，这个"3C"是：（1）群体意识（consciousness）——精英自觉意识到精英的存在及自身在其中的成员资格；（2）凝聚力（coherence）——精英成员的行动需与精英群体的利益诉求一致；（3）共谋（conspiracy）——精英成员需不断进行信息交换与策略联盟以促进群体利益。帕累托是从"衍生物"和"遗留物"这两种人类行为要素结果的行为理论出发阐明了精英理论。其中"衍生物"说明了使行为理性化并试图将其合法化的观念，并说明它促使社会生活的虚饰和假象；而"遗留物"则是真正决定行动者的基本本能和动机。并且阐明了与权力有关的两类遗留物，一是"组合的本能"，即创造新的社会集群的倾向，包括控制群体与被控制群体；另一是"维持聚合体的本能"，即维持业已确立的阶层倾向。但同时又承认它们之间存在流动的可能性。

莫斯卡在精英与非精英之间如何循环的问题上比帕累托显得谨慎。在莫斯卡看来，精英结构主要有两种：一种是"独裁—贵族型"，权威向下流动，精英自我更新；另一种是"自由—民主型"，统治者由非精英群体授权进行统治的，精英与非精英人员之间进行有可能的循环。但同时莫斯卡也强调，社会总是以一小部分的人对大部分的人进行统治的，且这一小部分人很容易进行策略的联盟以维护其拥有的权力。韦伯的学生米歇尔斯则是从他提出的"寡头统治铁律"（iron law of oligarchy）对社会中的任何组织内部都有其与社会整体结构意义上的一种等级分化存在。这些组织如公司，因常常存在一种技术上难以实现的目标追求，且存在内部的协调机制问题，因而需要一种"专业知识"，而这种专业知识又只有少数人具备，因而在任何组织中，具备"专业知识"的少数人即可成为寡头统治者，另外的普通成员将把控制权拱手让与这些少数人，而这寡头少数人将凭借其对组织的专业知识的垄断而巩固和维持其地位。

以上我们从"权力"奠基性理论阐发了权力观点在社会学中的发展路线。但社会学对权力的研究，远不止于这些主要观点。其中，后期发展的福柯（Foucault，1980）是从臣服者的视角探讨了对权力结构进行解构的观点，并借助其对监狱的探析辨别出三种关键性的权力技术：纪律、训练和监视。在福柯看来，在分析权力时，"必须把它当作某种循环流动的东西，或者更准确地说，当作某种仅以链状形式发挥作用的东西"（Foucault，1980：98）。也就是说，应该把个人当作是权力的载体，而不是其作用点。进而，福柯认为：权力是种种变动不居的不平等关系的一个面向；是包括非政治关系在内的所有关系的一个面向；重大的社会支配也植根在日常的关系当中；权力是一种有目的、主观的关系；任何权力关系都包含有反抗（转引自沃特斯，2000：248）。阿伦特与哈贝马斯则是从沟通理论的视角分析了权力在人际沟通中产生的含义。其中阿伦特认为，"不论何时，只要人们聚集在一起并协调行动，权力就产生了"（Arendt，1986：68）；而哈贝马斯对权力的定义则是，"通过旨在达成一致的沟通而形成的共同意志"（Habermas，1986：76）。帕森斯（Parsons，1986）是从"转换能力"（transformative capacity）的视角探析了权力是一种"做……的能力"（转换能力）而不是一种"对……的能力"（控制权力）

说明了它是一种政治系统赖于运作的媒介。近 20 年来，被大量引用的关于权力的来源问题，是曼（Mann, 1986）提出的权力来源于四个方面的见解：意识形态权力、经济权力、军事权力和政治权力，做这样理解的权力表明它实际上是一种资源，而不是如哈贝马斯理解意义上的一种关系的面向，它是一种组织当中产生出来的资源。另外，从功利主义的角度看权力，它表明的是一种个人表现出来的东西。如达尔认为的，权力之所以存在不是因为它被认可，而是它被"运用"——在做决策中体现，在他看来，权力是："某甲能够让某乙做一件他本不愿意做的事，就此而言，某甲拥有对某乙的权力"（Dahl, 1957：203）。在这个定义中，我们发现，这个定义包含有行动——甲有作为，乙有反应；关系——甲行动范围是对乙而言的；以及行为主义——仅涉及个体的满足而不是主观的意义——等三层意义的理解。而对达尔的观点持相反意见的是来自巴克拉克和巴拉茨对权力具有"非决策"性的权力观："当（1）某甲与某乙之间在行动的价值或过程方面存在冲突；（2）某乙又顺从某甲的意愿；（3）某乙之所以这样做，是因为他害怕某甲会剥夺他的某个或某些价值，而较之那些有可能通过不服从而获取的价值，他对后者更为看重，这时即存在一种权力关系。"（Bachrah and Baratz, 1970：44）来自美国政治科学家卢克斯的观点则认为权力是"当某甲以一种有悖于某乙利益的方式影响某乙时，某甲就是对某乙运用权力"（Lukes, 1974：34）。而建立起一个"权力环路"模型的克莱格（Clegg, 1989）认为，环路是权力关系的必经之路。这个环路模型主要有三个特点：一是它认为权力定位于组织之中；二是它认为权力如层次多样的"策略行动性"一样明显，是控制资源流并将其用于实现自身利益的一种能力；三是它认为权力在一定的程度上会随行动模式的变化而变化。

　　梳理社会学理论对权力的理解，这些观点关注的侧面有所不同，主要是：

　　1. 权力是一种根本性的结构性关系（马克思）；

　　2. 权力是意向性的，源于个体的行动（韦伯与精英理论等）；

　　3. 权力是植根于社会成员之间彼此的交谈之中（哈贝马斯与阿伦特等）；

　　4. 权力的集中均缘于广泛的社会妥协和共识（帕森斯与福柯等）；

　　5. 权力源于两种行为：一种是决策，另一种是有意限制参与决策的渠道（美国政治科学的相关研究如达尔、巴克拉克和巴拉茨等）；

　　6. 权力差异是物质资源分布的结构模式所导致的结果（卢克斯与克莱克等）。

（笔者概括；同时参见沃特斯，2000：262）

　　可见，日常被我们无意识经常使用的"权力"一词，在学理研究的层面上显示了它的分析复杂性，并在被运用于研究具体事例时充满了诡异和风险。但从上面不同学者对其相关的研究，我们发现，"权力"主要被理解为一种不仅是行为概念，同时还是一种因果概念；不仅是一种关系，同时还是一种属性；不仅是一种能力，同时还是一种能力的运用；不仅是个体或集体的能动者，同时还是一种结构或系统；不仅具有非传递性，同时还具有一种可转换能力；等等。

　　做这样理解的"权力"，在被我们运用于研究市场时，它即可被理解为：市场是一种具有在层级分化意义上的在位者与受控者之分，且占有资源而产生的一种市场权力关系中的行动者，它对权力的运用体现了在互动情境中所具有的一种聚集特征、可转换资源能力，同时又承认它是在结构性或系统性中产生的一种控制他人的策略运用。从这个多面向的理解意义上而言，市场即是一种"权力系统"。

关系结构中的场域特征

　　以社会网络分析见长的美国新经济社会学的发展，近年逐渐开始也向欧洲国家传播。但从社会学的角度分析经济问题，欧洲的学者们显然不如美国学者的热情高。其中，如斯威德伯格所认为的那样，"在重要的欧洲社会学家中，布迪厄是对经济问题表现出最浓厚兴趣的第一人，从他20世纪50年代对阿尔及利亚的研究到最近在《经济的社会结构》（2000b）一书中关于住房市场的研究都可以看出来"。并且，"尤为重要的是布迪厄发展出了一种与嵌入分析模式及其分支方法具有同等功能的理论分析范式，即把经济作为一个场域（field）进行分析的思想，场域包含进行理论解释的所有内容。（斯梅尔瑟、斯威德伯格，2009：23）"这样理解的市场，在我们看来，市场场域的分析，它更注重对市场中所形成的一些更为深层次的一些影响市场行动者决策的变量，尤其是认为市场参与者在掌握不同资源的基础上所形成的一种市场的分层关系，占有资源者在与其交易的互动对象产生某种经济行为时，它所体现出的市场地位特征对其行为的影响，以及由占有资源的不同所折射出的一种"权力"关系，在场域的分析视角下能够得到分析与充分体现。

布迪厄与弗雷格斯坦的市场场域观

概念化布迪厄的场域理论，市场可以被定义为一个场域，场域由实际的和潜在的关系构成。每个场域都有自己的逻辑和社会结构，一个场域的结构还可通过它对占有资本不同的分配来理解。因为在布迪厄看来，"为了摒弃经济学的主导范式，我们必须为经济学推理建构一个现实的定义，这个定义产生于与场域有关的社会性建构的倾向和那个场域的结构（它本身也是社会性地建构起来的）之间的相遇。在这样做的时候，在扩展了理性主义的视角下，行动者和他们的行动空间的历时性构成"①。

在布迪厄的《经济人类学原理》这篇纲要性地阐述经济场域的文章中，其主要是从"场域的结构""作为斗争场域的经济场域""作为一个场域的企业""结构和竞争""经济惯习"和方法论上的"有事实根据的错觉"等部分展开讨论的。

在"场域结构"部分，布迪厄的观点主要有：

1. 企业行动者创造了一个行动空间——经济场域。行动者既受到场域的影响同时又构成场域，而行动者相关的影响力（能量）依赖于其他所有点以及所有点之间的关系，即依赖于整个空间。

2. 行动者的影响力取决于它的各种"力量"，有时候称作"战略性市

---

① 布迪厄：《经济人类学原理》，转引自斯梅尔瑟、斯威德伯格《经济社会学手册》（第二版），2009 年，第 89—106 页。布迪厄有关对"经济场域"的纲要性阐述体现在这篇迄今为止被大量引用的文献中，并且被认为是布迪厄关注经济和市场领域研究的最重要的文献。本节关于分析布迪厄经济场域观点的内容主要来自这篇文章中。有兴趣的读者可对其进一步阅读。

场资产"。它是导致成功（或失败）的差异化因素，并为行动者提供竞争优势。

3. 资本分配结构和成本分配结构决定了场域的结构，也就是说，它决定了公司实力之间的关系：那些掌握了较大比例资本的企业就对场域施加影响，也影响着那些资本较少（相对而言）的企业。即场域结构是由不均等的资本分配所决定的。

4. 占统治地位的公司对被支配的公司及其战略施加压力：借助采用最有利于维护自身利益的关于力量的定义，通过改变其他公司的整体环境，改变约束他们行动的或为他们行动可能空间的体系，占据统治地位的公司掌握了规章制度（有时候是游戏规则）的制定权。

5. 结构自行复制的趋势对整个场域结构来说是固定的：力量的分配通过各种各样的机制操控着成功的机会和利润的分配，比如规模经济或者"进入门槛"，这种进入门槛源自：新进者必须应对的长期性的不平等，或者是他们不得不遭遇的运营成本，或者是各种各样的"不确定性的削减惯例"——如管制价格、供货或贸易条款以及为其他经济代理人的潜在行为提供信息的机制，等等。

6. 在市场价格形成方面，场域理论摒弃了自由竞争占主导地位的市场中有关如何决定价格的抽象逻辑——自动的、机械的和瞬间时的价格决定逻辑，而代之以场域结构。也就是说，公司的权力力量关系决定了行动者怎样确定或协商购买价格（原材料和劳动力等的价格）和销售价格——通过在结构中所占据的市场地位，亦即通过占据影响价格形成不同机会来决定价格。

7. 认为场域理论与市场中"原子论式的机械主义观点"和"倡导相互交往（如貌似平等的合同制）的互动理论"相对立。场域理论认为行动者的经济实践和他们的"网络"的巨大潜能，首先必须依赖于行动者在经济场域这个结构化的微观世界中所占据的位置。

在"作为斗争场域的经济场域"部分，其主要观点有：

1. 力量场域也是一个角斗场，这是一个社会建构的行为场域。在其中，拥有各种资源的行动者为了能够交换和保存或转换当前占主导地位的力量关系而相互对抗。公司在场域中进行活动，就目的和有效来说，这些活动依赖于他们在力量场域中的地位，即在所有类型的资本分配结构中所占据的地位。

2. 公司策略依赖于特殊的权力结构，这些权力结构赋予场域以结构；并且在集中程度（即大量公司之间的市场份额的分布）的制约下，这些权力结构在完全自由竞争和垄断两极之间变动。在市场行业的绝大多数场域，竞争局限在少数力量强大、有竞争力的公司之间，这些公司不是被动地调整以适应"市场形势"，而是能够积极地塑造市场形势。

3. 场域围绕那些被称作"市场先动者"或"市场领袖"和"挑战者"之间的主要对抗，以相对不变的方式进行组织。占支配地位的公司通常掌握有主动权：它能强加最有利于自身利益的合适的游戏风格、游戏规则，进而能最有利地参与到游戏中，并使游戏延续。而对抗者无论做什么，它都被限制（主动的或被动的）在与此参照点相近的位置上。但来自挑战者的策略变动或市场位置变动的威胁，占支配的公司经常会采取不同策略来应对：通过尝试扩大整体需求来提高整个场域的整体地位；或者可以维护或提高它在场域内的已有地位（它的市场份额）。

4. 场域力量将统治者导向那些目的是不断强化自己的主导地位甚至使之永久化的战略决策。例如借助于它们自身的优越性和资历，巧妙地运用市场对其形成的符号资本以恐吓新进者进入，或者是运用其时间的杠杆力量让新进者或是挑战者付出惨重的代价，使其必败无疑的策略回应，等等。

5. 当然，在承认场域结构中的一种占支配地位公司的永久化策略运用而形成的固定结构，在"新的有效性者的出现会改变原有经济场域的结构"。这种情况发生在以下的几种可能：首先，采用新技术或者取得更大市场份额改变了原有各个公司的相对位置，也改变了由其他公司掌握的各种资本所组成的场域。这种情况的发生源自于新技术的使用，或者是在更大的世界经济场域中，这些公司借助于更大资本的合并而产生的，因此，"一个场域内的变化通常与那个场域之外的变化相关联"；其次，场域之间界限的重新定义必须要加入到那些跨边界的活动中：一些场域有可能被切割成多个小块，其中这些小块的"专业知识"细化到比原占有支配公司无法取代的地位使得其占领市场份额变得容易；最后，尤其重要的一个变量是"在所有发生场域之外的交换中，最重要的是与政府之间的交换"，公司之间的竞争通常采取获得政府权力的竞争形式——特别是制定法规的权力——还有赢得各种形式的政府干预优势：优惠关税、贸易许可证、研发基金、公共部门合同、工作机会、革新、现代化、出口和住房基金等。当然这期间，占支配地位的公司试图修改盛行的"游戏规则"以惠及自己，并且为了利用在场域的新状态下可以作为资本的各种特性，他们可以使用他们的社会资本对政府施加压力，让其修改游戏规则使其对他们有利。

6. 因此，在这意义上而言，"所谓的市场是相互竞争的行动者之间交换关系的总和，即直接的互动，这种互动依赖于（Simmel 所说的）'间接冲突'，或者换句话说，依赖于社会性建构的力量关系结构，场域中参加到这种结构中的不同行动者通过成功地施加的调整对结构有不同程度的贡献，尤其是利用它们所能控制和引导的政府权力"。

7. 另一个来自改变场域内部结构的力量还源自一些外部因素包括资源供给的转变。例如一些资源的发现——石油、矿产等资源的新发现、人口/结构改变导致的需求变化、生活方式的改变如互联网引发的新消费方式变化、速冻快餐和微波炉等的广泛被应用，等等。这些外部因素可通过这些力量关系逻辑对场域内力量关系施加影响，而给一些挑战者/新进者提供一种判断未来市场需求的优势。因为那些关注标准化生产的"在位者"很难满足这些因市场变化能及时满足非常特殊需要的市场需求，而这能给那些具有敏锐市场能力的挑战者提供市场机会，并在此基础上，根据其发展获得稳固的市场地位，并成为其后续发展的立足点。

在"作为一个场域的企业"部分，其观点主要有：

1. 价格或者任何其他活动的决策并不依赖于单个行动者，这是一个掩盖了发生在作为场域的公司内的——或者更准确地说，是发生在每一个企业都面临的独特权力的场域内——权力游戏和利益神话。

2. 企业策略（主要与价格相关）依赖于它们在场域结构中所占据的位置，它们也依赖于企业内部管理的基本权力地位结构，或者更准确地说，依赖于（社会性构成的）领导者的性情，这些领导者在一个公司内的权力场域或者在作为一个整体的企业场域的约束下行事。

3. 尽管企业内权力场的结构本身在整体力量场中享有相对自主性，

但仍然与企业在场域中的地位密切相关：一方面主要是通过企业资本额和其他资本额结构之间的一致性；另一方面是通过资本在企业不同领导者之间分配结构的一致性。

4. 企业内部权力场的演变说明了犹如"改变场域边界限制的力量的出现"，如新技术的运用以及一些对专业知识的控制使得独立经理人群体的出现，这个群体的出现也使得企业内部场域结构发生了变化。当然其中重要的是：经理人特殊利益与整个公司利益之间的一致性问题也是斗争的场域边界问题。

在"结构与竞争"部分,布迪厄主要认为：

1. 将场域结构考虑在内意味着，不能把为了能够与客户交易而进行的竞争理解为是定位于直接的竞争者的。在这个问题上，布迪厄借鉴韦伯提出的市场的"和平冲突"论——在讨价还价基础上形成的"利益的妥协"与怀特把市场看作是"自我角色再生产的社会结构"存在不同。在布迪厄看来，他们都"不是从内生于结构性位置的约束力上，而是在对其他生产商为所透露出的信号进行观察和解密的基础上，来探索生产商策略背后的原理"。

2. 因此，他提出，"事实上，重点是要使这种对策略'互动论'描述服从于对界定可能性战略空间的条件进行的结构性分析"。并且强调，竞争从来都不过是"间接冲突"（在 Simmel 的理解上），它并直接指向竞争对手。和其他场域一样，经济场域中的斗争不必受到进行破坏性活动的意图的激发就能产生破坏性的后果。

（作者梳理；这些观点参见布迪厄《经济人类学原理》一文中的阐述）

布迪厄关于"经济惯习"与"有事实根据的错觉"的部分，我们将在后面的"市场的建构结构"章节进行探讨，因为这涉及有关我们对经济行为在建构结构中的运用理解方面存在一些不同的看法。

这方面的工作，最近得到弗雷格斯坦的进一步推进。在弗氏对现有文献的梳理后提出了一种在他看来是"新的观点"，亦即其基本见解是将"有组织的交易（市场）视为一个场域。某一市场的社会结构是一种文化上的建构，其中支配者和受控者可以共享一套有关某些组织可以成为支配者的价值观之下。这类似于波多尔尼（Podolny，1993）所说的'地位等级'，企业之间的互动过程实质上是一个形成被参与者共同理解的文化的建构过程。支配者与受控者被锁定在一个'博弈'之中；在'博弈'之中，支配者的目标是再生产出他们的优势，而受控者的目标要么是直接挑战支配者，要么是接受一个较卑微的角色。在这个过程中，受控者也被重复地再生产出来"。在弗氏看来，市场场域理论的基本思想是："某一特定市场中的价格机制（即供求关系）往往会置市场中所有的企业于不稳定的状态之中。这是因为，价格机制促使所有企业以低于其他企业的价格出售物品和服务，这对企业财务的稳定性造成威胁。"（弗雷格斯坦，2008：64—65）

弗氏主要从"文化建构"的视角，说明了在位企业与挑战企业之间的一种"博弈"认识。并且从各企业所提供的"物品"与"服务"的价格竞争所导致的各企业因财务状况的不同而处在不稳定的场域边界争斗之中。并阐明了"各企业为彼此之间的行为制定框架"以说服在位企业不要发动直接的价格挑战，这种"框架"也确保进入市场场域的企业不要进行直接的价格竞争。在这个意义上，弗氏认为，"市场的社会结构从根本上说是权力系统"——凭借着权力系统，在位（支配）企业采取策略和方法实现自身稳定，并再生产出它们相对于挑战（受控）企业的地位。因此，从这个视角出发，弗氏进一步认为，"在顾客和供应商以及竞争对手之间形成的网络是为了解决企业面临的竞争和不确定问题"。进而，因竞争的市场实践存在，那么市场的建构将牵连到弗氏认为的两组相互关联的社会关系，亦即他所声称的"控制方案"：

　　1. 一个企业内部的权力斗争必须妥善解决。企业内部的权力斗争涉及谁控制着这个组织，企业的组织方式是什么，以及如何分析产品市场上正在发生的变化情况。

　　2. 在位企业和挑战企业中的行动者，必须对企业间现在所保持的关系，所具有的社会稳定化的作用有所认识。这种认识有助于行动者理解其他企业的行为，从而形成了企业间的互动结构。

（弗雷格斯坦，2008：65）

在这个意义上，弗氏把这种"控制方案"所涉及的企业间的社会关系看作是一种"控制观"——表述的是组织的性质以及组织与其主要竞争对手的相对位置。而且认为这种"控制观"还是一种解释性的框架，并凭借这种观念为组织之间的行动提供解释和辩护。"控制观"以两个方面在起作用：

一方面界定了在位企业与进入企业之间的社会关系本质。就此而说，控制观是对谁是强者及其为什么是强者的一套本土性的认识。

另一方面控制观还是企业领导者借以理解其他企业行为的认知框架。即是说，企业领导者会根据市场运转方式的这一框架，来理解竞争对手所采取的某一策略性行动。

在分析市场控制观方面，弗氏进一步分析了企业进入市场并能将其控制观强加给其他企业的一些策略选择：如与竞争对手合作的策略——卡特尔、价格公开、进入壁垒、限量生产、专利、特许协议、营销与生产方面的合资企业等；引入国家权力干预来限制竞争——进行管制、实施保护性法规等，以及企业可通过网络与主要供货商、顾客或与竞争对手建立起联盟关系，等等。行动者还可通过两种内部组织规则来间接控制竞争：一种是"一体化"——可以是垂直的（与供应商或客户的合并），也可能是水平的（与竞争对手的合并）；另一种是"在大企业内部，伴随组织部门的各种不同分工而出现的多样化"——如产品差异性经营的竞争优势、为分散风险和收集信息的联盟机制设定，以及采取与不同金融组织建立网络关系而能获得金融组合多样化经营，等等。

市场形成的过程经历三个阶段：出现、稳定和危机。弗氏在市场形成的不同阶段，因行动者在不同的控制观中其所采取的不同策略或策略组合，提出了一系列的命题：

1. 在新市场发展初期，规模最大的那些企业最有可能通过创立控制观和政治联盟来控制竞争。

2. 企业内部的权力斗争不仅仅限于谁能最好地组织公司，以应对竞争问题这样的范畴。斗争的胜利者会将他们的组织文化和规划施加给企业。

3. 国家可以通过有意或无意的行动，阻止企业创立稳定的控制观。

4. 新市场的"缺陷"部分地反映出这些市场还没有形成社会结构和

一种主导的控制观，亦即反映出市场参与者控制竞争的能力。

　　5. 新市场从邻近市场借鉴控制观；当来自其他市场的企业选择进入新市场的时候，情况更是如此。

　　6. 在具有稳定控制观的市场中，市场参与者就控制观以及控制观所旨的地位等级和策略达成了广泛一致。

　　7. 在位企业关注其他在位企业——而不是挑战企业——所采取的行动；挑战企业则关注在位企业的行为。

　　8. 稳定市场中的企业会持续运用具有统治地位的控制观，即使在遇到外部入侵或一般性的经济危机时亦是如此。

　　9. 当在位企业开始衰落时，市场危机就会出现。

　　10. 现有市场的转型起因于外部力量：企业入侵、经济危机或者国家政治干预。

　　11. 入侵企业最有可能来自邻近的市场，而不是有很大差异的市场。

　　12. 当企业即将破产时，组织内部的权力斗争会升温，导致高层管理人员跳槽行为的增加，以及董事会成员和非管理层股东采取更激进的行动。新的一批组织行动者试图按照入侵者的风格来重建企业。

　　在宏观方面，弗氏探讨的市场场域理论与国家层面的关系，主要是认为，"把市场视为场域，把场域视为与政府相联系甚至是政府的一部分的观点，既强调市场的连续性，也强调市场的变迁"。并提出相关的命题：

　　1. 市场结构的复杂性和市场规模的扩大，往往会对全社会的经济增长创造出更多的稳定性，而非脆弱性。这是因为，企业产品的多样化和整个经济的多样化，使企业和经济本身变得更加稳定。

　　2. 大规模的、多样化的经济体具有更强的稳定性，较少出现严重的经济萧条。这是因为，多样性使经济体对于增长的任何单一源泉的依赖减少，因而可能较少出现极端的波动。

　　3. 市场的复杂性导致了不同市场之间更脆弱的联系，而不是更紧密的联系。市场复杂性的总体作用是：特定市场中的衰退或萧条可能或影响邻近市场的经济状况，但这些影响很快就减弱了，并没有在整个经济体中传播开来。

　　关于"全球化市场"的观点，弗氏主要认为，全球市场与地方市场之间唯一差异，在于市场地理传播的范围。并且用国内市场的场域分析的方法也可应用于解析市场全球化的问题，并且提出了以下的命题：

　　　　全球市场的出现有赖于企业与国家之间进行的共同合作，创立交
　　易规则、产权（即企业能够取得利润的保证）和治理结构（即用以
　　参与竞争的方式）。一种假设是，世界贸易的增长创造了对这些能够
　　促进公司与政府之间进行更加广泛合作之协定的更多要求。
　　　　（这些命题参见弗雷格斯坦《市场的结构》，2008：63—93）

　　另外，关于弗氏提出的"市场即政治"——抑或认为"市场是一种
权力系统"的观点中，他还从产权——是那些对谁有权享有企业利润进
行界定的规则，并认为产权的划分是市场社会的核心；治理结构——是对
某一社会中竞争和合作关系以及公司组织方式进行界定的一般性规则，表
现为法律和非正式的制度性惯例等；交换规则——规定了参与交换的对象
以及进行交换的条件，如交换的重量、通用标准、运输、定价、保险、货
币交易（即银行）以及合同执行等方面的规则等，包括控制观这四个维
度说明了市场建立的社会结构，或者说与市场的社会结构有关的四个方
面。在分析市场建构的以上四个维度之后，弗氏提出了一种"政治—文
化"的方法对市场的社会结构进行解析，他并认为这种方法的优势在于：

　　　　第一，"政治—文化"方法的理论洞见在于，把市场发生的场所
　　叫作场域、领域、部门或组织化的社会空间。一般意义上，他借鉴布
　　迪厄的经济场域理论，把这些具有社会行动意义的市场空间称之为
　　"市场场域"，并强调场域内有集体的行动者，集体行动者试图在场
　　域中生产出一种"支配系统"，而需要达到这一目的，需要生产出一
　　种"地方性文化"来对行动者之间的地方性社会关系加以界定。
　　　　第二，这些地方性文化包含有认知的因素（它们是行动者的理
　　解框架），界定着社会关系，还帮助人们理解自己在一系列社会关系
　　中所处的位置。地方性文化一旦形成，场域内的互动就成了"博
　　弈"，即场域内拥有更大权力的群体使用公认的文化规则再生产出他
　　们的权力。这样的过程使得场域内的行动具有持续的冲突性和内在的
　　政治斗争性。

第三，它有助于将微观的与宏观的市场现象统一起来。场域理论明确地将市场和企业的形成同稳定性问题联系起来，并与此考察市场是如何变得稳定的。

第四，"政治—文化"方法解释了为什么在大多数的市场社会中政府仍然很重要，以及为什么存在着这么多的国家资本主义。

第五，弗氏还认为，用一种"政治—文化"的方法可解释自二战以来，发达国家成功地避免了经济萧条。原因在于用政治—文化的方法它能解释企业为避免萧条而将其"产品类型多样化"，并认为在大规模的多样化的经济中，市场之间的联系可能很弱，因此，他认为"特定市场中的危机不会传播很远"。且认为，尽管有可能遭受到由特定市场的互动引起的衰退或周期性动荡，但总体的"产品多样性"与"巨大的规模"促使经济变得更加稳定。

（参见弗雷格斯坦，2008：13—21）

总的说来，弗雷格斯坦认为，市场是社会建构的产物，它反映了企业和国家独特的政治—文化建构方式。在他看来，"市场的建立意味着产权、治理结构、控制观和交易规则等问题所达成的社会解决方案"。并认为，这种解析市场的政治—文化方法能够提供一种"一般性的市场解释原则"。在这种方法中，弗雷格斯坦总结了以下几个方面的观点：

1. 稳定的市场反映出了对在位者和挑战者进行界定的地位等级；

2. 市场领导者维持市场的社会秩序，并且发出如何处理危机的信号；

3. 市场中复杂的角色结构，通过行动者之间的社会关系（一般被称为网络）来运作；

4. 高度重视国家与市场如何互动，以创立一般性的规则，并借助这些规则，社会结构得以形成；

5. 提出的市场观，他认为使市场结构更易于观察，并将行动者的意图在市场结构的产生中所扮演的角色纳入考察范围，也有助于更深入理解企业在不同的市场条件下将如何行动；

6. 认为民族国家资本主义仍然存在的一个原因是，市场制度在每一个资本主义社会都有其独特的发展方式；

7. 并认为，这种独特的市场发展方式取决于资本家、工人、政治家和国家官僚，在刚刚迈入现代发展阶段之时，各自所拥有的制定并实施市场制度（产权、治理结构、控制观和交易规则）的相对权力；

8. 以上的这一政治联盟以及支撑它的那些规则，对于一个社会随后的经济发展具有极大的影响。这种影响以两种方式表现出来：其一，这些群体对地位等级进行了界定并试图借助国家支持它们的地位；其二，如果对某一社会的社会制度如何进行组织有所了解，那么就可以预见，新的产业将会依照现有的社会模式而出现。

（参见弗雷格斯坦，2008：92—93）

斯威德伯格对市场的理解以及对市场场域理论的看法

市场社会学的研究，相对经济学对市场的研究而言，还是一个非常年轻的领域。在梳理相关的研究基础上，斯威德伯格认为从市场深层次所关注的权力、市场地位和市场分层等视角对市场的社会学研究中，马克思、韦伯、怀特以及新近的布迪厄和弗雷格斯坦的作品具有代表性。在理解这些作品的基础上，斯威德伯格增加了"一些关于市场中利益角色的"新观点。

前面我们已经分析过马克思、韦伯和怀特对市场社会学的理解。其中，马克思强调市场"物物交换"背后体现"人的阶级关系"的市场观；韦伯从"市场竞争和利益之争"的角度探讨了"市场价格是经济斗争的观点"；怀特则从"市场是由各个相互监视的生产者组成的有形小集团"角度认为"市场是由通过参与者的信号交流而部分生产与再生产的社会结构所组成"。这其中，怀特的市场观虽有涉及对市场参与者身份的探讨，但因他更倡导的是一种在"互动理论"基础上所形成的市场观，他并没有更深地涉及市场中的政治意义，他其实被市场研究的另一学派"经济的社会网络分析"所涵盖。跟踪于对市场中的"斗争"问题的进一步探讨的则是以布迪厄的"经济场域"理论最具代表，而近期弗雷格斯坦对"市场场域"观的进一步推进，彰显了这种学术分析路径的理论图景。

　　在斯威德伯格看来，布迪厄和弗雷格斯坦并没有着重将"利益"这一重要的变量放置在市场的社会学研究中。他认为，将"利益"融入市场社会学的研究，它将有利于市场社会学的发展，并提出以下5个"市场与利益"相关的命题：

　　1. 市场独特的力量就是行动者自愿地利用市场来进行交易，其原因在于市场为交易者双方在交易后增加个人所得提供了可能性。

　　2. 在市场中一个行动者能获得多少利益取决于其对市场的依赖程度。

　　3. 行动者在市场中所获得的利益类型很大程度上取决于它如何定义利益的，是经济利益还是政治利益或者其他形式的利益？

　　4. 经济权力代表这样的一种可能性，即一个行动者能够通过提供金钱使其他行动者自愿地集中他们的精力去完成某一任务（不同于其他依靠权威或强迫而运作的权力类型）。

　　5. 政治行动者在市场中获取利益的多少，取决于其在市场中拥有资源的数量以及整个社会在多大程度上依赖市场。

　　[参见斯梅尔瑟、斯威德伯格《经济社会学手册》（第二版），
　　　　2009：265；斯威德伯格《经济社会学原理》，2005：98]

　　在如何将"利益"观念融进市场社会学的研究中，斯威德伯格研究市场的起点在于对"历史中的真实市场"进行类型学意义上的划分，即从外部市场、内部市场、商人市场、国家市场、现代大众市场、国家市场、劳动力市场甚或当代的电子市场进行分析。不同于布迪厄和弗雷格斯坦的"市场场域分析"的见识，斯威德伯格主要表现为对历史进程中的市场的角色投入更多的关注。斯氏认为，市场的社会学研究不仅需要论述"场域的社会结构"，同时还要关注"利益"。最后，斯氏提出了与"利益"相关的一些见解，即：

　　1. 人类社会中的市场在过去不同历史时期发生了改变；

　　2. 在历史进程中，不同的市场类型中所交易的物品也发生了改变，如劳动力成为一种非常特殊的商品可被进行交易；

　　3. 政治权威可能会促进市场的发展，但是在某些情况下，也可能会

阻碍市场的发展；

4. 利益有助于说明通过市场聚集的经济权力和不同于行动者需求的经济资源。

我们的理解：理论与经验研究中的修正问题

布迪厄的经济场域理论为我们规划了一个这样的理论图示：经济场域概念为研究更加关系结构化层面上的市场活动提供了一种不同于社会网络分析的框架。布迪厄的经济场域分析框架有助于理解行动者各类资本占有对市场中关系结构层面上调节市场中的分层关系，并提供了一种从社会位置/地位出发理解的市场其实就是一种被社会建构的权力系统。他通过对于各种行动者占有的资本在市场活动中如何进行理解市场运作及其运作的内部逻辑，提供了一种市场的政治经济学范式。

被概念化为市场的场域观，是建立在布迪厄以下的认识基础上的：市场在相互对立中发展出自己的同一性，而其对经济社会学特点的适当理解要求把它们置放在这种对立力量组成的更大的经济场域中去把握。市场场域指向一个市场中“冲突与斗争”的领域——这个领域是在市场活动发生时与具有掌握特定的有价值的资源类型的出现同时发展的，同时表明随着市场场域自主性的获得把市场参与者卷入到对于有价值的资源竞争的那种社会关系结构与过程，如何发生了市场封闭的逻辑形式——不同资源占有者在其中进行自身的再生产活动。市场场域理论比经济学上理解的“看不见的手”的市场配置方式要复杂得多。因为它从市场配置的这只“是谁的手”在进行市场实践的角度分析了市场中参与者具有的一种社会等级秩序的现实出发，阐明了市场中的结构化分层特征、等级化的位置观念、对于资源占有的竞争观念、权力与挑战这种权力之间的斗争观念和竞争者之间形成的“共享认知”的观念，这些观念都有助于场域本身的出现与发展，同时又能够形成其自身的自主性与场域功能的内在结构化机制。从这个意义上而言，场域分析比经济学对市场概念的把握具有一种相对于生产者—消费者组成的市场概念更加丰富。

布迪厄强调了“场域相对自主性的观念”，即在他看来，任何一个社会性的单元都可以把它视为一个场域，并运用其理论工具“场域”、“资本”与“惯习”对其进行分析与理解，但在某一个场域如何与另一个不同的场域之间进行相互影响的分析层面上，或者说一个场域如何与他认为的一个更大的场域之间如何影响的机制方面，布迪厄并未进一步提出有效的理解方式，这样布迪厄就赋予了场域的内部分析以优先性。

通读《经济人类学原理》一文，我们并未发现布迪厄关于"市场变迁"的相关研究。这与他强调的场域自主性以及场域功能的结构化机制相关。因此，我们认为：

1. 布迪厄提出的场域理论背景是对法国等欧洲一些国家的市场现象进行分析的，在市场机制比较完善的市场经济中，市场变迁的力量主要来自市场内部参与市场竞争的行动者争夺市场的"场域边界"使其自身得到再生产的，这个判断是对的，但对市场机制还不完善的国家而言，这个建立在"掌握资源而不断进行自我再生产"的判定，一方面它并没有给出国家制度层面对市场资源配置的重要作用提供分析；另一方面强调了场域内部的因占有资源的在位者不断根据自己的各种资本应用强化了市场的分层格局，显然，这种理论能为在位者提供辩护，但实际上社会发展追求的"公平"与"效率"的问题并没有置放在他的理论视野中，亦即国家权力对这种强化的分层模式所能提供的一种"公共物品"提供的机制问题，并没有在他的理论中得到体现；另外"场域自主性功能"所发展出来的一种市场的配置方式，是否具有市场"效率"的问题，布迪厄也并没有进行探讨。

2. 显然，场域理论更加关注连续性的问题，而不是变迁的模式。场域、资本及其惯习概念框架都是强调维护从过去延续下来的一种结构的分析，虽然在他的理论框架中有暗示场域斗争的边界问题，即场域的变迁来自惯习的掌握者与场域提供的位置之间错位而产生的，但实际上，有行动能力的市场实践者，如何在期望落空的情况下转化为一种改变自身在场域中的位置成为在位者的变化动力，并未得到进一步的阐述和提出有效性的令人信服的观点。

3. 布迪厄提出的经济惯习概念在行动与结构关系方面提出了一个实际上是把行动者重新带进社会分层的结构模型所体现出的一种后结构主义社会学范式的观点。关于这，布迪厄自称为"建构的结构主义"，但在"客观的机会内化为期望与主观的志向适应客观机会的"过程中，布迪厄把这种结构与行动二元的因素摆在"并列"的位置，他并没有更加具体地分析"在哪种条件与机制下，谁占优？"的问题。

弗雷格斯坦是追随布迪厄的场域理论，并将其应用于分析市场，同时他提出了一种与社会网络分析不同的"政治—文化"的市场分析范式。这种范式的提出在弗氏看来是能够解决市场社会学研究所面临的由他所提出的相关问题，即：

1. 稳定市场的必要条件中需要哪些社会规则和社会结构？

2. 在市场创立过程中，国家与企业的关系如何？

3. 市场中行动者的行动模型是什么？

4. 市场形成、发展与变迁的动力机制是什么？如何刻画市场中的各种关系？

5. 市场动力学对市场内部的结构化有什么一般含义？尤其在企业和劳动力市场中的情况。

针对这些问题，弗氏认为一种解析"社会制度"的方法，即他提出的"政治—文化"方法可对"社会行动"中所在的场所能给予回答，并认为这种场所即是一个场域、领域、部分或者说组织化的社会空间。从这个学理思路出发，弗氏把"市场"这种买卖交易行为的场所看作是一个"场域"，把市场参与者看作是一种"社会性的行动"，同时也认为"市场制度"即是一种"社会制度"。于是，弗氏就此嫁接了社会学理论应用在市场的分析之中，包括市场的国家理论、分层理论和权力理论等。并且在具体分析他所提出的五个问题中，他将研究组织、企业、组织变迁、经济与政治精英、政治经济学、经济发展、劳动力市场、比较资本主义以及法律等方面的一些学术观点整合起来。在弗氏看来，"政治—文化"的视角可以提供一个"通用的分析工具"，它可被用来理解一套特定的市场制度安排暗含着什么样的"社会权力结构"。其中，制度安排包含产权、治理结构和交易规则（包括法律和非正式的规则）；而市场中，由文化和历史形成的特定规则和惯例，弗氏称为"控制观"，它支配着市场中各行动者的社会关系，并被认为它也是"社会—组织"的工具：因为，它既是一种能反映企业内外组织等级/地位制形式与企业竞争技巧策略的"市场特定协议"，又是一种"地方性知识"的表现形式；它既是一种能体现市场如何运行与稳定的"文化属性"——理念与惯例的认同，同时又是一种能反映市场存在支配关系的"认知理念"；它既是一种"世界观"——它使得行动者能理解他人的行动，同时又是一种建构市场方式的"反映形式"，等等。因此，在这个理解意义上，弗氏认为构成市场的要件主要有四种：产权、治理结构、交易规则和控制观。

与符平博士商榷

符平博士在《社会学研究》（2010 年第 2 期）上发表的《迈向市场社会学的综合范式——评弗雷格斯坦〈市场的结构〉兼议其范式修正》一文中对弗雷格斯坦提出的"政治—文化"方法进行了修正，提出了一种拓展的"政治—结构"的市场社会学研究范式。主要理由是：他把弗雷格斯坦的"政治"意涵概括为两个方面：一方面是"国家基石论"——探讨宏观国家政策方面对市场的建构意义；另一方面是"政治过程论"——探讨市场内外关系运作的政治学过程范畴。在此基础之上，并认为："就政治—文化方法本身而言，政治维度是没有问题的。但这一方法中的文化维度由于仅局限于控制观的因素而显得过于狭隘，因而也很难说可以充当一种统一的综合范式。"并提出："如果将其文化的维度拓展至结构的维度，也就是用政治—结构分析替代政治—文化分析，可能要更接近于他的预期目标。事实上，弗雷格斯坦本人也是将控制观同时视为文化和结构要素予以看待的：'控制观一方面是正在构建着的新行动的文化模板，另一方面又是一套对行动的可能性加以限制的结构'（弗雷格斯坦，2008：124）。政治—结构分析范式中的结构，我们可以将其进一步区分为显结构和潜结构两种类型。"（符平，2010：222）在这里，符平从三个方面对他提出的"政治—结构"范式中的"结构"代替弗氏"文化"的概念作解：第一，认为"控制观"的文化概念过于狭隘；第二，认为弗氏对"控制观"的理解本身既含有文化的意思，同时也含有"结构"的内涵；第三，他提出一种可替代的"结构"概念——分为显结构和潜结构两个方面理解。进而，符平进一步对显结构与潜结构作出概念内涵的解。但在我看来，符平提出的"显结构"概念其实就是制度经济学中的"正式制度"——符平语："显结构是指那些规范和影响经济的、在外部形态上表现为客观且真实的正式组织结构和制度，如科层制、政治体制、经济制度与经济政策、产业结构、产权制度、行业协会等都属于显结构的范畴"；"潜结构"概念实指制度经济学中的"非正式制度"——符平语：

"潜结构是指经济生活中那些被经济行动者普遍认同和实践、集体特性很强、在外部形态上表现为主观而虚拟的要素，譬如经济惯例、经济习俗、经济理念、商业观、关系文化、未成文的行规、弗雷格斯坦意义上的控制观等等。"进而，符平在该篇文章中，包括他最近出版的著作《市场的社会逻辑》（上海三联书店，2013）一书中，大量着墨于从形态、生产机制、特征、约束方式、作用范围和实践逻辑等角度对显结构和潜结构作出不同的分类比较并进行案例的实际应用分析。

　　其实，在我们看来，符平对弗氏提出的"政治—文化"方法进行修正并拓展为一种"政治—结构"的范式是值得商榷的。因为我们认为：一方面，弗雷格斯坦提出的构成市场要件中的"治理结构"本身它就含有符平理解意义上的"显结构"和"潜结构"的意思。弗氏是这样定义"治理结构"的："是对某一社会中竞争和合作关系以及公司组织方式进行界定的一般性规则。"（弗雷格斯坦，2008：32）在弗氏看来，治理结构表现为两种形式："法律和非正式的制度性惯例。"其中，弗氏从市场中企业为何要进行竞争与合作从法律的角度一方面探讨了法律对特定经济部门的意义，如所谓的反托拉斯法、竞争法或反卡特尔法等对竞争限制的作用；另一方面从合作的角度探讨了"允许竞争对手之间进行广泛的合作"，如涉及对外贸易、进入壁垒、政府管制和国家设置关税与贸易壁垒等帮助本国企业对付外国竞争对手等方面。从企业内部组织形式角度也是对合法与非法的竞争方式的一种反应，如企业需进行"垂直一体化"以保证自身的供应，避免向竞争对手供货；企业通过收购市场份额实现"水平一体化"而建立起稳定的市场秩序；为避免可能出现的市场不确定性而进行的产品多样化生产；以及为应对竞争而与供应商、客户和金融机构建立长期的合作关系；等等。

　　同时，"治理结构"在弗氏看来，它还包含"许多非正式的制度惯例"——这些惯例在现存组织中以"常规"的形式存在，并能被其他组织中的行动者所利用。其中，弗氏从以下几个方面对他理解的"非正式制度惯例"作出理解：如"传递机制"——包含职业协会、管理顾问和职业经理人的换位流动；"非正式制度惯例"还包括如何安排工作组织（如多分支部门的形式）、如何起草劳动与管理合同和定位公司的边界等问题；以及"非正式制度惯例"如何判定企业行为的合理性；等等。总之，在弗氏看来，"治理结构"有助于确定"合法"和"合乎规范"的规则（可见，这已包含有制度经济学意义上的"正式制度"与"非正式制度"的含义，只不过其列举的事例并未从宏观的制度与细节的非正式制度方面做出事例的解析而已），并认为企业正是利用这些规则塑造自身及其与竞争对手之间的关系。

另一方面，弗氏提出的一种"政治—文化"方法，他其实是在更高的方法论层面渗透在他所提出的市场构件的四个维度之上。也就是说，在产权、治理结构、交易规则和控制观等四个方面，弗氏提出的"政治"与"文化"都是渗透在里面的，亦即这四个方面不管其确定的含义是什么，但是每一个维度都内含有政治与文化的理解。从这个意义上而言，弗氏提出了一种"政治—文化"的"方法"，而不是具体的市场构件的要素。但符平把"政治"与"结构"这两个不同层面的概念运用于分析市场，提出"政治—结构"的市场社会学的研究范式，并认为这是一个"综合性"的范式，在我们看来，我们与符平博士对弗氏作品的理解存在差异。

当然，与符平关于弗氏作品理解的商榷，并不是说弗氏的见解就是一种"一般性的市场解析范式"，通过对弗氏作品的阅读发现，他所提出的一些观点在他所在国家制度环境下——他一直强调的在资本主义国家中，对市场形成、发展与演变具有可解释性，但一旦这种"制度环境"改变，或者说时间维度发生了变化，他所提出的一些命题，显然值得我们对其进一步探讨。以下就我们根据他的理论应用与经验命题，并根据中国的市场商业实践特点，提出一些弗氏对中国的以及我们对其所提出的一些不同看法：

第一，在肯定弗雷格斯坦追随布迪厄的场域理论应用于市场分析时，能关注市场与国家的关系，并强调国家对市场建构的核心作用，同时还关注了在全球化背景下，市场如何运作以及市场稳定性的问题上有所创见。但他过度强调了"控制观"这种"地方性知识"对市场的形成、稳定与变迁的作用。弗雷格斯坦显然是在"资本主义制度"这个外在制度条件不变的情况下，对市场本身是如何被国家制度所建构的观点出发，同时应用他所声称的四个市场构件要素产权、治理结构、交易规则和控制观对市场如何形成、稳定和演变作出分析的。

第二，弗雷格斯坦所倡导的一种在位企业与受控企业之间所形成的一种控制观是市场稳定与促进市场发展的关键，这个观点在美国等一些国家中，是可以理解的。因为美国一些大公司中的股东大部分来自社会的公众，只要大公司这些在位企业存在并能良性发展，其社会性股民的利益就能得到保证。而中国的现实是没有形成这样的一种"社会化股民"的大公司存在，一些在位企业甚至成为一些利益集团的获利工具，如果说形成的一种控制观能强化这种市场现实的话，那么社会会走向更加的不平等，这显然对国家管理者而言是一个挑战性的问题。

第三，如弗雷格斯坦在《市场的结构》一书的中文版序言中所声称的那样："中国经验似乎对我们现有的经济发展理论之主要原理的一个巨大挑战。其不同之处主要体现在这几个方面：政府在经济发展中所发挥的巨大作用和持续的推动作用；治理各种交易的有效的法律制度还不完善；还缺少基本的政治制衡力量来确保经济增长的收益不被那些既掌控着政府又控制着企业的人所吸取。"这里其实涉及三个经济市场问题：中国制度背景下，国家对市场的强作用问题；地方性的一种社会关系文化模式对市场的影响以及市场运作在何种程度上仍依赖或困惑于这种中国式的文化模式，如市场中的"关系运作"等问题；政府寻租的问题，尤其是在中国当前还未形成一种政治制衡的力量以抗衡市场中存在的政府寻租问题，因为在弗氏看来中国目前竞争性政党、独立公会、高效的法庭裁判系统以及雇员行会等都还没有形成或完善。对此观点，我们认为弗氏的判断是具有现实性的。

第四，针对弗氏提出的一种观点："在那些经济制度完备的国家，政府干预显得不那么重要；反之，政府干预变得非常突出。"关于这个观点，当前是一个极难回答的理论与经验性的问题，尤其是来自中国改革开放后所取得的经济成就，以及2008年之后发生的以美国伊始而爆发的世界性经济危机的对比看，政府对市场的干预程度在何种程度上是有效的？显然到目前仍然是一个在继续热讨的大问题。因此，我们认为弗氏对此的判断显得有些武断。

第五，弗氏认为当前的资本主义社会中的市场为什么会出现"二战"以来一直处在较为稳定的状态，或者说即使出现的经济萧条也是在一定的范围内的。这个原因，在弗氏看来主要是：一方面，一种市场"控制观"

的存在强化了市场的稳定性；另一方面是在位者的一些正确的经营战略选择，比如产品的多样化生产、市场结构的复杂性形成，以及一些大规模经济体的存在，等等。在弗氏的分析看来，出现的局部或行业的风险能被复杂的市场结构的其他部分所消解，使它不会产生系统性的风险。现在，在我们看来，这个判断显然是不成立的。因为：

其一，市场中形成的"控制观"，因它有强化市场稳定的作用，但显然它无疑也有着一种路径依赖的难以变迁和创新的固有弱点存在；再说从"控制观"这种文化意涵上的解释变量去衡量一个市场的稳定性问题，只能在一定的程度上可以证明，但论证它是一种决定性的力量显然言过其实。

其二，来自经验的事实，使得弗雷格斯坦提出的市场稳定性的命题，即市场不会出现连锁性的经济萧条的命题受到了挑战。自 2008 年美国伊始的金融危机导致到目前为止世界性的经济危机爆发，弗氏建立在"产品多样化、市场结构复杂化和巨型规模经济体"能消解国内外、市场内外的经济危机的判断无疑已经没有理论的解释力了。

另外，来自斯威德伯格提出的"利益与市场"关系的一些在他看来市场社会学研究需要增加"利益"维度的观点，在我们看来，也是无须论证的。因为市场的研究显然是以行动者的利益为出发点的，不管这种利益是经济利益，还是其他的利益。再说，斯威德伯格认为布迪厄和弗雷格斯坦在研究市场时缺少一种"利益"的视角的观点，也是不尽然的。因为，显然布迪厄的理论基础或者说出发点就是行动者在一定的场域内争夺利益的过程；弗雷格斯坦也把行动者占据的物质利益放在首要的位置。他们虽然没有专门进行研究，无非是认为这是一个不证自明的问题，无须讨论而已。

以上是我们对市场关系结构中的另一种新近发展的"场域分析"理论进行了探讨。这个理论的渊源在于布迪厄提出的经济场域观点，以及之后被弗雷格斯坦所应用，并被细化研究和提出市场社会学的一些命题。梳理这些观点并对其进行探讨，发现把场域理论应用于研究实际中的经验性市场，显然，我们会得到一些在不同国家制度背景、文化模式和经济市场发展阶段不同而导致的一些不同于他们所研究的观点。鉴于此，下面针对我们所调查的市场实践案例，进行"场域分析"的应用研究，并最终提出一些本土化的市场商业特性的看法。

四　YF钢材交易市场的场域分析

市场场域的主要观点是：

1. 市场活动是市场参与者持有其自身特定的经济惯习在市场中的经济交易遇合；

2. 市场中存在因行动者占有不同的资源而具有在位者和受控者区分；

3. 市场场域是在承认市场分层与地位区别基础上的一种权力运作系统；

4. 市场是一个被值得去追求获取利益的斗争场所；

5. 市场结构的不稳定性或者说场域是一个不断被其中的行动者意欲改变场域边界的过程，其中行动者会根据自己拥有的资源进行自身的再生产；

6. 特定市场深受某一完整的经济场域的影响，等等。

（笔者概括）

也就是说，市场场域可被作这样理解，在一个市场的场域里，场域的关系结构包括了公司之间的权力关系，这些权力关系是通过他们所掌握的各种资本（经济资本、社会资本、文化资本和象征资本等——布迪厄对资本的划分理解）的联合来加以维持的。根据不同公司占据的不同资本，其中一些公司占支配地位，另一些属于被支配地位，公司之间充满着竞争。同时，在这个场域之外，国家层面或特定市场经营的商品产业链发生变化，这些因素都非常清晰地能反映在市场内的场域结构变化之中。市场就是一个场域，它就是一个权力系统。在这个系统中，拥有不同资源的行动者其所构成的相互关系是这个系统中的客观存在。市场的社会关系结构决定了行动者的行为特征，这个市场场域是互相竞争关系的行动者总和。行动者是根据在场域中的实际占有的位置、客观关系的社会结构而进行竞争的，在这种竞争中，行动者根据自己的经济实践而不断地进行自身的再生产。

YF 钢材交易市场中的级次结构

经过几年的开发与发展，YF 钢材市场俨然形成了社会学意义上的社会分层结构。在市场中，在位者有其本身的资本携入与资本积累，同时也是与市场同步发展起来的一个能影响市场中其他人的在位权力企业；而市场中的大部分企业因各种原因，如进场资本缺乏、经营不善等个人经商能力的区别，形成了市场中的受控企业。据我们所调查，YF 钢材市场中的企业级次主要有市场建设的经营者与管理者、担保公司的股东、钢材现货经销商、既是钢材现货商同时又是直接供货终端客户的"工地商"、"工地商"和"搬砖头商"等企业类别。

YF 钢材市场的场域型构特征是明显的，当前 YF 钢材市场入驻公司商户共有 186 家，其中不包括市场开发者和 YF 集团和承包合作经营者 5 个公司和上海 YC 担保公司的 4 个合营股东公司。这 186 家公司中，现货经销商 21 家，另有 9 家是既经销钢材现货又有自己的终端用钢客户；经营建筑工程工地、机械工厂等终端客户贸易商 123 家，其他小规模"搬砖头商"有 33 家。如表 5.2 所示：

表 5.2   **YF 钢材市场内企业型构分布**

企业经营性质 数量	在位企业		受控企业		
			现货商		
	市场开发商	担保公司	钢厂代理商/市场经营商	工地商	"搬砖头商"
股东/企业	5 家 + YF 集团	4 家	21 家 + 9 家 = 30 家	123 家	33 家

注：1. 数据来源于 2012 年 6 月的市场商户调查情况，以根据企业规模、市场地位以及市场中所形成的权力关系等进行类别划分。

2. 现货商既是在位企业又是受控企业，是因为相对市场股东与担保公司股东而言，他们在市场内需接受他们的统一管理，尤其是在融资担保资格方面受控于他们；但相对于市场中的其他企业而言，他们又是在位企业，因为市场中的其他企业需要到他们那里提货，尤其是存在"赊货"经营与需要给其他企业做银信融资担保的情况时。

资料来源：笔者自制。

　　YF 钢材市场形成了较为稳定的市场结构，除了市场和担保公司的股东之外，在市场里有做"现货"的商家——钢材物资直接从上游钢厂进货与二级经销商——从"现货"商家进货，并部分既经营钢材现货买卖，又经营终端客户用钢；"工地"供货商和"搬砖头"商——靠跑终端客户的信息，而自己资金不够，需到现货商处赊购进货后销往工地，及时回款赚取中间的差价，或者是帮助现货商经销钢材现货，从中提取一定的经销费用的人员或公司。YF 钢材市场的场域级次分明，不同的级次商在市场里占据不同的市场位置，并根据自己的市场位置采取不同的经商策略。

　　——市场经营者/担保公司：YF 钢材市场的开发商是 YF 集团下属的金属材料有限公司和承包合作经营的周宁籍股东 5 人（这个情况我们之前已经分析过，在这不再做叙述）。同时 5 人合作股东中的董事长又与另外一个合作团队经营上海 YC 担保公司，并为市场内的商户融资担保服务。周宁钢贸商有一个发展趋势，即拥有一定资源之后，就会选择去创办钢材市场和担保公司。其中，市场经营者和担保公司的"经济实力"很是关键：第一，具有一定的经济资本能够开发投入建设具有物流仓储功能的市场硬性条件设施和成立担保公司的资金条件；第二，有一定的经济实力，给银行融资作担保的信用是可信的，争取为市场的银信融资是可为的；第三，有为代偿商户融资出险的经济实力；第四，商户出现经营资金短缺时，市场经营者可提供短期拆借资金的能力，等等。具备上述经济实力的市场经营者其市场的"人气"就会"旺"。同时，市场经营者/担保公司的社会资源（布迪厄意义上的社会资本概念）是一个与驻场商户共享的资源，如与上游钢厂的关系、与金融机构系统的关系以及与下游用钢客户的关系，等等，也是一个市场的经营者是否具备竞争力的关键。目前钢材市场已发展成为物流、商流、信息流和资金流为综合体的市场运作模式，市场经营者的各种资源条件是市场能否稳定发展的关键。

　　——"现货商"：在钢材市场里，周宁县人把从钢厂进货的代理经销商或从市场直接"吃货"挣取市场波动差价的公司称为"现货"商。现货商需要较高的资金成本，目前国内钢厂一般对钢材经销商都采取保证金的代理制，即经销商从钢厂订货需沉淀一定的保证金，同时在竞争激烈的市场里，现货商一般又要给下游的二级销售商或工地商拖欠应收账款一段时间——根据不同的社会关系，拖欠时间不定。因此，现货商没有一定的资金实力是运作不来的。钢材是资金密集型行业，一般在市场里没有上千万的资金无法做规模现货。钢材二级销售商——即"吃货"商，是指那些资金规模不是很大，但有很强销售能力的销售商，主要业务是从钢材代理经销商处赊购或现款购进钢材，然后经销给"工地商"或赊销给那些他认为是信誉好的关系用钢户。二级经销商是从一级销售商那里根据市场的行情"吃货"的销售商，这些现货商资金用量一般有几百万元就能操作，但这种公司经营不稳定，主要是根据钢材市场行情的波动采取灵活的营销策略。

"现货商"是市场稳定的主要力量，因为：

第一，钢材市场的经营性收入主要依赖"现货商"钢材进出库的吊装费。2010 年，YF 市场的经营性收入是 2315 万元，其中，钢材进出库的吊装费收入是 723 万元。① 在 YF 市场里，收取吊装费用是这样规定的：进库的钢材在 30 天内，市场不收取保管和仓储占地费用；置放场地的钢材超过 30 天未出库的，按照 1 元/天/吨计。出库的钢材按照不同钢材品种收取不同的费用，如螺纹钢/线材类收取 23 元/吨、板材类钢材收取 27 元/吨、钢管类收取 25 元/吨（收费的标准是按照钢材市场长期以来形成的惯例，主要以占场地空间大小为收费标准）。

第二，进入"钢材现货"融资阶段的市场，收取"现货融资"的监管费用和担保费用也是市场经营性收入的主要来源。2010 年，YF 钢材市场一共给"现货商"提供了 4 亿元的钢材仓储质押银行融资担保。按照市场监管费用与融资担保费用的规定，在企业融资期内（一般是 1 年期的钢材质押融资），收取 3 元/月/吨的监管费用；收取的担保费用是银行授信额度的 1%，因此 2010 年，YF 市场共收取钢材质押融资担保费 400 万元。其中，市场货物监管费由 YF 集团下属的金属材料公司收取，因为银行机构给予它具有监管权而不是承包合作的经营方（5 人合作公司）。

第三，尤其重要的是，"现货商"的现货库存是钢材市场稳定经营的基础。一个市场的钢材"现货"是否足够多，它是市场能否良性运转的条件与基础，原因是：首先，银行"整体市场的授信"主要是看市场中

---

① 根据 YF 钢材市场经营管理公司 2010 年年度报表数据。文中关于市场的经营性收入等数据都来源于该报表。

的库存与流量而定，"无米煮不了饭"常是周宁人经营钢材市场的口头语表达；其次，市场中具有现货钢材是其他受控企业得以能"拿到货"的主要保证。在钢材市场里，受控企业经常要以"赊货"的形式向现货商提货，而这里面，牵涉"关系的信任"问题，在同一个市场里，因经常交往，信任关系容易建立。最后，进入市场的商户如我们前面已经分析过的那样，其实它就是一种"家乡网络"的构建，赊货是要有一定的信任关系才可以运作，或者赊货时需要市场中的其他能被现货商信任的第三方公司或市场的股东担保，等等。

第四，从文化认同意义上而言，市场中现货的库存量大，它能说明这个市场具有"活力"。首先，从实际经营情况看，它能说明这个市场具有对抗其他市场的竞争力，因为市场总是以"货物"为载体的买卖活动；其次，库存现货多能被理解为市场的经营者具有银行融资能力强的表现，尤其是在后期以融资为目的的经营模式中，经营现货是一种市场高风险的行为。再次，若市场中的钢材货物库存量大，一些受控企业在与顾客谈判时，能被"吹嘘"为一种"幻象"的经济实力表征。

——"工地商"：周宁人统一把钢材营销给直接大型用钢客户和零散终端用户的公司称为"工地商"。直接大型客户是指那些消费量大、直接用于其生产投入的最终用户，包括建筑公司、工厂、大型工程项目招投标采购等；而零散终端用户主要是指那些私人建住宅用户、小型工厂和修理厂等用户。

从钢材市场的企业构成看，如果说"现货商"是占主导地位的，那么"工地商"则是占主体地位的，YF钢材市场的工地商就占66.13%，而"现货商"才占16.12%。"工地商"是承接"现货商"与终端用钢客户的中间环节。当然，"现货商"中部分公司也经营"工地"，YF市场里，据我们调查有9家既是现货商同时也在供货经营大户的"工地"。现货商一般是在经营"工地"积累到一定的资金之后迈向经营"现货"转变的。当然，这并不是说，经营"现货"的就一定比经营"工地"的利润高，或者说他就一定是比"做工地"的资金雄厚。这里面还存在经营的偏好和经营的惯性模式问题。但总体而言，在周宁人看来，经营"现货"就是一种"有实力"的体现。如果说经营"现货"是资金雄厚的表现，那么经营"工地"要比经营现货复杂得多。经营"现货"主要是判断钢材行情的波动问题；而经营"工地"显然涉及更多的"权力、关系与地位"问题，主要表现在："是谁能拿到'工地'供货的资格？""怎么能拿到供货渠道？""在市场进入激烈竞争中，钢材供货商被逼采取'垫资'模式经营，那么如何判断用钢客户的回款能力？""在当前中国法庭裁决与执行低效系统中，如何能保证垫资资金的安全问题？""在资金缺乏的情况下，如何在市场中能得到现货商的信任，取得'赊货'资格？""如在建筑类钢材经营上，如何与开发商、承建商（建筑公司）、当地的质检部门以及工商部门打交道？——这个涉及中国钢材品种繁多与质量不一的现实问题。"等等。这些问题背后，不仅仅是一个"法律购销合同"的市场买卖问题，主要还牵涉社会学意义上的"关系运作"、"部门利益的寻租"以及"市场地位"等的问题。

"搬砖头"商：钢材流通中，经营现货的代理商可以直接从钢厂进货，手头有资金的可以判断市场行情从市场上"吃货"从而进行市场套利，而一些有终端客户资源却无法直接从事现货经营的小经销商则从现货商处赊批到钢材，卖给终端，赚取差价，俗称"搬砖头"。"搬砖头"是钢材流通的一种经营模式，由来已久。周宁刚出来经商的商人一般是从"搬砖头"阶段开始的，"搬砖头"者，勤劳、勤跑，一般的工地、厂房、机械加工厂甚至家具加工厂、船舶厂，等等，只要有用钢的客户之处都有"搬砖头"者的影子。周宁刚进场"做钢贸"的一般都是通过熟人、亲戚、同学等比较信任的人那里赊购钢材现货，再卖给终端客户，一般是一些规模比较小、拆散零买的客户——特点是量小、回款速度快，赚取之间的利润差价。这个就是市场中"搬砖头"商的生存之道。

"搬砖头"是钢材市场运转的润滑剂，是建立一个市场分销终端客户的渠道之一。"搬砖头"作为市场的一种商业模式，是比较适合中、小钢贸商的实际经营特点的，它通过社会关系网络得以生存，但同时也是现货商企业构架起经销的销售渠道，存在于钢材市场之中。"搬砖头"商经营的钢材品种与规模受控于他所认识的现货商，也就说，能从哪些现货商那里赊货、赊货多少、赊货时间等决定了"搬砖头"商的发展。

以上我们是应用类型学的方法把钢材市场内组成的公司进行分层层面的划分，主要是根据他们所占据的不同市场位置，或是在被内化为一种能相应地影响他人的市场地位而言，形成了一个市场权力系统。其中，根据市场经营者和担保公司它所能制定哪些现货商进行经销的品种、给予的融资额度以及制定市场内的收费标准等方面施行控制的；而"现货商"又是一个支撑市场是否能稳定发展的关键公司，在这个意义上，市场经营者与现货商又是一个相互依赖、共同发展的关系。在一些时候，现货商是决定一个钢材市场是否发挥市场作用的关键。在我们的调查中发现，市场经营者与现货商经常是一种"合谋"的关系，尤其是在"对付"银行融资的时候。后期发展的以"融资为目的"的资本运作市场，经常发现，市场经营者利用其"拉仓单"与"监管"的权力，现货商利用其有"现货库存"的优势，为取得银行融资，经常"勾结"在一起，出现了"虚假仓单"、"重复质押"等现象。这种现象无不以他们之间形成的"结盟"关系相关。因此，在这个意义上，我们把他们认作是一个市场中的"在位企业"。

另外，市场中经营现货的钢材贸易商毕竟不是很多，因为它对资金的要求很高，一般商户并没有这种经济实力去经销现货。同时，面向零散的终端客户，也需要大量的"工地商"存在，"工地商"与"搬砖头"商是一个市场能否最终把市场内的钢材通过他们销售给终端客户的关键流通环节。在此期间，因为市场普遍存在的"赊货"形式的商业形态，在决定"谁能赊到货"上，现货商就对他们具有一种"权力"关系。

这样，钢材市场就形成了一种各自公司因占有的资源不一样，在市场内体现出来的市场地位也就不一样。并且因存在这种分层的市场关系，他们之间为达成一种销售合同，其背后就会存在关系权力的运作。从另一层面上看，市场的稳定机制，犹如社会分层的稳定机制一样，市场中存在着一种"橄榄型"（两头小、中间大）的社会结构，这种社会结构是市场的稳定关键机制。由此，我们构建出钢材市场的场域级次结构，即市场的分层、地位与权力关系模型，如图5.9所示。

在位企业：稳定市场的力量

市场中在位者由于长期的商业实践，拥有较大的企业规模，与钢厂达成一种营销战略关系，它一定程度上拥有市场价格的定价权。到钢厂订货需要一笔沉淀保证金，这挡住资金实力不足的贸易商，如需代理宝钢的产品，一般商家需提交保证金500万—5000万元不等（根据营销能力而

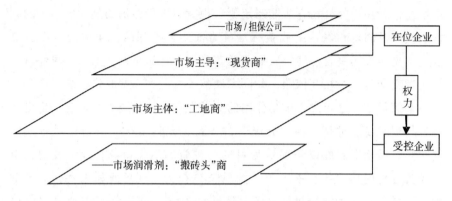

图 5.9　钢材市场的分层/地位/权力关系

资料来源：笔者自制。

定），这些条件只有市场中的在位者能有资金实力垫付，在位者常年一般拥有一定的库存量，并根据市场行情，具有一定的定价权，如上海西本钢铁企业（西本干线的钢材指导价，成为长三角钢材市场的价格风向标），在业内就具有一定的定价权。这些在位者掌控产品的界定，并采取行动致力于再生产出相对于他们较小的受控企业的地位，因而钢材市场是由这些在位者支配着的一种场域。

　　另外，在钢材市场中，因国内钢厂的集中度不高，上游钢厂的企业性质也能决定下游贸易商家的市场场域位置。市场中代理不同的钢铁品种，其在市场中的场域位置因而也存在区别，如现货商代理日照的钢材与代理大冶华鑫的钢材，在市场中的社会位置是有区别的，代理宝钢、沙钢、首钢等的钢材商家，在市场中，一种文化上的被认同感也就不同。上游钢厂的价格联动决定下游贸易商的价格波动，钢材市场中的在位者经常会根据商业市场的小范围进行联盟，尤其是在同一个钢材交易市场里。在同一个钢材交易市场中，在位者为使自己的企业得到不断的再生产，经常经销与其他的在位者不同的钢材品种，以差异化求自身再生产。

　　作为现货商的在位者经常是与开发市场的经营者存在一定的强关系。当前，钢材市场的运作，已经超越传统的物流仓储功能的市场，钢材市场与其说是物流仓储市场，不如说是资本运作的市场。企业发展到一定的程度，需要金融机构的融资以求更大规模发展。金融机构的钢材融资放贷模式，为使风险可控，要求市场经营者或担保公司给进场的商家做融资担保，市场并兼有货物监管的连带责任。因这种放贷模式要求，市场经营者或担保公司为考虑风险可控，一般都是给市场中的现货商提供融资担保——因其在市场里具有一定的钢材物资库存，另一种是被市场经营者看来具有"值得信任的社会关系"的人。一般情况是，这两类人经常是交互在一起的。

一个钢材市场的稳定是依靠诸在位企业的稳定经营。市场经营者扶持"现货商"，自然也就是使自己经营的市场收入与市场结构能够趋向稳定。市场经营者与"现货商"是共荣共损的关系。在 YF 钢材市场里，"现货商"通过市场经营者的融资担保，从金融机构得到资金，使自己企业不断得到强大，不断进行"在位"的再生产；而市场经营管理者通过做"现货"商家的稳定经营，不断提高市场的稳定收入与市场结构合理化，这能强化自己经营的市场实力，同时也不断地再生产出稳定的市场"领导"地位。

因市场经常处在市场价格变动，以及来自市场外的供需关系变化和场外商家的挑战，这种情况经常会使场内的现货商处在不稳定的经营状态中。为使钢材市场稳定经营，在位企业需要为彼此之间的经营策略制定框架以面对这种潜在的不稳定性。YF 钢材市场经营管理者规定不同的"现货商"需经营不同的钢材品种，以免造成同质化的过度竞争。如规定 RY 金属材料有限公司经营型材、RP 实业有限公司经营板材、XD 钢铁有限公司经营螺纹钢、YH 经贸有限公司经营中厚板以及 TC 钢铁有限公司经营线材，等等，而且又规定不同公司经营不同规格的钢材品种等。其目的在于制定一种制度性框架保护在位企业不要彼此发动直接的挑战，并确保新进入的企业不进行直接的价格竞争。这样理解意义上的钢材交易市场从根本上说就是一种权力系统；凭借这种权力系统，在位企业采取自己应在位的策略和方法实现自身稳定，并再生产出他们相对于挑战企业的地位。从这个视角看，在位者之间形成的结盟网络是为了解决在位企业所面临的竞争和不确定性的问题，市场经营管理者制定的制度框架也是为了使市场稳定而采取与企业在位者的联盟，以减少他们之间的竞争，这是使市场能够稳定发展的一种策略。

可见，在位者是市场稳定的助力器，在钢材市场里，在位的企业家被一种强联系的网络概念化，他们通过市场经营管理者这种在位者的帮助下——努力把资源整合起来并建立相应市场稳定的制度框架，以强化他们在市场中的"在位"位置。在这种经济情势下，在位者获取商业利润最重要的途径便是控制在位者间的网络交往和交流活动。

YF市场中，上海JK钢铁有限公司就是这样的例子：

> JK钢铁有限公司是一家原在YX钢材市场经营螺纹钢与线材的小规模现货商，由于与YX钢材市场的老板没有直接的亲属关系，也没有一种存在绕关系的朋友关系，YX钢材市场是上海最早的专业性的钢材市场，是周宁县人最早进入钢材专业市场的这种模式的先行者。像JK钢铁有限公司这种规模和"实力"的公司在YX钢材市场是很多的，一个月的跑量在1000吨左右钢材，公司的自有资金在300万—500万元左右，当然这不排除公司在民间有借贷资金。在YX钢材市场JK为使公司能进一步得到发展，但与该市场的老板没有"关系"，虽然在该市场已经营了4年，但得不到融资的担保服务。在得知YF钢材市场的市场开发者是其高中的同学之后，JK钢铁有限公司决定公司搬迁至YF钢材市场经营，由于JK钢铁公司的法人与YF钢材市场的股东们是高中的同学，且以前关系不错，在这种情况下，2009年，JK钢铁公司在YF钢材市场的帮助下，从银行取得了2000万元的企业贷款融资和500万元的个人贷款融资资金支持。但根据YF钢材市场的规定，JK钢铁公司不能在YF钢材市场经营螺纹钢与线材，因为YF市场里，市场经营管理者自己的公司和几个现货商已经在经营该品种了，而中厚板是YF市场的一个经营空缺，于是在YF钢材市场的制度框定下，改成经营中厚板。

（观察记录：20100615—JK）

受控企业：市场变迁的潜在挑战力量

市场场域是一个空间隐喻的概念，场域理论着重于场域空间中的客观关系，场域的客观关系是依据场中的不同行动者所占有的资本而进行界定的。构成场域的基本要素是场域中有在位者和挑战者——也称受控者，在位者与受控者是一种竞争的关系，在这种由资本或资本类型组合成而构建的社会空间中，利益与斗争是潜在模式的常态。把一个市场概念化一个场域，即是说明市场是存在一种竞争力量的实践空间。在市场中，市场上的资本分配反映着个体、群体以及机构之间的权力关系的等级体系。概念化的市场比经济学理解的市场更具有包容性，它强调市场中一种竞争的权力体系，作为一个空间的隐喻，市场里暗示着在位者与受控者之间的等级以及交换关系，可见，在位者与受控者之间在场域中的互动是由其在位置等级系统中的关系性定位塑造的。

　　场域概念化的市场，既是在位者统治控制的场所，也是受控者挑战和抵抗的场所，他们之间是相互联系在一起的。但场域理论并没有清晰地划定各种场域结构的边界，清晰地划定场域的边界是"实证主义的观点"，而不是源于对社会世界的关系性的观点，因为边界本身就是场域中斗争的对象。如在 YF 钢材市场里上海 YS 实业公司是一个受控者，但在江苏 QYF 钢材市场，其可能就是一个在位者。这样理解的受控者反映了我们的研究采取的是关系性逻辑，而不是甲就是甲，乙就是乙的思维，因为作为场域理解的市场，只是在一个场域中，他是因资本组合被界定为受控者，或许在另一钢材市场他就是在位者，这样理解的场域市场化的理论有助于我们理解更大的场域中社会位置层次的重要性。如 YF 钢材市场中上海 TL 钢铁发展有限公司，他在 ZQ 钢材市场是一个在位者的行动者，而在 YF 钢材市场，他只是设立一个分支机构作为销售的"点"而已。

　　但针对一个具体市场而言，受控者的社会位置是由其在场中的资本占有而决定。在特定的市场里，在位者与受控者围绕着特定形式资本而竞争着，其中最主要的是经济资本。另外，在钢材市场的运作中为使市场本身的力量更加强大，有时会增资扩股，尤其是与市场配套的担保公司——周宁人在钢材市场成立的担保公司基本上是互助式性质，这时，加入增资扩股的竞争是一种或许不是经济资本的竞争而是符号资本的竞争，因为在市场和担保公司持一股或几股未必有经济效益，但这种"加入"会增加他们在"圈内"的社会知名度，而且是进入"在位者圈子"的捷径。

　　场域是争夺合法性的竞争空间，场域是由在资本类型与数量的基础上形成的统治地位与被统治地位所组成的结构性空间（斯沃茨，2006：143）。在这里场域位置是由不平等的资本分配而不是位置占据者的贡献决定的。YF 钢材市场商户一共有 186 家，按照我们划分的基本方法，在位者只有 30 家，但整个市场运作，另外的 156 家其贡献也是很大的，因为市场的商铺位需要他们租赁，市场的氛围需要他们营造，更重要的是经营"现货"公司的钢材需要受控者的销售，受控者掌握着终端客户群，受控者也是提交当地政府税收最大的群体。但在位者是市场运作的稳定因素，在位者与市场经营管理者是一种联盟的关系，受控者的流动性大，而且市场的运转只要受控者在一定的范围内是可控的，其发展并不受到影响。YF 钢材市场的在位者都有通过市场经营管理者的担保而融资，离开YF 市场，在位者的资金链就会受到短缺的影响，因此，一般在位者不会轻易地选择离场，但受控者由于没有与市场存在融资担保与被担保的关系，而且受控者一般在市场内并没有现货的库存，当市场的办公成本攀高或是在位者的定价不合理，就会选择离场，经济经营是要靠个人的经济实践能力，对一个事物的理解，比如钢材物资的现货定价理解存在不同的接受感受，YF 钢材市场每个月都有一些新进者与离场者，但这并不影响市场的运转。

一个特定市场的发展一般存在三个阶段：发展、稳定与变迁。稳定的力量来自在位者的共同努力；而变迁的力量则来自大部分的受控者。市场的变迁总的说来向两个方向发展：要么市场的能级进一步提升，在竞争激烈的市场中普遍得到认可，进场的商户越来越多；要么是离场的人越来越多，市场处在被收购和兼并的前景里。市场变迁的这两个方向，市场中的受控者起着重要的作用。第一种情况的发生是由于受控者普遍感觉到市场经营管理者的商业政策是公平的，只要自己公司达到一定的规模，企业的效益是明显的，市场经营管理者在一定条件下会考虑扶持，比如向银行融资能得到市场经营者的担保支持等，市场经营管理者具有容纳受控者变为在位者的视野、心胸和信任感。而市场变迁向不同方向发展，其主要原因也来自场中受控者的不断离场，受控者感觉到市场的场域级次明显，是不可跨越的，市场的经营管理者与一些在位者守住既有的场中位置，没有从把"蛋糕做得更大一些"的思路出发，守住既有的利益，久而久之，还会滋生一种在位者的"霸气"，周宁人创办有 400 多个钢贸市场，受控者有大量的选择余地，在这种情况下，场中受控者自然会选择离场，使市场陷入恶性循环运作中而被迫变迁。

场域结构:一种"地方性文化模式"的理解

场域中企业之间的互动过程实质上是参与者共同理解文化的一个建构过程。如弗雷格斯坦认为的,支配者与受控者被锁定在一个"博弈"之中,在"博弈"中,支配者的目标是再生产出他们的优势,而受控者的目标要么是直接挑战支配者,要么是接受一个较卑微的角色。在这个过程中,受控者也被重复地再生产出来(弗雷格斯坦,2008:64)。即应用场域观理解的市场,场域中有不同的集体行动者,这些集体行动者试图在场域中生产出一种支配系统,而为了达到这种支配的目的,需要生产出一种地方性文化模式来强化这种对支配系统的认知。这种认知模式,弗雷格斯坦称为"控制观"。

市场行动者,随着自身的市场实践、与其他行动者的互动中,形成了一种潜移默化的"位置结构的文化认知"——这种认知是行动者理解市场场域的认知框架,这种认知同时界定着行动者的社会关系,这种认知帮助人们理解自己在市场中所处的位置。这种产生于市场场域中的文化认知模式使得行动者能够理解与其交往的其他行动者所采取的行动意义。从当前行动者在市场中根据其自身所拥有的资本看,有存在获取最多利益的在位者,而那些获益较少的行动者是受控者。这种地方性的文化一旦形成,市场场域内的互动就成了一种"博弈",即市场场域内拥有更大权力的在位者使用场域内公认的文化规则——包括市场经营管理者规定的制度规则以再生产出他们的权力与利益。如 YF 钢材市场为了提高经济效益,需要银信贷款的商户(通过担保公司担保贷款的)在交给市场规定的担保费之外,另外还要上交"虚拟吊装费"——规定:按照融资敞口的 60% 折算成当月的钢材价格需每个月流转一次货物(虚拟计算,若有真实的货物进出库,则可抵消),收取 15 元/吨。驻场商户经市场与担保公司的两层加费,其实商户的融资成本比银行系统出来的一般在 2.5 倍左右。要经过担保公司担保的这种模式,使 YF 钢材市场利用其与金融机构的关系,掌握着融资的重要环节,这让受控者受控于市场的经营管理者,同时市场经营管理者也通过这种方式不断地再生产自己的企业。

这种模式也得到相关部门的认可,金融机构是首肯的,在金融机构看来只要市场是有"实力的",放贷给市场内的商户贷款经市场经营管理公司或担保公司的担保，风险才是可控的。可见，一种地方性的文化认同是社会关系中集体行动者一起构建出来的。在创办钢材市场的周宁人都有共同的感受，当地政府部门一般要求开发市场的经营者需要购买土地，只有能够买土地，政府部门才认为开发钢材市场的老板是有实力的，银行金融机构更是如此认为。其实从土地利用的优化配置看，开设一个专业市场完全没有必要购买具有产权的土地，租用是最合理的，降低企业运作的成本，而且根据开发钢材市场的地方经济发展，一定阶段之后当用钢量不足时，就是钢材市场撤离之时。但由于长期以来形成的一种观点认为，从事钢材贸易的"老板们"都是有实力的，钢材贸易是资金密集型的产业，在这种文化模式认知下，更加强化了市场内行动者的场域级次感。另外，市场中的在位行动者是通过与其他的生产商、重要的供货商、下游客户、政府和金融机构建立稳定的关系，从而主导着市场的支配地位。在位的某一市场开发商行动者是对其他受控企业行动者的所作所为作出反应来充分利用自己的支配地位。而居于受控地位的企业只有通过在市场中找到商机或者模仿在位的企业，来适应某种特定市场中的主导逻辑。

　　一个特定市场就是被市场中集体行动者所建构的特定社会关系和特定地方性文化的共同理解过程，在互动的过程中如何通过解决竞争与合作的主要问题和控制场外如国内外政策对产业的影响、产业本身的自发自觉调整等种种不确定性来建立稳定的市场场域。一个稳定的市场型构意味着，市场中主要参与的行动者能够再生产出他们的企业。在 YF 钢材市场里，我们调查发现，"努力促进其企业生存与如何往市场中场域级次高一层的人"取代了"谋求利润最大化的行动者"的经济学解释。如自 2008 年金融危机以来，出口国外的钢材萎缩，国内经济处于调整期，尤其是钢材产业的特征，如产能过剩、钢厂对下游贸易商的强势特征，而终端客户又需要"流通商"一定的垫资资金等问题，经营现货的商人其利润是微薄的，甚或出现"一旦经营现货就亏损"的状态。2009 年，作为经营钢贸商的贸易企业基本处在"中间环节的尴尬"境地，钢材价格信息的高度透明化，使钢材贸易商处境艰难，利润微薄，经营"现货"的利润在市场稳定期一般也是每吨 20—50 元不等，这还不排除钢材价格的波动，钢材期货的推出更加剧了现货市场钢材价格的不稳定性。但市场中的"工地商"或"搬砖头"商的经营户，都努力往做"现货"的方向发展，究其原因，用他们的话说，"做现货就是做名声"，"名声"何意？即是在市场中能得到其他行动者的认可，更重要的是得到市场经营管理者的认可，做"现货"就是处在市场中在位者位置的需要。这就是钢材市场地方性特定文化模式的作用而形成的一种商业态势。

地方性文化还体现在市场场域中，如何寻求与竞争对手、供应商和其他相关行动者的稳定互动。这种稳定的场域在于在位者如何制定一定的价格——这样的价格能使企业生存下去——销售产品和服务。在市场里，所有的行动者在生意上的策略许多都是为了能够创造出稳定的场域关系，尤其是与竞争对手之间的社会关系。这些关系的创立界定了市场的运作方式、企业行动者所处的位置以及行动者会怎样理解其他行动者的行动。在位者与受控者的策略是不同的，在位者企业如何利用他们的地位所具有的权力，采取策略不断强化他们的"在位"位置；而挑战者即受控者是想要让自己的企业生存，就必须在既存的社会关系中找到一个位置。

总之，市场生产出来的地方性文化界定了"谁是在位者、谁是受控者"以及其中形成的原因（即市场的场域结构）；地方性文化还规定了特定市场中的竞合关系是如何展开的；这种地方性文化还为行动者提供了一种认知的理解框架——用以解读其他行动者所采取经济行动的意义，等等。

企业进行自身再生产的资源：资本与资本兑换

这里理解的资本概念，是遵循布迪厄理解意义上的——即是把资本概念扩展到行动者在其社会关系中能影响行动者自身位置的一切权力形式——不管是物质的、社会的、文化的还是符号的。在这里，使用"资本"术语是经济隐喻上的，这也是布迪厄与其他绝大多数学者使用"资本"术语不同的地方。社会中的各行动者凭借其所掌握的各种经济的、社会的、文化的或符号的资源维持或改进其在社会经济秩序中的地位。也就是说，这些具有"社会权力关系"的资源成为在场行动者的争夺对象时，它们就是资本了。经济社会活动中，行动者会根据自身掌握的权力资源形式，在一定条件下通过一定的比率可以相互转化。实际上，也是行动者在一定的条件下以一定的方式利用其自身的资本积累策略、投资策略以及以各种形式的资本进行转化策略，进而进行自身在社会经济中的再生产——维护或强化自身在经济社会秩序中的位置。

布迪厄的资本概念指的是行动者的社会实践工具，抽象地说，资本是累积的可能是物质的也可能是身体化的劳动，资本是一种镶嵌在客体或主体结构当中的力量。任何资源，凡是可以作为一种权力的社会关系来发挥作用，都有可能成为资本。而资本之所以为资本，是因为具有产生利润和复制自身的潜在能力。布迪厄认为，对资本的分析要与具体的场域联合起来考量，资本取决于场域游戏的存在，它是特定场域竞争的武器，又是竞争的厉害所在。布迪厄如是说，资本是积累的劳动（以物化的或"具体化的"、"肉身化的"形式），当这种劳动在私人性，即排他的基础上被行动者或行动者小团体占有时，这种劳动就使得他们能够以具体化的或活的劳动的形式占有社会资源。资本是以同一的形式或扩大的形式去获取生产利润的潜在能力，资本包含一种坚持其自身存在的意向，是一种铭写在事物客观性之中的力量（布迪厄，1997：189）。布迪厄认为资本主要有四种形式：即经济资本（货币与财产）、文化资本（尤其是教育资历）、社会资本（主要体现为社会关系网络，尤其是社会头衔）和符号资本（合法性）。资本的特性是：资本与权力是相连的，一个人拥有资本的数量和类型决定了他在场域空间中的位置；各种资本之间存在相互转换的可能性；以及经济资本是具有决定性的力量等。

分析布迪厄的资本概念，我们发现，其资本概念像是植根于马克思理解意义上的某种劳动价值论——"资本是积累的劳动"、"衡量各种形式的资本的普遍等价物是劳动时间（在最广泛的意义上）"（Bourdieu 1986a：241 \ 253）。但布迪厄的资本概念侧向于一种社会秩序中的权力关系。资本代表着"控制过去积累的劳动产品的权力……并因此控制使特定类型的商品生产成为可能的机制，控制一系列的收益与利润"的权力（Bourdieu 1991c：230），即把资本看作是以它们所体现的劳动量的差别为基础的权力关系。而恰是这种权力关系构成行动者在社会秩序中的位置。

——经济资本：在一定的社会空间（场域）内，行动者拥有的资本是其社会秩序位置的一种判断。其中经济资本是布迪厄理解所有资本类型之中最为关键的一种资源占有形式。当然这样理解的布迪厄，他并不是经济决定论者，虽然布迪厄承认，"所有的社会实践都被还原为程度不同地受到调节的或隐蔽程度不同的物质利益的游戏"。但其本人对他者的批判认为他有经济实用主义的定向，布迪厄本人是通过他的调查案例研究否认了这种判定。比如，布迪厄早期对北非农民社区的研究——严厉反对前资本主义殖民社会的不发达与变迁所作的经济解析；对卡比尔农民的研究也表明他对经济资本的理解，即否认了各种形式的经济决定论。当然要理解经济资本与其他资本之间的关系，需要把它放在一个场域的关系性思维中去理解，尤其是资本与"惯习"的关系问题，关于这个问题，我们将在后面的章节中讨论。

对经济资本的理解可承接经济学的传统理解。但经济学的资本概念也是一个宽泛的概念。"资本"概念在经济学中虽常被使用，但也是最容易引起歧义和争执的地方。布迪厄场域范畴中的经济资本主要指"财产或货币"，这种定义虽然较为直观，但偏向简单。我们稍微对经济资本的含义进行整理发现，有代表性的见解主要有：1678 年出版的《德佛雷斯词典》，它最早把资本定义为产生利息的"本钱"，这与资本源于 caput 一词相关，是用来表示贷款的本金，与利息相对而言；古典经济学的创立者配第在其名著《政治算术》中将资本视同于流通中的货币；把资本视为资本品（实物资本）——如休谟最早确认了资本除了包括代表物（货币）外，还应包括被代表物（财货）；李嘉图认为，"资本是国家财富中用于生产的部分"；新古典代表人物萨谬尔森认为，"资本一词通常被用来表示一般的资本品"；重农学派的主要代表性人物杜尔阁认为，"资本是积累起来的价值""是可动的财富"；斯密认为，资本是人们储存起来取得收入的那部分资财；新古典学派的创始人马歇尔认为，以个人看资本是期望获得收入的那部分资产，从社会观点看资本是生产收入的收入；奥地利学派主要代表人物庞巴维克认为，资本是"生产出来的获利手段"，或者说"资本是用作获利的生产出来的产品集合体"；瑞典学派的创始人维克塞尔认为，资本是"被生产的生产手段"；马克思对资本的定义，主要是从揭示资本主义制度灭亡的剩余价值学说角度，认为资本是带来剩余价值的价值，同时也认为资本不仅是物，而且体现着资本家与工人之间的剥削与被剥削关系，等等（吴强，1993；马广奇，2007）。

为了研究方便，我们所说的经济资本，是经济运行过程中主要以货币形式存在的、有待进入实际经济过程发挥职能作用的资金。在当前市场活动中，经济资本就是通常我们所说的"本钱""资金"——主要以货币的形式出现。钢材贸易是属于资本密集型的产业，面对的上游是具有代理门槛高的钢厂，下游是需资金垫资的"工地"。如何筹措"本钱资金"是进场者首先考虑的问题。周宁钢贸商的"资金本钱"一般来自以下三个方面：

——自有/家庭资金：在 YF 市场，大多数的公司都是家庭式商户，其自有资金是其全家成员在长期的经营生产中积累下来的。周宁人在上海的钢材贸易生意改变了远在福建山区父老乡亲的观念，一般家庭都愿意把几十年积累下来的积蓄拿出来给自己的子女、亲属到上海经营钢材贸易。CMJ 商户就是一例：

> 我是 2001 年到上海来做钢贸生意的，那年我从家里拿了 8 万元出来。那时对于周宁县来说，在没有家庭经商的背景下家里能够拿出这么多钱是相当不容易的。我爸是一个乡村的赤脚医生，在当地有一定的知名度，我那乡村很小，常住人口只有 300 人不到，远近的乡村当时都没有公路可通，邻近的乡村有病人，一般都需要亲自上门就诊，也是天亮就出，天黑才回的就诊生涯，在那山村，我们家在经济上属于相当宽裕了，几十年下来就剩了被我拿走的 8 万元钱。经过几年的经营，现在虽然手头上有百来万在操作，但有部分资金是我两个姐姐的家庭积蓄以入股的方式一起做的。
>
> （访谈记录 20100608—CMJ）

另一种自有资金的筹措方式是家族式的项目合作方式。YF 市场的 YJY 商户，以家族商户的方式筹措资金便是典型。

> 我们是一族人，亲连亲，5034（YF 市场的商户门面编号）是我老婆哥哥的公司，他与他的堂哥办公在一起；5033 是我妹夫的公司；5032 是我姐姐与姐夫的公司；5031 是我和我妹妹经营的公司。我们都是从家里积蓄的钱拿出来做生意的，原先，我是我们县一所中学的老师，目前出来快 3 年了，我的父母亲都是中学的教师，出来的那年，我自己的积蓄加上家里拿了一些，开始做生意的。我隔壁的亲戚基本都是相同的情况。在接到一个"工地"项目时，需要资金比较

大，我们几个亲戚就凑在一起商量如何合作，使这个"工地"能拿
下来做。

（访谈记录 20100908—YJY）

市场里还有一部分是个体商户，他们自有资金本钱是很有限的，一般
是经过个人几年下来的打工积累的钱。不过，YF 市场目前比较成功的几
个"现货"老板，当时就是靠打工十多年积累下来的积蓄开始自己做生
意的。其中 HW 金属材料有限公司的老板是这样说的：

> 我是周宁人出来比较早的一批人当中的一个，20 世纪 90 年代初
> 我就出来了，93 年我在一个初中同学的介绍下，到这位同学的叔叔
> 的公司做"送货工"——当时的公司大多数是一个沿街的门面，没
> 有物流配套，所以钢材货物一般需要"三轮车"骑送，当然货物量
> 大一点的可叫小货车之类的——作者解析。我出生在周宁县的农村，
> 父母早逝，初中未读完就辍学，记得当年，一个月就是 300 元，不过
> 还好，我们那里的人出来务工，都是包吃包住的，后来，随着经济的
> 发展，工资也提高了不少。到 98 年，我积累了一定经验，加上几年
> 的积累，并筹借了将近有 10 多万，那年刚好一个偶然的机会认识了
> 一个房地产开发公司采购科部门负责人，我生意的第一单就是从那时
> 开始做的。

（访谈记录 20091129——HW）

——民间借贷资金：借贷资金是钢贸商筹措资本金的一个重要来源。
民间借贷是钢材市场里商户融资的主要方式之一。民间借贷是没有经过金
融机构许可，借贷双方依照双方的口头约定或文字契约进行借贷的行为，
是亲朋好友之间互助式的一种经济行为。民间借贷一般是在"熟人"的
圈子里发生的，"只有熟人借贷出去的钱才会放心"，这是借贷人的普遍
心理，借贷信任在中国只有发生在"熟人圈"。在 YF 市场，只有那些经
营现货钢材的公司能在市场的担保情况下，从银行融到资金，银行一般要
求钢材货物的质押率为 60%，举个例子，商户要融资 600 万元，市场里
必须有 1000 万元货物价值的钢材，而且货物必须接受第三方监管公司的

监管。企业融资的要求是很高的，一般商户是难以达到银行的要求。经营资金密集型的钢材需要资金量是很大的，因此民间的借贷行为在钢材市场里是一种非常普遍的资金拆借现象。民间借贷一般发生在以下几种情况：（1）向金融机构融资时的保证金部分、货物进场的筹措等；（2）银行金融部门还贷时间到期，而企业流动资金不足的情况下，需民间借贷；（3）"工地"项目比较大，且垫资较多的情况下，根据经济计算，在垫资时限内，扣除民间借贷的利息还有利润的情形，等等。可见，民间借贷是金融机构对中小企业有效供应不足的前提下，提供了一条中小企业经营所需的资金渠道。

民间借贷利息一般要高于金融机构的贷款利息。主要是因为民间借贷的风险系数要大于金融机构的贷款，民间借贷无论是口头的还是文字契约的，其履行都存在不确定性，对于贷款方而言，如果利息不高于银行的利息，其收益与风险就是不对称的。

民间借贷是钢材本金和以后扩大经营规模的重要来源。YF市场内DS实业有限公司"老板"就是一直借贷经营过来的。

ZXQ是到YF钢材市场里最早的一批商户之一，自YF钢材市场创建以来他就进来了，也就是那一年，2004年，他从周宁县的税务局下海。在周宁县，ZXQ工作了有两三年了，自己也积累了一些资金，但自有的一些资金在经营钢材行业而言是远不够的，尤其那年他经朋友介绍接到一个上海一项基础设施建设的项目，用钢量比较大，而自有资金是不够的，他说记得那年，他基本上是在民间借贷的日子里过来的，他说，手头上有一个比较好的，也就是说回笼资金有保障的项目，向亲戚、朋友借贷，别人还是比较相信的。他说那年除去利息和一些费用，是赚到了50万元左右。

（观察与访谈记录20090807—ZXQ）

当然，有些经营不善或是"生意运气"不太好，而要靠民间借贷的商户，其压力是非常大的。ZN公司的老板CMH就是这样的例子：

CMH"老板"，也曾是周宁县的一所乡镇中学的教师，2006年

"下海"的，2005—2006 年，中国的宏观经济比较好，钢材行业比较景气，那两年，从周宁县辞职到上海经商的人士很多，其中包括CMH。他说，他教书几年没多少积蓄，就是靠同学在上海比较多，那年看着大家来上海，自己在家里也待不住了。主要是靠民间借贷经营公司的，2006 年，是接了一个房地产开发的项目，但这个房地产商是个不怎么讲信用的人，那年整整垫资了 300 多万元，一年后钱是拿回来了，但资金基本上是民间借贷的，利息很高，那年其实亏了40 万元左右。由于刚出来就要背负一笔亏损资金的压力，他说这几年他的压力很大。

（访谈记录 20100308—CMH）

——银行融资资金：资金短缺是企业发展普遍存在的情况，尤其是中小企业，如何筹措到资金摆脱企业发展过程中的资金紧缺困境，保证企业的正常经营是中小企业急需解决的问题。YF 钢材市场里能够通过市场的担保和市场配套的担保公司的担保而取得银行融资，这种资源的竞争其实就是一种"社会关系"运作的表现。

当然，YF 钢材市场内钢贸企业融资难的原因，其自身的融资条件也是主要的。如进驻市场的商户都来自周宁县，文化素质偏低，有很多是"刚放下锄头，卷下裤脚"就进入钢材贸易这个圈子；家庭式的经营商户居多，家长意志强，管理不规范，缺乏健全的财务管理制度；企业经营随意性大，缺乏长期发展战略，发展后劲不足，等等。中小企业融资难，另外，也是我国银行金融机构方面的问题。我国银行业的主体是国有商业银行，扶持国有经济的发展是国有商业银行的重要准则，而民营中小企业不属于扶持重点。用制度经济学派的交易成本、信息不对称和制度变迁视角等逻辑来解释，中小企业融资难是金融机构制度安排的结果。再者，中小企业融资难更是体制性因素的限制。当前受金融管制与制度的制约，如在上海，担保公司的主管部门到目前还没有一个清晰的界定，市政府金融办与财政局中小企业办出现"谁都管，谁也不管"的现象，同时注册或增资到一个亿元以上的担保公司又要国家发改委审批，等等。这些制度性的管束和制度供给不明确也阻碍了中小企业融资服务中介机构的发展。在YF 钢材市场，有市场组织建立的一个互助式的担保公司，笔者在调查的一年时间里，该担保公司经过"千辛万苦"的筹备工作和公关工作，终于在 2009 年度取得授信 2 亿元。YF 钢材市场担保公司注册资金是 1.5 亿元人民币，基本上是市场中的在位者自筹资金投资组建。民营企业的互助式担保机构普遍存在贷款担保倍数较低的问题，这无疑增加了贷款商户的融资成本。

YF 钢材市场，在 2009 年之前，虽然已经经营了将近 5 年，但效益一直不是很好，主要原因在于没有"融资配套"，在上海的钢材市场自从国家扶持中小企业融资的政策出台后，钢贸商一直在寻找融资模式，尤其是 2005 年之后，上海钢贸商的融资模式基本得到在沪银行等金融机构的普遍认可。当前钢贸商融资模式主要有：（1）钢材货物质押模式。一般是钢材质押率的 60%—70% 贷款给商户，第三方监管公司监管，市场提供担保和货物监管连带责任，再加商户 5 户互保的模式。（2）银行风险保证金加市场贷款商户仓单质押模式。一般银行需要保证金 30%—50%，5 户互保，以银行承兑汇票或流动贷款的方式。（3）担保公司提供的信用贷款担保模式。这种模式又分为公司贷款和个人贷款两种。若是公司贷，则需提供公司背景的固定资产抵押或者一定的钢材物资质押，5 户互保；若是"个贷"，银行对融资商户的要求不是很高，但对担保公司的资质、担保偿还能力和风控措施要求很高，一般是要求担保公司的风险保证金账户需有贷款额度的 20%—30% 保证金，贷款商户 5 户对银行、担保公司和所在的市场提供互保担保。

对 YF 钢材市场 2009 年度的市场融资情况，可看出市场场域的型构建构成。YF 钢材市场 2009 年度向光大银行上海分行取得了采取钢材货物质押模式的融资额度是 3.6 亿元，实际敞口是 1.8 亿元；浦发银行上海分行"厂商银"模式的货物质押是 2 亿元额度，实际敞口 1.4 亿元；通过担保公司的信用担保向民生银行上海分行的贷款额度是 2 亿元，个人信用贷款的额度是每户 500 万元，如此，2 亿元额度是有 40 个商户能通过该担保公司和市场的担保贷到款、融到资；货物质押共有 5.6 亿元的额度，若按每个商户 1000 万—2000 万元不等的额度，也有近 30—40 个商户能贷到款。但我们调查发现，这些银行的资金基本上是流向市场中的在位者企业，即只有 30 户左右。如此计算，YF 钢材市场的 30 户在位企业每家都通过 YF 钢材市场的担保向银行融到 2000 万元左右的资金支持。

而市场中的其他 140 户左右的企业很难得到融资支持。这种情况加剧了市场中的经济位置等级界限，市场经营管理者的逻辑判断与银行的放贷逻辑是一致的，融资是"锦上添花"，不可能是"雪中送炭"。

在 YF 钢材市场，只有强者会更强，只有强者才会得到市场的支持，只有得到市场的支持才能得到银行的支持。由此可见，市场中商户与市场开发者的关系是很重要的。近年，钢材市场的融资配套决定了市场的发展程度，也只有通过市场，商户才能得到银行的认可，市场与商户尤其是在位者的商户是相互建构的关系。

——社会资本：行动者在一定的社会场域中无论是出于工具性的需要还是表达性的需要，都是在这种需要的驱动下与其他行动者进行互动，从而获取其他行动者的资源以得到更好的回报（林南，2005：1）。社会资本就是嵌入于社会关系中的被获取的资源，是期望在市场中得到回报的社会关系投资。社会资本是通过社会关系获得的资本，资本是一种财产，它借助于行动者所在的网络或所在群体中的联系和资源而起作用（林南，2005：18）。林南对"社会资本"概念的界定是迄今学界对"社会资本"术语理解"共识"的智识表达。社会资本为什么能运作？林南认为，一般有四种解释：第一，它促进了信息的流动；第二，这些社会关系可以对代理人——他们在涉及行动者的决定（如雇佣或晋升）中扮演着关键角色——施加影响；第三，社会关系可以被组织或代理人确定为个人的社会信用（social credentials）的证明，部分社会信用反映了个人通过社会网络与社会关系——她或他的社会资本，获取资源的能力；第四，社会关系可以强化身份和认同感。这四类要素——信息、影响、社会信用和强化——可以解释为什么社会资本在工具性和表达性行动中发挥作用（林南，2005：19—20）。

布迪厄理解的社会资本是从稍微宏观一点的层面理解处在一定社会关系中的行动者所占有的社会资本的作用，"它是实际的或潜在的资源的集合，这些资源是与对一个相互熟识和认可的、具有制度化关系的持久网络的拥有——换言之，一个群体的成员身份——联系在一起的"。（P. Bourdieu，1984：248）即是说，群体为其成员提供集体共有的资本，成员可以将这些拥有的社会关系用于信贷。社会资本取决于行动者联系的规模和这些社会关系中所含有的资本容量或数量。社会资本是一种由社会网络或群体成员共同所拥有的资本形式。通过这种成员之间的社会关系，行动者可以将资本作为信贷使用。这样理解的社会资本是一种赋予成员行动者信贷的一种集体财产，当场域内的行动者在这种社会关系中继续投资时，它的功用也得到维持和强化。布迪厄在以上这种理解意义上的社会资本概念对周宁人在上海的钢贸圈的声誉尤其是融资信用的提升具有启发意义。在上海，做钢材贸易的商人并不止周宁一个县的人，虽然周宁人是最早到上海经营钢材贸易的，也是最早开发钢材市场这种专业市场的行动者，随其后，闽东很多的县城看到周宁县的钢贸模式，也有很多"闯人"上海及周边地区从事钢材贸易的。但到 2010 年之前，周宁人在银行金融系统的声誉是最好的，如 2008 年，金融危机之时，确实有一部分的企业资金出现问题，据了解，在上海的 ZQ 钢材市场，因经营不善，一个互保的贷款户因偿还不了银行到期的融资资金，最后，由市场和该县的商会出面"填补"了这个"1200 万元的信贷窟窿"，周宁县人很注重维护在银行系统的声誉，走上"融资道路"的商户经常会形成一个一个"融资圈子"，是为了贷款互保需要，也是为了偿还银行到期融资资金需临时拆借的需要。虽然都是来自同一个县，有的人社会关系强一点，有的人弱一点，"圈子"是这个群体的口头禅，货物拆借、货物购销、资金拆借、娱乐生活等都是讲究"圈子"的。

周宁人从事钢材贸易是从 20 世纪 80 年代末开始的，那时主要有一些到上海沿街比较偏僻的地方开一些五金店之类的经营，那时钢材是属于国家计划内的重要物质，还没有市场化。到了 90 年代初，由于社会经济的发展，一些基础设施的建设、机械加工还有房地产开始建设，由国家、地方行政部分调配的钢材物资已无法满足市场的需要，通过民间私人间的买卖开始出现。在上海，1993 年开发浦东是钢铁生意的一个很重要的机会，那一两年周宁人到上海从事钢材贸易的人越来越多。1996 年，周宁还是属于福建省有名的贫困县，但新开发的一条"兴业街"，当时，100 平方米的土地出让价格就已经到了最高 36 万元。那时，周宁县公职人员的工资月薪才 300 元，可见差距之大。周宁县的"兴业街"即是早期到上海从事钢材贸易"发家"的"老板街"。近二十多年，在一些"发迹"钢贸商的带动下，周宁人利用亲戚、朋友、同学、战友等一些关系，在一个人口不到 21 万人的小山县，只要社会关系绕上不到 3—5 圈，全是能扯上

"关系"。在这种关系的带动下，据不完全统计，目前已经有 10 万左右的周宁人在从事钢材贸易。同是周宁人在从事钢材贸易，社会关系、社会网络是周宁人出来从事同一种同质性强且竞争越来越激烈的钢铁贸易的主要原因。

社会网络促使周宁人涌入上海及周边地区从事相同的钢材贸易，也同时在这种嵌入于网络的形成过程中形成社会的不同"级次"——形成不同的资本占有者和不同的社会位置。钢材市场是周宁人社会型构的缩影，这种市场俨然就是一个"小社会"。社会资本在钢材市场里是很重要的一种资源。比如市场创办者，因为他们处于一种市场发展的战略位置地位，他们所掌握的信息一般要比市场中的其他商户多。处在战略性或市场场域级次较高层面的在位者，他们对推荐其他商户是否具备融资条件有时"说句话"就是很关键。在市场里，一些行动者的"后台"背景也是很关键，比如"上海某某公司的老板是我哥哥"之类的一种社会信用也是一种能为他在市场里取得支持的关键，因为某某公司在"圈子"里是众人皆知的"做"得不错的有实力的公司。在一个市场里与市场的"老板"是"铁哥们"，能天天在一起聊事的人，他在市场里也是最能"吃得开的人"，因为这种关系强化了别人对他的认同感。

在钢材市场里，社会资本是一种有意识的投资策略。当前周宁人开发的钢材市场已有 400 多个，商户选择余地是很多的，一般进场的商户，都是市场开发者有"关系"的人，即使没有直接的"关系"，新进者一般都是通过一定的"关系"介绍进来的。如布迪厄所言，这种"拉关系"的策略首先确定那些在短期或长期内直接用得着的、能保证提供物质利润和象征利润的社会关系，然后通过献祭的炼金术、象征性的建构机制，将其变成既必需又有选择的关系和主观上感到有必要长期维持其存在的关系。(转引自包亚明，1997：202)

当然，这种社会关系是有负面的影响，如波提斯在 1996 年就提出社会资本的两个副作用：一是可能造成他人的搭便车；二是可能限制个人的创造性。造成搭便车的行为是市场在为商户提供融资服务时，容易形成感情用事，而造成的融资还贷风险，需市场开发者承担；目前周宁人普遍感觉到在钢材市场里做钢材贸易的竞争是非常强烈的，而且利润越趋于薄利化，有如周宁人感言，"现在除了能做一点钢材生意，其他行业还真的不懂得怎么做了"。另外，因为这种社会网络的关系，在2009年之后，周宁钢贸商全面进入融资时期，钢材市场成了"融资平台"造成了一种融资结网导致的系统性风险，我们在上一章节已经讨论过其形成的机制问题，这里不再叙述。

——象征资本：我们探究的象征资本在周宁人的圈子，最为体现的是有些身份的人其名片上有"上海周宁县商会的会长、副会长"、"福建上海商会会长、副会长、理事"等之类的"名头"。福建周宁县商会最早成立的目的与中国其他地方的商会性质是一样的，一种在外经商的"自乡人"的一种互助形式，是商人在外自组织的一种家乡情感依托、事务处理的求助机构。但我们的调查发现，目前存在于上海的周宁商会已经"变味了"，从每届竞争会长的职位可见一斑，竞争一个会长需向商会捐助50万元，即一个商会会长的位置至少值50万元。上海JYF钢材市场的"老板"曾扬言，如果2009年的商会会长，大家肯投票给他，他肯出100万元作为"出任金"，等等。这就是"符号资本"的魅力。

平常生意繁忙的老板们为什么如此热衷于"会长"之职呢？第一，中国传统的思想是其原因之一。在中国历史上，"商人"在社会地位上是没有得到认可的，虽然改革开放30多年的中国，对商人的看法有了很大的改变，"老板"成了经商人员的尊称，但中国人口之多，经商人数之多，"老板"已经成了与叫"先生"、"小姐"一样普遍的叫法，还是体现不出成功商人的身份，在资源紧缺的一些民间自组织的"组织"形式上，挂上一名，彰显成功的"符号"成了成功商人的一种地位渴求。第二，这种"符号"资本是其利益求向的表征。成为商会会长之类的在"关系"资源上，比他人要多，商会也是政府管理部门与特定群体的沟通桥梁，成为商会会长之类的行动者，自然接触当地管理部门"官员"的机会要多，中国人的关系是在"接触"中生成的。第三，"符号资本"是符号产生过程的一种社会分层的权力体现。"会长们喜欢和是会长的人在一起"，周宁县的在沪商会，目前的会长虽然只有一个，但副会长已经将近50名，副会长的"出任金"是10万—20万元不等，目前周宁县在沪商会在浦东购买了一个有自有产权的办公楼。据了解，2008年度，商会一共做了这几件事：年初组织一次去九寨沟"开会"，一年定期给会员成员免费体检一次，每个月定期"议事"一次，笔者在这种"议事会"中参加了一次，其实就是"沟通见面会"加晚宴和晚上娱乐会。YF 钢材市场的董事长也是周宁县上海商会的副会长之一。

周宁县上海商会，在我们看来，它就是周宁人在上海形成的一种社会结构——一种生意场上等级结构的符号表达方式。实际上，撇开钢厂定价权和钢材价格受到国内外各种因素影响而产生波动不说，周宁县商会"会长们"定期"活动"目的就在于维护和加强他们在这个群体场域中的再生产——如钢材价格利润空间的潜在规定、进场人员的资格审查等。商会形式的符号系统，它提供了在钢材贸易领域里的一种认知、交流和社会分化的工具，同时这种符号还起着社会整合的功能——切入的政治角色，如商会"会长们"在周宁县基本都挂职中学和小学的名誉校长、当地或上海某某区的人大代表，等等。

我们揭示这种"符号象征资本"的目的之一在于让人们了解，在中国改革开放 30 多年以来，通过经商，在经商群体里俨然已经形成了某种社会分层的"深层结构"。这种"深层结构"也是目前我国农村或城镇形成社会分层的雏形基础。在 YF 钢材市场，市场经营管理公司董事长 CMC 先生，在市场里被叫最多的就是"会长"和"领导"，"领导"在中国的文化理解里，是一种以前计划经济时代对行政职务人士的尊称，在从事经济领域里很少被当作尊称，在中国前一二十年，称"老总"、"某某总"较多，在 YF 市场，"下面"的商户，被称为"某某总"，而"上面"的市场管理者就被称为"领导"。"领导"一词的叫法也反映了在 YF 市场里，市场经营管理者与商户之间不仅是一种经济上的利益关系，同时还带有一种"政治味道"的关系，YF 钢材市场其实就是一种"权力系统"——一种场域的社会实践空间。通过使用"会长""领导"等这些符号表达，市场里的在位者就把"上面的领导"和"下面的商户"关系合法化。这种符号还具有一种"实施符号权力"的力量能力，布迪厄用"符号暴力"形象地表达出这种关系。"由于符号权力把现存的政治与经济关系合法化，所以它有助于不平等的社会关系的代际间的再生产。" "任何一种实施符号暴力的权力，即任何一种设法把意义强加于人，并通过掩盖作为自己力量的基础的权力关系而把意义合法化地强加于人的权力，都把自己特定的符号力量附加到那些权力关系上"（Bourdieu and Passeron，1977：4；转引自斯沃茨，2006：103）。符号的权力把 YF 钢材市场里的政治和经济的权力合法化了。

　　回到前面我们讨论的商会，商会其实就是一种被误识为代表超功利的行为与资源的一种"互助式"的形式。"互助式"在中国目前的特定条件下，互助式发挥的功能是不显著的，因为目前中国的公民社会、市民社会自治条件还没成熟。"商会""行业协会"之类打着超功利的号召其实是一种"误识"，是一种成立当初承诺的掩盖，是一种权力的竞争场。周宁钢贸商出任"会长"的"捐助"，表面是一种"慷慨之举"其实是一种实力的象征，一种掌握、控制商会能够给自己带来利益的表达方式。纯经济的表达方式，太赤裸，不易被"接受"，通过一种合法化外衣的"商会"——遮蔽功能，符号权力就产生了。那些能够把自我利益转化为超功利的并从中获益的个体或群体，就获得了布迪厄所谓的"符号资本"。这种符号资本能够把潜在的利益关系伪装为超功利的追求。

　　"那种直言不讳的现实主义——'生意就是生意'（business is business）——如果不是借助于冠冕堂皇的正当性证明很难成功。"（斯沃茨，2006：106）实际上，一个商人在积累经济资本的同时，也在积累符号资本。越是对经济资本的积累越是对符号资本的依赖。周宁县早些出来的一批钢材贸易商，对家乡的一些善举也好，或是对家庭教育的一种投资也好，都证实了这样一种努力：在积极地积累符号资本。YF 钢材市场的 LN企业是一家较早立足于上海从事螺纹钢销售的企业，2006 年，一次捐赠周宁县 30 万元，作为该县贫困生的救济基金，还有多次捐赠的善举，据了解，最近几年该企业向家乡的公益事业已经捐赠了近 100 万元。LN 企业的荣誉匾牌在其办公室的墙壁上已经无法"容纳"，周宁县政府发给该企业的荣誉"匾牌"可挑"一担"了，业内人士如是说。但凡是"圈内"的人士都知道，LN 企业的发展是靠"十六锰"——钢材非国标品种，市场中靠信息不对称以次充好——"发家的"。但没有哪个管理部门对其企业的发展做出深究，尤其是中国近 30 年的经济改革，是不问"英雄出处"的，LN 企业就是通过这种善举捐赠合法化了其公司品牌，加上有合法地位的政府部门颁发的"牌匾"更是强化了 LN 企业符号资本的力量。事实上，慈善和非营利部门的作用是通过把经济利益转化为符号承认的形式而把特定的经济利益合法化，犹如布迪厄（1990h：133）认为的非营利部门的扩展产生于"经济资本向象征资本的转化"，通过这种转化，场域中的在位者保护了公众舆论对于自己的活动的尊重。

另外，教育投资也是一种符号资本的积累，在钢材销售贸易圈子里的人，尤其是早些出来经商的人，一般文化素质都不是很高，经过几年的打拼，目前业内较为出名的人士，基本上都拥有了 MBA 或 EMBA 学历了，姑且不去谈论 MBA 或 EMBA 制度本身的问题，但确实给"老板们"一个很好的"名片上的印记"。在钢材贸易领域里，真 MBA 给"土 MBA"打工比比皆是。同时，"上 MBA 就是混个脸熟"、"是进入一个老板俱乐部的地方"，MBA 课堂也成了积累社会资本的地方。

在周宁县，还有一种特殊的"符号资本"，购买高档小车，周宁县小轿车人均拥有量在中国应是最多之一。周宁人不但拥有的小车平均量最多，人均拥有高档小车量也算是居中国前列。在一次调查中，问及何必买宝马 750 呢？回答是："宝马 750 就是相当于你们做学问人的博士学位。"买好车，就是一种实力的象征，做钢材生意接触的都是房产开发商、机械加工、船厂船舶加工的供应商，没有显示一定的经济实力，是没法谈成生意的，由此，好车、豪车在周宁人的心中的位置是很重要的。豪车远不是交通方便的工具了，而实实在在变成是一种符号信息的传递功能。

资本兑换

布迪厄研究的资本概念是一个与权力、在位者相关的概念，不仅是指像马克思理解意义上的资本只是一种榨取剩余价值或是原始积累动力的剥削理论相联系。布迪厄的资本概念是指能够给权力带来资源的更广泛的劳动类型，其中包括经济的、社会的、文化的、政治的、宗教的、符号的以及家庭的，等等，并且认为在一定条件下通过一定的比率可以相互转化。（举例来说，要是拥有相当雄厚的社会资本，比如拥有相当显赫的一系列头衔，就可以获得较多的机会，从而谋取较多的经济资本。另外，市场中的在位者常常采用再生产策略，是把自己的子女送到贵族学校去捞取文化资本以便在位的持续或是自己到一些工商管理学院进行进修以便获取"学历"符号，有时主要目的是认识相关一些企业人士，以便交往之需）布迪厄认为：正是研究资本转换所赖以发生的作用机制（例如俱乐部、家庭），以及把握转换的规律，比如转换率，才使得他的科学理论不只是一种理论研究，而且具有建构、生产研究对象的实际用途（朱国华，2004）。布迪厄认为："我试图建构一些严格的定义，它们不仅仅是描述性的概念，而且是建构的方法。这样，就有可能产生人们以前从未可能看到过的事物。"（P. Bourdieu，1993：32—34）在布迪厄看来，资本的概念作为理论资源，是用来作为经验研究的工具之用。

资本在场域中不是平均分配的，资本是历史积累的结果，是一种排他性资源，同时又是新一轮社会活动的起点，不同类型、不同数量的资本分布结构，体现着社会的资源和权力结构，这种资本占有的不平均决定了竞争活动的不平等（李全生，2002：04）。经商，资本是必备的条件，在一定的条件下，掌握不同的资本类型者都可以转化成经济资本，经济资本是具有终极意义的实质价值，即在市场场域的环境下，经济资本是一个行动者是否能获得在位者的终极体现。

经济资本、社会资本、符号资本包括文化资本的相互兑换是相互加强的一种关系，是行动者再生产的不同环节构成。周宁人会利用不同的资本类型进行相互转化，拥有经济资本的人士会利用经济的优势"拉"不同的关系，请客、吃饭、娱乐都需要一定的经济作为后盾。YF 市场周边的娱乐场所基本上是靠周宁钢贸商"撑"起来的，周边地产价的飙升与周宁人的消费能力存在正相关关系。但有时购置固定资产并不是企业自身的用地场所需要，用周宁县人的话说是"撑门面"，给客户看、给银行看。购置写字楼等高档办公场所，也是一种"符号资本"的象征。有时经济资本、符号资本和社会资本是一体的。

在市场上，"没有人不懂这个道理：能做大生意的农村商人，必然是很有'关系'的；最有关系的肯定是最舍得花钱买关系的；而反过来，最舍得花钱买关系的，也最能赚大钱。这是一个'马太效应'式的循环"（周鸿，2005：129）。如捐赠 10 万—50 万元不等的"商会会长"级别的商人，其符号价值有时远在这个经济价值上，在这个会长级别的圈子里，有时暂时的经济捐赠是"放长线，钓大鱼"的一种商业策略等。

五 市场场域的经验应用构思及其修正:进一步的探讨

构思

应用布迪厄与弗雷格斯坦的经济/市场场域理论对 YF 钢材市场进行市场经验性的分析,其构思可如图 5.10 所示:

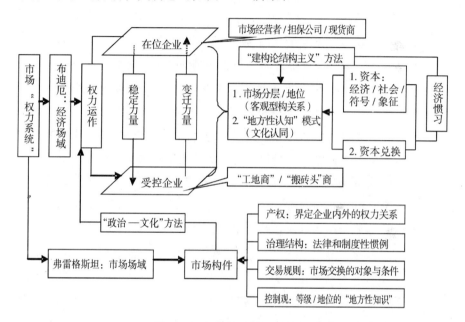

图 5.10 市场场域的权力系统

资料来源:笔者自制。

概念化市场为一个场域,是布迪厄应用其场域理论在经济领域中的体现。弗雷格斯坦是在追随布迪厄的场域观基础上,拓展了该理论的分析范围,即把制度、法律、如何治理市场的方法以及把市场层级/地位提升到一种稳定市场需要的认知框架进行了应用性研究。

应用场域理论,对市场进行分析,其优势在于:

1. 把市场定性为一种政治社会学意义上的"权力系统";

2. 把市场看作一种"社会制度",它不仅仅被看作一种"经济制度"(经济学意义上的)层面上的理解;

3. 市场中的行动者因其占有的资源（包括经济/社会/符号/象征资本等及其转换）不同被划分为在位者与受控者；

4. 在这个意义上，市场就形成了一种客观型构上的层级制与因社会位置不同产生的市场地位问题；

5. 因市场层级制/地位的存在，行动者的行动必然是一种"权力"运作，而不是经济学意义上的行动者的市场交换行为是"平等交换"关系；

6. 为使市场交换行为能够进行，产权是关键的，因为它界定了谁能够有资格参与经济活动和谁拥有利润获得的界定；

7. 市场活动中，市场稳定的条件还在于，行动者会根据自己所拥有的资源，进行一种按照市场法律框架和非正式的制度性市场惯例，对其市场地位进行强化而采取有利于自己维护"在位"的自身再生产活动，其中交易规则也是市场稳定的基本条件；

8. 尤其强调，稳定市场需要一种"控制观"——认同"市场等级秩序"的"地方性知识"；它强化了市场等级制，并认为只有在这种控制观下，经济活动才是稳定的；

9. 其中，布迪厄用"建构论的结构主义"方法阐明了市场是一种"经济惯习与具体市场的遇合"中形成的一种"社会实践空间的斗争场"；弗雷格斯坦则用"政治—文化"的方法强调了市场中存在的政治（在位者权力的应用）因素，并声明这种政治作用需要一种"文化"上的经济理念加以强化。

（笔者概括）

以上是对布迪厄与弗雷格斯坦市场场域理论的概述，并应用其理论分析 YF 钢材市场的运作。显然这种"场域分析"视角具有强的市场解析力，但其理论建基的制度背景是在"比较完善的资本主义经济制度"体系下的一种包括市场制度长期以来所形成的市场需稳定的文化认同。中国经济社会发展过程中，尤其是改革开放后至今，中国市场实践所表现出的与西方经济市场不同的地方在于：

1. 市场机制是从国家"主导"到国家"引导"的过程转变，但国家仍然掌控着重要资源的垄断地位，市场化的只是一些非核心部门的行业。

2. 市场交易秩序中，强社会关系的中国式文化模式仍然在市场交易行为中发挥强影响作用，而且民间自发的市场基本是在中国传统行业的基础上，由一种地方社会关系在"帮带"的过程中，商人进场经营其熟悉的传统行业，这种情况导致了市场升级与转型的困难。

3. 国家政策调控对市场的影响是强的，但国家是在"摸着石头过河"中进行市场的实验性操作，这样就容易出现"一管就死、一放就乱"的经济行业特征。

4. 地方政府在招商引资的政绩压力下，出现了部门利益无法协调的情况经常发生，如政府与税务部门、银行机构之间经常会形成利益追求不一致的情况。

5. 在当前"调结构"的产业政策中，需要部分已经"进入深水"的商人去承担原来在没有"整体规划"中所造成的不利经济健康发展的错误市场行为买单。

6. 银行机构对中小企业发展并没有起到促进其发展的作用，在某种意义上，是与中小企业争利的过程。也就是说，银行对信贷资源的配置，并不是从资源配置和社会发展的角度去考虑其促进经济发展的基础性作用，而是在"因势利导"的市场行情变化中，争取其自身利益最大化。

7. 因上面几种情况的存在，稳定的市场机制在中国还未形成，也是因为这样，在市场中行动者总会觉得通过自己的"奋斗努力"能去改变一些什么，但往往又在结构性强的中国社会，显示出只要有办法和机会就会去"投机一把"，因此，出现了这几年"实体经济"的萎缩，市场中充满着一种到处以"资本运作"为鳌头的"虚拟经济"，其中投机房地产是最明显的表现。

（笔者概括）

面向"全面危机/崩盘"的钢贸市场其能给出的市场经验性启示

由场域理论去理解"钢材市场的稳定性"，它主要是把把钢材市场看作是一种"权力系统"中市场如何形成与稳定的市场内部运作机制问题。

而提出的"市场的变迁力量"来自"市场中的受控者的挑战",只能在一定程度上是可信的。由我们所调查的钢材市场而言,导致市场变迁的力量显得要比理论本身复杂得多。

我们可以这样解析钢材市场这种变迁的力量,如图 5.11 所示:

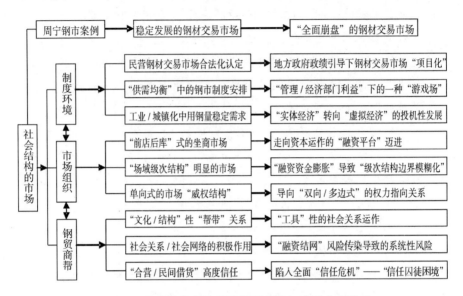

图 5.11　周宁人钢材交易市场(钢市)变迁力量谱系

钢材交易市场其变迁力量是多向度的:

——制度环境方面:中国钢材交易市场是由国家计划控制走向民营企业经营的过程发展的,这是个逐步被合法化的过程。在中国工业化、城镇化的进程中,井喷式的钢材需要量,使得各地方政府争先恐后地争上钢厂项目,并在招商引资政绩压力下,没有按照市场规律,即没有按照市场的供需关系盲目允许民营钢贸商买地建设钢材交易市场。周宁人在全国各地创办的钢材市场常常被当地政府作为一个个的"重点工程"立项。钢材交易市场因其自身的特点:占地规模较大、引进的商户公司较多、提供给银行的是较集中的客户群等,这种钢材市场的特点相对当地的政府、工商部门和银行而言,都是重要的市场资源优势。因此,在各个管理和经济部门没有做详尽的调查与分析时,盲目地提倡和建设钢材交易市场。在经济上行(包括世界经济周期性特点)时,各行动者还可以"欢一欢",皆大欢喜;但一旦经济出现波动或下行时,这种盲目扩张的市场就容易出现危机。如上海周宁人创办的钢材市场就有 46 个，无锡有 40 个左右，连云港达到 11 个，等等。据不完全统计，周宁人在全国创办的钢材交易市场（包括钢材仓储库和专营码头）已达到 400 多个，其中高度集中在长三角地区。

　　——市场组织方面：在钢材市场需求量剧增的 20 世纪 90 年代初，周宁人在原有经营钢贸形成一定群体的培育之时，出现了上海，也是中国第一个"前店后库"式（上海逸仙钢材现货交易市场）的钢材交易市场模式，这种市场模式能够集物流、信息流于一体，减少了各种市场交易成本，并以地方"族群部落"的特征出现，在资金密集型的钢材贸易行业中，地方的社会关系/网络得到了极致发挥。这种市场模式之后被全国各地的钢贸商效仿，当前这仍是中国钢材市场的主流模式。2000 年，也是上海逸仙钢材市场首次以"市场经营管理公司为担保，驻场商户 5 户联保"的模式取得市场内商户可向银行融资的开始，该模式当年也是被银行系统认为是一种"开创性"的银企融资模式。在 2008 年之前，这种融资模式，在银行"稳中有进"的风控下，只有市场中经营较具规模、有资金需要，并能承担得起银行利息和市场担保费等各项费用的公司，才取得银行融资资金支持。这一阶段，周宁人的钢贸市场基本没有出现银行融资出险情况，有个别企业因经营不善导致银行还贷困难，相互联保的企业和市场管理公司也能"补这个偿贷出险洞"。2009 年之后，这种贷款模式，再加上钢贸商纷纷成立的担保公司，使这种融资模式在"经济刺激"政策下，得到了"疯狂"发挥，而同时，市场资金流量的剩余性特点，使得房地产产业也"疯狂"了，这个市场的信号给予周宁钢贸商的是"下游用钢客户"的强劲需求，并套取的银行资金大量流向"房地产""地产"等固定性资产"预期高回报的投资"，同时，银行认为钢贸类贷款企业因钢材流动性品种的特点，也要求贷款企业具备固定资产的条件。再加上"资金流动性剩余"中，为取得生意而竞争，钢贸商为终端客户"垫资"的模式已经成为用钢户和钢贸商本身的一种"共识"。因此，在这几种综合性的市场判断与银行政策要求下，钢贸商把"钢材市场"当作了一种"融资平台"——所套取的银行资金大部分流向固定资产，在全国各地进行钢材市场与担保公司的再投资，经营"现货"也是为了进行再质押以获得银行资金为目的。据上海周宁商会统计，2009 年之后，经营钢贸每年的平均利润在 1%—2%（原因：钢厂产能过剩、价格信息高度透明与市场强竞争状况，等等），而从银行融资的资金成本（如经过银行贷款利息及上浮、担保费、监管费以及虚拟吊费，和银行存单质押、银行季度存款要求等隐性资金成本）一般在 15%—20%/年。可见，钢贸商一旦进入"融资操作"，就是一个"如同吸毒的过程，没有回头路"，只有不断地在不同银行和各个地方之间进行"融资活动"，在这种"瓮盖"的游戏中，取得"在时间和空间上的缝隙"以便能生存。

另外，这种钢材"融资平台"的运作方式，近两年因产业结构调整、融资政策环境变化，并在钢贸商融资逐渐出险情况下，加上媒体的扩大渲染中，银行采取了"一刀切"的方式，这也促使周宁人的钢材市场走向了全面爆发的系统性风险，并导致了当前的"全面崩盘"。

钢材市场的稳定，犹如布迪厄和弗雷格斯坦意义上的市场内部需要"在位者与受控者的权力系统"特征，并形成一种"地方性知识"的"控制观"在强化这种市场稳定的文化认知框架。在没有全面介入融资阶段的周宁人的钢材市场，这种稳定性的条件是明显的。但走向企业融资之后，这种稳定的条件与机制受到了破坏。其中较为明显的是，在单个市场里，存在着在位者与受控者之间因融资担保的连带存在，在位企业与受控企业虽在"资格审查"方面还存在"权力"运作的特征，但一旦市场和现货商为其他的企业做担保，其风险就捆绑在一起了。甚至受控企业以"担保和联保"责任作为要挟，以进一步要求在位企业为其进一步做融资担保服务，不然已存在的风险需要转嫁到担保企业身上。另外，周宁人的新兴市场需要驻场商户，而这到后期的发展以"寻求"商户为主，商户也以该市场是否能帮助其融资为条件和目的，不具备融资担保能力的钢材市场就招不到商户。再者，以融资为目的的商户转战于各地不同市场之间，其融到的资金远比其有经商能力运作得多的资金存量（是不计成本的）。由此，造成了原来意义上的"在位企业"与"受控企业"界限之分，也就是说，出现了一种比如某甲企业在 A 市场是受控企业，但甲其实又是 B 市场的在位企业。原来，在单个市场中形成的一种"自上而下"式的市场内部的威权结构，也因为受控企业因融资具有的资金能力，以及他们之间存在的"担保"与"联保"关系，他们之间的关系变得"相互"作用了，也即其权力关系变得双向影响和因融资结网而变得"多指向的权力"关系了。从这个意义上而言，钢材市场出现了破坏市场稳定的条件，即"场域内部的场域级次结构边界"模糊化了，并形成了一种"双向的或多指向的市场行动者间的权力关系"，这种权力关系的变化也是导致市场不稳定的主要因素之一。

——周宁钢贸商帮：原初由周宁县传统与"铁"相关的"铸锅、铸造"行业，在进入改革开放后，部分周宁商人因市场需求的变化，转向了经营与"铁"相关的钢材贸易活动。在取得经济业绩的带动下，开始在社会关系强的群体中，形成了一种"帮带"模式（以感情支持为主）的经营商业业态，这种经营业态促进了周宁人"一拨接一拨"地进军钢材贸易行业，并一个接一个地创建以"上海逸仙钢材市场"为模板的市场经营模式。即在钢材市场稳定发展阶段，周宁人进入该行业开始是在"有关系"的族亲、朋友、同学等关系引荐下，逐步形成了一个钢贸群体。但到后期，因市场的膨胀式发展，以"工具"利益化他人为目的的家乡网络构建明显，尤其是在全面介入融资结网模式之后，因"社会关系"使融资结网变得简单，但也是因强"社会关系"的原因，加速了其风险的传染，社会网络的消极作用凸显。因风险转染机制的原因，原来建立在高度信任的商人之间的合营行为与民间借贷行为是常态，但到后期，银行融资出险爆发后，为求得"自保"，民间借贷变得困难了，"谁也不相信"成了这个群体的后期心态特征。越是有这种心态，钢贸商整个坊间的资金一下子就"凝固"了。再加上原来有部分其他转向该行业的借贷资金也抽走了，并且银行追偿起诉事件时常发生，这些因素都加剧了这个群体整个信任体系的崩溃。

以上我们是从制度环境、市场组织本身以及构成该市场中的行动者等各个层面分析了钢材市场经由稳定发展迈向"崩盘"的多向度原因。在我们所提出的"市场的社会结构"范式下，制度结构条件是强的，从钢材市场的经验性案例中，我们也发现了这个当前中国市场实践的特性。

第六章 市场的建构结构

毋庸讳言，各种各样的行动者受制于诸种既定条件，这些既定条件限制他们的知觉和行动的可能性。然而，只要行动者能够在他们的行动中，并且通过他们的行动，来实现这些既定条件，在这样做的过程中，既使他们得以维系，又对它们转换变形。

——费埃德伯格

我们认为，市场的建构结构，即从行动者的"行为禀性"出发理解的市场其如何被建构的过程是一种测量市场社会结构本体论的维度。行为禀性成为市场社会结构中被定位的结果，是铭刻在特定市场社会结构里的行动者身体上的，并塑造着行动者的思考、感觉和行为方式（策略）等。商人的存在和经商行为禀性的形成成为市场中社会结构生产、再生产和转换的中心，这样，市场的制度、关系结构的虚拟秩序就"具体化"在行动者的建构结构之中。做建构结构视角理解的市场，我们主要是借助于一种社会实践理论（social praxeology）的研究方法从行动者的实践决策能力出发理解市场是如何被建构的过程及其建构机制的问题。其中主要需阐明以下几个方面的问题：

1. 商人行为禀性是如何形成的？其中强调"身体"被赋予了一种作为转换各种社会结构之间的载体出现。

2. 行动者是根据什么样的行动逻辑进行商业行为策略的？

3. 行动逻辑是否可以被我们所认知？亦即市场行为施行行动的根据是什么？

4. 市场参与行动者会根据其掌握的哪些资源进行行动？其行动决策如何？

5. 为什么说建立在行动者身上的实践能力（亦即我们所言的建构结构特性），它是一种转换制度、关系结构的中介与再生产的中心？

对这些问题的回答，它引发了我们从另一个视角看待"市场实践"的方式问题。如汪和建所言，因为，"'实践'活动天然就具有将结构与行动以及建构与运作（规则或结构的再生产）结合起来的特性"（汪和建，2012：378）。其中，我们强调了在既定市场社会结构中行动者的实践决策能力，但又被其既定结构所强约束的问题。

一　周宁钢贸商：经验维度

从铸锅/铸造到钢材贸易：钢贸禀性的形成

关于对禀性的理解，我们是在借鉴布迪厄理解意义上，并对其概念进行运用，但其中强调了禀性并不是一种"无意识"的行为方式，个体/集体禀性的形成受控于地方时空文化传统，尤其在市场化的现当代，参与到市场经济熔炉中的经商者，其行为不是一种被动式的接受外界条件/环境刺激的一种简单反应，而是根据其所理解的一种"值得去追求"的生意（市场活动），并根据自身拥有的资源进行判断，在一种可资运用的资源禀赋关系中，创发出的一种思维与行动方式。

周宁钢贸商其禀性形成是在历史传统行业传承中，以"外出务工/经商"现实生活逼迫下，通过"地方能人"成功示范改变生活境遇情况下，输入其心理结构特征的一种思想印记。同时，也在国家市场政策推动下，如何运作关系（社会资本）资源，由此形成了一种"生存/发展心态"。这种经商禀性的构建，可如图6.1所示：

图示表明，周宁钢贸商经商禀性形成是一个多因素的型塑过程，其中：

1. 周宁县域传统经济行业主要以与铁相关的"铸锅""铸造"产业为主，并在周宁县城周边形成了一个"铸造"产业集聚区。

2. "铸造"产业的发展带动了其产业上下游的"钢铁贸易"活动。

3. 因周宁地理、经济社会条件弱，尤其是交通不便，地处闽东北，

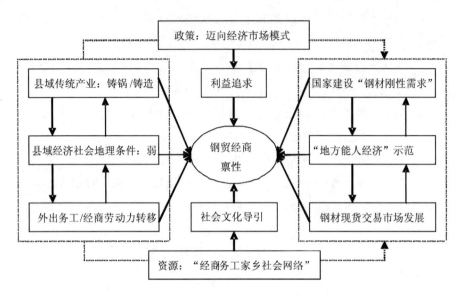

图 6.1　周宁钢贸商的经商禀性型塑因素

资料来源：笔者自制。

为生活计，传统以来就有人员外出务工经商为主的生活模式，这强化了劳动力迁移功能以及劳动力社会网络的形成。

4. 周宁历史以来管辖范围政事多变，山区地带形成了强的"宗族"关系观，"一山一方言"的民族志特征也加强了其"村落内在治理"的功能，在"外出务工经商"过程中，形成了强的社会网络关系。

5. 在与"铁"相关的务工经商活动中，因周宁传统产业"铸锅"逐渐被"铸造"产业替代的历史里，携带技术与经商经验（包括资金）的周宁人开始转向全国各地寻求铸造与钢铁贸易的市场空间。

6. 改革开放后，尤其是 20 世纪 80 年代末 90 年代初，在部分经济能人的经营下，已经出现了几个外出经商的流动务工经商聚集地，其中，比较集中的是以广西的铸造业与上海为中心的长三角地区的钢贸行业为主。

7. 20 世纪 90 年代初，因上海城市建设与工业化的急速发展，加上国家政策导向的市场经济发展，释放出了周宁钢贸商的市场力量，并在周宁人 ZHR 引领下，创办了上海/全国第一个"前店后库"式的逸仙钢材现货交易市场。其中，进场的市场行动者主要以周宁人为主。

8. 在逐渐走向致富的周宁钢贸经营模式中，尤其是回乡生意人在周宁县城建造新房子成立的一条主要以钢贸商为主的"钢贸兴业街"的刺激下，周宁其他人"再也坐不住了"；加上外出的一些经济能人以"逸仙模式"为模板的钢材交易市场一个个地成立起来，也需要周宁老乡给予进场，这带动了一批又一批的周宁人走向钢贸行业。

9. 一个个钢材市场的创办，前期进场商户主要依靠其创办者股东的社会关系网络带动，后逐渐由进场商户再带动他人进场的模式，像"滚雪球"似的聚集在一起。

10. 在这过程中，周宁人的思想/思维已经被钢贸行业铸模了。他人的经济成功、钢贸经商的心理特性塑造、钢贸经验的沉淀以及强社会关系网络的影响等，改变了周宁人的禀性。

11. 在钢贸经商过程中，无意识、有意识的"模仿"是周宁钢贸商的行为特征。在介入融资性企业经营模式中，这种"模仿"的力量是强大的。在后期的融资性企业经营模式中，与其说是企业经营的需要，不如说是一种"心智结构"被"牵引"了。

12. 从这个层面上而言，我们之前探讨的钢贸市场的制度结构、关系结构就内化在钢贸商的经商禀性上，从经商禀性的特征中可发现它具有一种对市场制度、关系结构的理解。因而，我们说，经商禀性它承载着对市场运作的中介、基点和它们之间转换的要素。

13. 也就是在这个经商禀性的形成过程中，在前期周宁钢贸商获得成功的模式刺激中，形成了一种有如制度经济学理解意义上的"资产专用性"特征，在经济上行情况时，强化了这种经商禀性；但在近年，因国内外经济形势的变化，在钢铁产能过剩和经济刺激政策停止中，因这种经商禀性的"路径依赖"性特征，周宁钢贸商全面陷入债务缠身崩溃阶段。

14. 其中，我们强调了在周宁钢贸商形成过程中，其所建构的一种"家乡网络"在前期的市场发展过程中，具有积极的作用；但这种社会关系网络在介入融资这种经营模式之后，因融资结网的传染机制存在与作用，这又加剧了这种网络模式的负面作用。

15. 因此，我们提出了一个"建构结构"的理解方式，这种理解方式强调了"市场行动者与市场组织是一个相互的建构过程，市场本身被看作是一个社会的建构，但在这种互构模式中，显然市场的制度结构和关系结构的力量是强大的"，此阶段，"具有强钢贸经商禀性的个体/集体行动者显得'无可奈何了'"。

　　以上我们是从周宁钢贸商整体经商禀性出发，理解一个钢贸商帮如何在一个多历史/文化/市场因素条件下，在中国市场经济政策条件下，从一个相对获得成功致富的群体走向没落的经商禀性的社会/心路历程。下面具体分析我们所调查的 YF 钢材市场中的经商行动者如何与钢材市场这种市场组织相互建构的过程以及行动者其所塑造的一种经商禀性做一个经验性的案例分析。

YF 市场中的商人禀性

　　我们所调查的像 YF 钢材市场这种市场组织模式，是周宁钢贸商通过钢材贸易的实践，他/她积累了一定的其本身固有本质属性，同时这种经济社会组织模式的维持与发展，又是促进在场者的心智结构——经商禀性的形成与塑造。市场中的各种社会约束条件深刻地存在于各种行动者力量的关系中，这些关系构成了在场商人参与其中的市场场域，构成了使他们彼此对立、冲突、又是策略需要合作关系的种种商场竞争。在这些力量对比的钢材市场场域中，经商禀性引导在场商人行动者体会到一种情境，并且商人行动者凭借着他们经历多年的经济实践窍门，即凭借他们的经商禀性，酝酿出与这种情境相适应的行动图式，由此再生产出那个产生他们禀性的市场社会结构。这就是一种行动者经商禀性与市场社会结构"相互建构"的关系。

　　针对进场经商行动者而言，YF 钢材市场的社会结构为什么会具有规律性和预见性可循？因为在钢材市场里其形成的一种社会结构并不是机械地约束着行动，而是商人行动者形成一种结构形塑机制（structuring mechanism）的经商禀性运营着这种行动的模式。用布迪厄的话来理解，经商禀性是一种在市场里的生成策略原则，这种原则能够促使商人行动者应付各种未被预见、变动不居的市场万千变化，如国家政策的调控、国际经济政策的变化及其导致的钢材价格的起起落落等，经商的禀性是一种既持久存在而又可变更的性情倾向的一套内嵌于行动者当中的系统，它通过将行动者过去积累的经商经验结合在一起的方式，每时每刻都在作为如何应付各种钢材信息的搜索、甄别，作为行动者决策的母体在发挥作用，从而有可能完成千变万化的钢材经销这种复杂的买与卖的任务。作为外在市场结构内化结果的经商禀性，它能够以某种连贯一致的系统方式对钢材市场这种场域结构的要求作出根据自身的场域位置的一种回应。经商的关系是通过体现于身体而实现的市场场域约束下的个人化。YF 钢材市场中的这种经商禀性是在周宁商人经营钢材贸易的历史与 YF 钢材市场形成的历史中建构的、植根于钢材市场这种市场制度的，并且是作为一种社会性的变量存在的生成性母体。经商禀性是"实践理性"的运作者，这种实践的理性是在钢材市场复杂的社会关系历史沉淀中的一种内在固有，经商禀性所经营的策略是系统性的，同时又是特定的，因为这些在场中的某种策略的"促发"是源自钢材市场这种特定场域中的遭遇。禀性是创造性的、生成性的，但又是受限于其存在的钢材市场的结构，因为这些结构则是产生经商禀性的社会结构在经商者身体层面中的积淀。这种积淀于钢材贸易的禀性只有在钢材市场中从事钢材贸易，他们才能充分发挥的作用。当前，周宁钢贸商普遍感觉到，"我们只会做钢贸了"，这就是一种经销钢材禀性形成的真实写照。一个市场是一种"游戏的空间"而不是僵死的空洞场所，这个游戏空间是提供给进场进行"游戏"的行动者它才有意义，因为他们相信进场的酬报对他们是一种值得去奋斗的目标，且这个"场"是他们追求人生意义的地方。

　　我们认为，从商人禀性出发理解的市场如何被建构的过程，是一种测量作为社会结构的市场其本体论深度的维度。这也是我们称为"建构结构"的东西。如洛佩兹、斯科特所言，"关系和制度结构的基础在于人们基于利用可用的知识所做出的境况反应。知识并不是由分立的一组组'事实'和'观念'组成，它是建构行动的身体禀性和产生规范控制的社会行动的实践能力"（洛佩兹、斯科特，2007：131）。经商禀性成为在一个特定的市场场域中定位的结果，是铭刻在特定场域里商人身体上的和行动者思考、感觉和行为的方式上的。商人的存在和经商禀性的形成成为市场中社会结构生产、再生产和转换的中心，制度结构和关系结构的虚拟秩序就"具体化"在商人的经商禀性之中。

身体是经商禀性的载体

　　为使我们的研究能把制度结构、关系结构和从商人禀性出发理解的建构结构整合起来理解一个特定市场的运作方式，从身体的社会学视角考察其建构的实践决策能力，是理解这种市场运行方式的钥匙。

　　从商人行动者的身体理解市场社会结构是得益于"行动与组织是相互作用"的一种借鉴社会学研究行动与社会之间关系的认知。社会学在这方面的努力，较早阐述这种认知的是民族方法学学者们的作品，如加芬克尔（Carfinke）、西库列尔（Cicourel）和萨克斯（Sacks）等。之后乔姆斯基（Chomsky）的结构语言学和索绪尔的语言学等把社会结构看作是规则的组成，而语言又是结构的表现准则等见解，更是进一步说明了身体与社会的互动关系。其中，吉登斯、布迪厄在身体与社会之间如何互动，引进了一个中介，即"实践"，认为实践是通过那些既能促使又能限制它们的制度和关系结构实现的，但是它们也借助于那些用来产生这些结构的恰好规则的帮助的看法。（转引自洛佩兹、约翰·斯科特，2007：139）

　　从行动者与社会是互动关系的著述其努力的意图在于试图解决"唯意志论动因"与"系统决定论"这两者长期存在分歧对立的方法论/认识论问题。市场中的商人行动者如何才能采取行动，是商人行动者根据铭刻在个体身体记忆中的"程序"而定的，它们必须以具体技能的方式而存在。科夫曼提出"相互作用秩序"（interactional order）的观点明确包含有对产生社会结构中身体禀性作用的认识，如他认为，所谓的行动者并不是无实质的精神，他们是在有界限的物质空间内相互作用的肉体存在。科夫曼进一步分析了身体所承载的"社会角色"、"社会部分"和"社会常规"所表演的社会合法性是依靠表演者身体的行为举止，行动者是通过身体的"印象管理"来表达和呈现他们的社会能力。这些著述都是试图解决行动动因与系统的二元论而做出的努力。因解决的目的不同，这些努力只是在"互动"的层面上理解，而没有更进一步的阐释"如何互动"的问题，关于这个问题在福柯/布迪厄以及新近的以费埃德伯格为代表的法国组织社会学家的作品中得到了迄今为止较为完整的理解，他们不仅提出行动者与社会是相互影响、相互约束的关系，同时更是一种"相互建构"的关系，以及相互建构更是受到一种社会位置和社会位置所形成的权力影响等。

　　把商人身体看作是一种特定市场的社会制度、关系结构的载体，体现了商人行动者是在一个特定的社会组织——市场当中因商人所占据的不同社会位置而被组织起来的特征。商人行动者获得对自身的感觉以及对适当行为的感觉是因为他们真实的身体行动是通过社会分配的过程而自我管理的。因此，在这种特定的场域——市场里，商人行动者的时空特征、具体行动细节、身体和姿态的关系、处理社会环境的态度以及身体的详尽使用，就是一个行动者身体在特定时空场中的关键行为，在这种时空的市场场域中，身体和感觉得到建构。在 YF 钢材市场里，一个商人行动者是在钢材市场规章制度的管辖下，从事钢材的贸易。在市场里，因为一个商人行动者他所占有的资本分配是不同的，他们在自己的这种社会结构的既定下，选择生意模式，如做现货经销还是直供工地等；在市场里，行动者在社会结构上的社会位置区别、他们所拥有的不同资本种类，使得他们能够扮演在此市场之外的其他社会结构为他们设计的角色。由此，他们获得了他们所占据的市场中的位置以及他们将在社会中占据位置的行动禀性。

把制度和关系的结构处理为一种行动者动力的思想是关注身体作为制度与关系结构的符号载体里得到理解的。强调作为一种社会规范的符号载体的身体，因其在社会空间或市场组织中因其所占据的社会位置异同而体现出不同的行动策略。做这样理解的方式，是我们借鉴布迪厄关于经济场域中行动者的经济禀性特征所表现出的一种"实践"能力，但布迪厄的观点在运用于实际的市场活动中，因其太强调行动者社会位置的原因，显得有一种"静态"分析感，虽然强调行动者有一定的"实践能力"，但这种实践能力是被其所占据的社会位置所牢牢控制，他并没有从场域之外的一种更高层面的国家制度、世界经济场对个体行动者所造成的强影响力进行分析，把大量笔墨着重于分析"场内的游戏规则"，显得有失偏颇。同时，行动者是如何进行"决策"的，其决策的内在机制是什么的问题，在布迪厄那里也没有得到充分的解析。因此，下面我们从理论的层面对其作品进行梳理与理解，并引进新近法国组织社会学家的一些关于行动者如何能行动的理解方式进行探讨，进而最终提出我们的理解，一个"建构结构"概念/理解方式的提出及其运用。

二　决策实践能力及其"建构结构"

禀性概念/"经济惯习"

布迪厄构建的行动者社会实践理论是基于他的"禀性"概念提出，

或者被翻译为"惯习/习性"的一种表达（以下"禀性"概念与"惯习/习性"概念在同一理解意义上被我们使用，只不过是布迪厄在不同时期的表达，"禀性"是"disposition"，而惯习/习性是"habitus"，其后期的作品偏向于用"disposition"）。如布迪厄所声称的那样："可以说，所有我的思考都开始于这一点：我们的行为如何被规范又不是遵从规则的产物？"即行为是如何产生的？这是布迪厄实践理论研究规划的一个核心问题。进而，在理解行为如何发生的问究中，布迪厄要解决的实际问题是："行为如何合乎常规的统计学模式，但又不是遵循规则、规范或有意识的意图的结果？"（布迪厄，1990c：65）于是，布迪厄提出"禀性/习性/惯习"概念以理解他对行动者行为的解释。布迪厄曾对此下过多次的定义，有代表性的如：

> 持续的、可以转换的倾向系统，它把过去的经验综合起来，每时每刻都作为知觉、欣赏、行为的母体发挥作用，依靠对于各种框架的类比性的转换（这种转换能够解决相似地形成的问题），习性使千差万别的任务的完成成为可能。
>
> （Bourdieu，1971c：83）

之后，布迪厄更经常性地使用"习性"，其定义为：

> 可持续的、可转换的倾向系统，倾向于使被结构化的结构（structured structures）发挥具有结构能力的结构（structuring structures）的功能，也就是说，发挥产生于组织实践与表达的原理的作用，这些实践与表达在客观上能够与其结果相适应，但同时又不以有意识的目标谋划为前提，也不以掌握达到这些目标所必需的操作手段为前提（Bourdieu，1990h：53）。
>
> （转引自斯沃茨，2006：116）

其实，布迪厄的禀性/习性概念表达的就是一种可持续的、可转换的倾向系统，它作为结构化的、客观地统一的实践的发生基础而发挥作用。同时，布迪厄在《经济人类学原理》一文中分析经济场域时所使用的

"经济惯习"，他是这样解析的（这里，我们对它的作品进行有意向性的梳理）：

  1. 批判经济学的经济人概念："经济学正统观念所构想的（默认或明确地）的经济人（homeeconomicus）是一种人类学上的怪物：这一满脑子是理论的实践的人是学术谬误最极端的化身。"

  2. 惯习概念的首要作用是摒弃笛卡尔的意识哲学，从而避免了在具有灾难性的机械主义和目的论之间进行选择。即远离"目的论"和"机械论"的二分法。

  3. 当我们说他或她被赋予一个惯习时，因为社会行动者体现了客观结构，他们是一个集体的个人或者一个集体的个人化。惯习是社会化了的主体性，一种历史先验的，其感知和评价（偏好体系、品位，等等）的系统是集体和个人史的产物。

  4. 基于以上这些论述知道：惯习在任何意义上都不是行为的机械原理；它是有条件的、有限的自发性。

  5. 惯习所带来的刺激和反应之间是被历史屏蔽的，因为惯习本身作为历史的产物它是相对稳定和持久的，因而也相对的独立于历史的。

  6. 惯习是行为高度经济化的准则，它有助于计算上（尤其在研究和测量成本的计算方面）的巨大节约，也带来了行动时尤为稀缺的时间资源方面的节约。因此，它特别适合于存在的一般条件，这些条件要么是因为时间压力要么是因为必要知识的不足，使得几乎不可能对盈利机会进行自主的、有计划的评估。

  7. 惯习与场域是一种在实践中被模糊化的关系，因为它是一种没有计算者的计算、没有目的的指向性行动。

  8. 作为先前经验的产物，惯习作为行动的倾向提供了对不确定性情境的实践掌握，并且为与未来的关系提供了基础。

  9. 实际上，经济学的正统思想用超知论所假设的"常识"（我知道你知道我知道）所解决的问题，在实践中由一系列的惯习解决了：在很大程度上他们是相称的，它认可对其他人的行为的彼此期待。集体行动的矛盾在实践中找到了它们的解决办法，这些办法基于一个隐含的假定，即其他人会负责地、持久地并且真实地行动这种持久性和真实性体现在惯习的持久性之中。

（转引自斯梅尔瑟、斯威德伯格，2009：98—102）

总之，在《经济人类学原理》一文中，布迪厄用"经济惯习"批判了理性主义倡导者和方法论上的个体主义倡导者所理解的人的行为理论，认为他们是"极其不关注经验"，认为这种狭隘知性论，或者是理智中心论的超理性主义，直接"与有关的人类实践的历史学科中最伟大的发现相冲突"。

在布迪厄的社会实践理论中，惯习（habitus）是最重要的基本概念之一，惯习是贯穿于他的社会实践理论体系并且是整个理论的起点。布迪厄所指的惯习是一种集体行动的、持久的、规则行为的生成机制，而不是个体性的、技能性的熟练习惯。所谓"惯习，就是知觉、评价和行动的分类图式构成的系统，它具有一定的稳定性，又可以置换，它来自社会制度，又寄居在身体之中"（布迪厄、华康德，2004：171）。布迪厄强调的"惯习"一词的关键是"禀性"。禀性既具有持久性（被铭刻在社会的自我建构中），又具有即兴创作能力。禀性首先是指"起组构作用的行为结果"，近似于"结构"这一概念；它还指一种"存在的方式，一种习惯状态（尤指身体），特别是指一种趋向、倾向、素质、偏好"。因此，在布迪厄那里，"禀性"有两种意思，一是结构，二是倾向。禀性是外部条件结构转变为自我期待的结果，这一由外转内的过程也就是社会化的过程，禀性一方面在制约行为，另一方面又在产生行为。禀性是行为的结构性限制，又是行动生成模式。（洛佩兹、斯科特，2007：146）

其实，布迪厄是在 1967 年翻译潘诺夫斯基的《歌德式建筑与经院哲学》一书中，初次使用了惯习（habitus）这个概念，主要是注重行动者的规范和认知能力方面。之后，他明确提出惯习/习性是可持续的、可转换的倾向系统，倾向于结构化的结构（structured structures）和促结构化的结构（structuring structures）的功能。结构化的结构，是指惯习源于早期的社会化经历，是结构的产物，为行为设置了结构性的限制；促结构化的结构，是惯习作为一种结构化的机制，是实践的产生者，为实践的生成提供原则（布迪厄，2005：20）。同时，布迪厄也承认，惯习"或许会在某些条件下被其他原则取代，比如理性的、有意识的计算。这种情况是发生在危机的情境中，这种危机情境打破了惯习对场域的直接的适应性（Boudieu，1990c：108）。也就是说，危机情境或经济利益关系很强的地方，可能会促使高度有意识的谋划方式产生。这个时期，布迪厄强调了惯习的载体——身体、惯习与结构的"相互建构"特性，再往后他进一步认为，"惯习是含混与模糊的同义词。作为一种生成的自发性，在于不断变化的情境的临时遭遇中确定自身，它遵循着一种实践的逻辑，这种逻辑虽然含糊，带有大约的性质，但却确定了与世界的联系"（布迪厄，1996；2005：19），他强调了惯习的实践特性。布迪厄理解的惯习概念本身就是一个生成过程的概念、是一个开放性的概念。布迪厄还在不同的场合曾使用"文化无意识""塑造习惯的力量""心理习性""结构化的实践""知觉、欣赏、行为的心理构架与操作构架""基本的深层内在的主导模式的几何""感知、评价和行动的心理与肉体图式""有条理的即应创作的生成原则""身体化的历史"等术语表达惯习的含义，但最后他选择了禀性，他认为，禀性非常适合于表达惯习概念所涵盖的内容，因为，禀性表明了"一种存在方式，一种身体上的习惯性状态、倾向、脾性或嗜好"。另外，禀性（disposition）与位置（position）又在文字上的同源性，大概是布迪厄特别看重的，因为从时间维度来看，布迪厄认为惯习也影响着行动者在场域中位置的确立。布迪厄理解的禀性概念是一个在关系网络中使用的概念，用"disposition"较适合于惯习与场域中决定型构的"位置"（position）相关。

　　布迪厄所阐述的"惯习/禀性/习性"的核心含义是一致的：一套深刻的社会内在化，导致行为产生的主导性情倾向。指向的是一种实践的而不是话语的、前反思的而不是有意识的、身体化的同时是认识的、再生产的但又是创新的行为理论（斯沃茨，2005：117）。它既是主体间性的，又是行动者个人的构成性场所，被结构化的惯习就是结构与行为、社会与个人之间的动力学交叉点。显然，禀性并不是单纯地复制经验，而是以一种独特的、创造性的方式，再生、重建和改造社会条件的一种主动性的动力因素。历史就存在于行动者的禀性之中，人们的行动和行为模式，总是带有历史的痕迹，禀性在显示历史轨迹的同时，又对历史原有的痕迹进行适当的改造，以便适应当下的境遇。禀性指导着人们的活动，又在活动中表现出来，它具有双重结构，一方面是表现在行动者内心情感结构中的主观精神状态，另一方面是表现在行动者现实生活和实际活动的客观实践（宫留记，2007：77）。

禀性概念重要之处在于提出行动者实践的意义与作用。禀性作为一种处于实践型塑过程中的结构，同时作为一种已经被型塑了的结构，将行动者的实践感知模式融合进了实践活动和思维的活动之中，禀性是实践的生成机制。布迪厄认为，禀性来自行动者长期的实践活动，一旦经过一定时期的积累，经验就会内化为人们的"禀性"，去指挥和调动行动者的行为，成为行动者的社会行为、生存方式、生活模式、行为策略等行动和精神的强有力的生成机制。"这些图式，来源于社会结构通过社会化，即通过个体生成（ontogenesis）过程，在身体上的表现，而社会结构本身，又来源于一代代人的努力，即系统生成（phylogenesis）"（布迪厄、华康德，2004：171）。正如布迪厄于1990年在一篇文章中提到的："历史行为——即艺术家、科学家的行为，或与工人、小公务员行为一样多的政府成员的行为——的源泉不是与社会相对抗的活跃的主体——就好像那一社会是一个外在建构的客体似的。其源泉既不存在于意识之中，也不存在于事物之中，而是存在于社会活动两个舞台间的关系之中，既存在于事物中客观化的历史与身体中具体化的历史两者间的关系之中。前者以制度化的形式存在，后者以被我称作惯习的持久的性情系统形式存在"（转引自薛晓源，2005：78）。布迪厄赋予了禀性这种心智结构双重的历史性作用，通过禀性的双重历史作用，社会结构远不是历史机械过程的自动产品，而它只能是通过场中各行动者的实践和各种策略来实现自身。

总而言之，运用前面我们对布迪厄场域、资本等概念的理解，以及本节对其"禀性"概念分析，我们把它运用于市场实践的研究，那么，"经济禀性"的概念模式可构建如下：

前提：批判正统经济学的超知性论→实践理性
条件：经济场域/行动→"相互建构"
机制：结构化的结构→经济行动的社会化过程
　　　　促结构化的结构→经济行动的生成原则
资源：资本/资本兑换→占据的经济社会位置
目的：实践→经济行动者决策/策略（实践感）

＝经济禀性→行动＝目的＋（前提＋条件＋机制＋资源）

　　以上我们构建了一个布迪厄理解意义上的经济行动者的行动实践理论。它主要是要摒弃正统经济学对人的行为超知性论（机械式统计学意义上的行为）解析，认为在一个市场/经济场域中，人的行为与其在当中的场域是一个相互建构关系，其中，强调行动者行为是一个被社会化的过程，但又不是被这种社会化所形成的经济规则牢牢控制，而是他/她能把这种规则内化在其行动中，根据其所理解的在一种"既时性"中其所占有的资源条件下，在与其他行动者的遇合中，发生了一种有策略的经济实践活动。

　　布迪厄禀性概念似乎并没有给我们提供一个明晰的"行动路线"，主要还是停留在"解释一个行动是如何发生"它所具有的"社会性约束条件"的控制变量问题上。因此有学者曾经批评布迪厄的理论是一种"结构产生惯习、惯习决定实践，实践再生产结构"的这种公式化倾向。对此，布迪厄的回应是，他就是要破解这种循环论提出的挑战，因此认为："惯习这个概念，揭示的是社会行动者既不是受外在因素决定的一个个物质粒子，也不是只受内在理性引导的一些微小的单子（monad），实施某种遵照完美理性设想的内在行动纲领。社会行动者是历史的产物，这个历史是整个社会场域的历史，是特定子场域中某个生活道路中积累经验的历史。"（布迪厄、华康德，2004：181）并引进行动者为何行动的，是因为他所占据的社会位置，由这种社会位置来"决定"自身时产生的"感知"和"评价"范畴决定，同时又说明这种感知和评价范畴是由制约他们的建构过程的社会条件和经济条件所决定。在这里，布迪厄最后引进了，如他所言，"说到底，只有借助'无意识'，在无意识的契合中，决定行动的机制才能发挥作用。"而这种"无意识"只有与行动者自身性情倾向相结合，行动者才能获得某种"主体"之类的位置。于是，布迪厄强调，"惯习所产生的行动方式并不像根据某种规范原则和司法原则推演出来的行为那样，具有严格的规律性。事实上，这是因为，'惯习是含混与模糊的同义词，作为一种生成性的自发性，它在与变动不居的各种情境的即时遭遇中得以确定自身，并遵循一种实践逻辑，尽管这种逻辑多少有些含混不清，但它却勾勒出了与世界的日常关联'"（布迪厄、华康德，2004：181）。但同时，布迪厄又指出，"实践逻辑的逻辑性只可以提炼到特定的程度，一旦超出这种程度，其逻辑便将失去实践的意义"（Bourdieu，

1987a：96）。

　　总之，布迪厄的惯习概念是一种"没有遵循法则的，受控于其自身的性情倾向，按照自发原则发生，并根据实践逻辑产生的行为"。说到底，布迪厄的惯习概念如其所言是与"含混""模糊"同义词，如果按照这样理解布迪厄的惯习概念，事实上，布迪厄什么也没说，只不过是阐明了"日常行为"何以发生的逻辑罢了。如果是这样，那么"行为科学"努力研究去发现人的行为是否有规律性的学科，显得没有任何意义了。但布迪厄也给自己留下了一个其自身的"学术空间"，那就是，"实践逻辑"是有限制的，即实践逻辑的逻辑性只能提炼到"一定的程度"，超出这个"程度"，它便失去"实践的意义"。在这种情况下，布迪厄最终才说明了"场域有同构性，但不同的场域有其自身的差异性存在"。如果回到布迪厄理解的这个意义上而言，那么，经济场域中的人的行为，显然是以"经济利益"为主导的，但又受控于其所在的场域中的行为者自身长期以来的社会经济条件的制约，重要的是行动者受控于其所占据的资源条件制约。于是，我们可以引发出这样的一个追问："行动者行动的自由空间/余地有多少？与行动策略是什么"的问题。

行动者的自由余地及其策略

　　承认行动者行动的自由余地，是在整个市场变迁过程中，由一种法规或律法有意创造的规则受到来自诸种市场力量和创新力量的挑战。也就是说，行动者在行动过程中，会受控于他对某种情境场域的约束，但他也会迸发出一种像"企业家精神"一样的一种市场或创新力量去突破原有规则。但同时，市场是一种社会的建构，它需要组织，甚至繁多的组织去满足其运行的要求。从这个意义上而言，组织维度是居中心地位的、是第一位的，因为它为行动的开展和有效性提供了路径和可靠支撑。因此，人的行为与社会结构（常表现为规则）的交互作用是一个错综复杂的世界，但又经常处在潜在不稳定和冲突的过程中。市场组织的存在，它激发了人们对组织社会不稳定因素方面的挑战。强调市场中的行动者具有一种改变规则的力量，是基于认为，把市场组织这种现象看作是在构建场域局部秩序（local order）过程中的一种权变性（contingent）结果，它具有暂时的稳定性；而行动者会根据其自身力量去改变这种暂时的稳定，以获得实现自身的一种能力体现。关于这方面的理解，法国组织社会学家费埃德伯格如此认为组织现象："组织，既是一种容器，又是容器中的内容；既是结构，又是过程；既是对人类行为的制约力量，同时又是人类行为的结果。组织为集体行动实践提供了持久的条件与力量。"（费埃德伯格，2005：3）

但在费埃德伯格看来，行动者行动的自由余地是因为行动者总是在选择的过程中，行为建立在一种"投机性"的基础上。他是这样理解的：

> "行动的自由，受到他们所在的行动领域中的物质条件和社会条件的限制，这些条件是通过一系列包罗万象的，抑或是统一性结构和规则来维系的。然而，即使所有这些因素都能充分地限制行动者的选择范围，它们也无法消除行动者选择的投机性。因此，行动者的行为永远不可能被简化为这些统一性的结构。也正因为如此，行动者的行为也不可能从统一性的结构中推演出来。事实上，他们的行为是一种个人'加工'（tinkering）的产物，他们既从统一性的结构中获取材料（要素），将其融入原有的格局（original arrangement）之中，这些'加工'，抑或布局安排，通过各种物质的和非物质的机制（device），经由不断重复，被整合为日常惯例，并被制度化；但是，它们仍然具有不稳定性或潜在的不稳定性。"
>
> （费埃德伯格，2005：8）

应用这种理解思路，我们可以这样理解市场组织：市场组织是一种局部的稳定社会秩序，它是被市场参与行动者通过"加工"而有机结合和调整之中出现的，它不能被依次还原为那些统一性的结构。行动者是这种市场组织的转换中介，行动者根据市场组织提供的一种规则，这种规则是一个相对独立的政治结构，它调节着其中参与者的各种利益，行动者在运用这种市场组织规则的同时，也努力从中获取得到的自身利益。市场组织的稳定需要一种规则和结构，而要实施这种规则和结构显然是与权力挂钩的，人们的交互行为也总是在这种权力关系中凭借其有意为之的利益、意图和策略来维系。但实践中的行动者总会在这些虽被市场组织的规则和结构力量所控制，同时也能通过"创造新的资源和技术"，去改变这种固有的规则控制，而这就是市场组织中行动者的自由余地。

作这种理解的市场行动者，其前提假设条件是：他们的行动表达着各种思量、意图、预期以及各种情境中的计算，而且其行动在任何市场条件下，都不可能用先在的因素加以解释，亦即假定存在着有"行动能力"的行动者。而这种"行动能力"即是我们所声称的"实践能力"。简而言之，如费埃德伯格所言，行动者并不是超级理性的，也不是像海绵般吸纳各种外在规范的人，而是一种"认知型社会人"（cognitive homo sociologicus），"他参与阐发对于自我和他人的定义，参与行为、态度、资源以及目标的创造；而且，当用他或她的历史来对他或她进行标示时，绝不可能简单地将他或她还原为其历史本身"。（费埃德伯格，2005：202）这个就是"决策行动者"的含义，它认定：

一个行动领域之中的所有个体总是在始终不断地推测他们的同伴，每一个人都在对其同伴的个性、兴趣、愿望和计划做出种种假设。一种持续性的相互作用在不断地进行，在此过程中，每一个人都在对其他每个人的行为进行译解，以便能够做出相应的反应；他知道每个人在做同一件事，每个人都知道他们都在这么做，而且每个人自己都清楚其他人也知道他在干什么。所以，在这个领域中，每个人都被设想成为积极的存在者——一个不只是被动地服从周围的环境，而且也对周围环境进行建构的人，一个在适应他/她的行动领域之中的游戏规则的同时，又反过来通过自己的行动来改变这些规则的积极行动者。

（费埃德伯格，2005：202）

于是，费埃德伯格构建了一个行动者的决策模型，我们可将其归纳如下：

经验的（empirical）行动者
人本性的（human）行动者
+精于计算的（calculating）行动者
=决策行动者→"决策理性"（根据）

其中，经验的行动者表达的是这样一种观点：确定个体/集体行动者是一种社会的建构，即要把它们作为社会的构成物来对待。在这里，强调行动者在某一组织中所获得的一种身份、认同和惯例对其行动的影响，但行动者在受制于这些规则的同时又能够通过他们的行动去改变这些既定的条件，使其转换变形。

针对当前以卡隆和拉图尔为典型提出的行动者网络理论中，把"非人类的行动者"，或者说"人类以外的行动者"（nonhuman actants）当作一种建构社会的行动者看待的观点，费埃德伯格认为在组织分析中没有必要采取他们所提出的观点。因为，在他看来，虽然社会行动产生出的诸种存在——包括人类行动者与非人类行动者，但非人类行动者"始终总是不太靠得住的产物"，仍然要将它作为自然的存在物来理解。

关于"精于计算的行动者"，费埃德伯格从一种方法论上的功利主义（methodological utilitarianism）视角阐释了正如克罗齐耶认为的那样，人天生具有一种"策略本能"（strategic instinct），人具有选择的能力，即具有理性的计算能力，人的行为不仅归因于以往的社会化，同时还有应对诸种境遇中对他人的"直觉性的预期"，并归因于他们对其各种短期利益和长期利益的相应理解而作出的行为选择。人的行为是一种"决策理性"，始终是一种文化性理性，是一种情境性理性和以经验为依据的理性。并且行动者在做出行为选择时是基于"利益相关"的考虑，这种利益可能是诸种要素同构在一起的——既有物质要素，又有非物质要素；既有策略性要素，又有文化性要素；既有经济理性要素，又有情感要素，等等。总之，人的行为是基于在"特定的行动领域"中，根据其所判断的一种认知进行有意向性计算的结果。

由此，我们认为，最近以费埃德伯格为代表的法国组织社会学家提出的一种"行动者策略"的学术进路，在理解人的实践能力方面，相对而言，比布迪厄在场域中行动者实践能力的解析上，向前走了一步。在理解行动者为何能有行动能力即采取怎样的策略行为时，布迪厄强调的是行动者行动的条件是其所受控于占有资源的限制，是一种"没有计算目的"的行为；而费埃德伯格则从组织行动的视角分析了行动者作为中继者角色运用其权力并"精于计算"的从而改变组织形态的角度，分析组织何以改变的情况。总的说来，他们都是努力在构建一种行动者具有"实践能力"的学说，以解析受控于一定组织条件中的行动者，他不完全是一个物理学意义上的"粒子"，也不是经济学意义上的"经济人"概念，而是一个在组织场域中，行动者能够判断其所占有的"位置"，一方面，其行为受控于组织规则的限制与约束，但另一方面，行动者又能从中得到对其所在的组织场域进行改变的能力。

"建构结构"指称

沿着以上的理解思路，在借鉴他们学说的基础上，并根据我们所关注的领域——市场组织，且融合经验性的案例，我们拟定提出了一个"建构结构"的概念，以求对其能进一步做出解析。关于"建构结构"，我们已经在论文的方法论部分作出了分析，并对这个概念的提出阐述了理由，在这，我们再次强调：

1. 布迪厄的"禀性"与费埃德伯格的"行动者行动策略"，可为我们提出"建构结构"概念提供理论资源。但他们都并未进一步论证"体现在行动者实践策略能力上的行动与组织结构的互构关系中，哪一方占优"的逻辑分析问题。

2. 提出"建构结构"概念是基于以下的考虑。第一，在理解"行动与结构"关系的问题上，我们倾向于"行动与结构既是互构的关系，同时又要承认主体行动的建构意义，但其又被结构所强约束的"的这种理解方式。这样理解的行动与结构关系它指向三个层面：一是阐明了行动与结构是互构关系；二是承认了主体行动对结构的建构意义，并且结构本身也是内含有被行动所建构的一种动态变化；三是在行动与结构关系中，强调了结构对行动具有强的制约影响与作用。第二，"建构结构"从词意上可理解为：结构是由人的行动建构而成的；作这样理解的结构内蕴有与个体建构是一个动态相互建构的过程；而建构结构整体词意又可理解为是一个由行为禀性/策略出发的而又被结构所型塑的一个行为结构特征；它的落脚点在于个体行为，但又包含有对结构层面的一种相互建构的辩证关系。第三，从功能主义或是结构主义的视角看，"建构结构"话语表达表现出来的是一个矛盾的词语组合，而这种理解恰是我们意欲打破的地方。总而言之，我们的理解是：建构内蕴有结构的含义，而结构也是一个被建构的过程，建构与结构是一个相互内储的动态、个体与整体相互包含的辩证关系，但其中强调结构对行动的强约束力作用。

3. 强调建构结构具有社会结构的基点作用。制度、关系结构都可在建构结构的理解内涵内找到它们所给予的烙印。建构结构是制度、关系结构转化的中介，同时也是它们生成的机制。制度、关系和建构结构是"三位一体"的关系，在这个一体化的关系中，建构结构是基点，制度、关系结构只有通过它才能被我们所理解。

市场建构结构观的经验性应用

市场中商人行动者的"建构结构"就是从商行动者的一种内在倾向系统，它承担着一个商人社会内在化的型塑过程和被激发的商人特定禀性的职责。商人行动者是一个社会化的有机体，一个被建构的有机体，一个融合于特定市场社会结构中内在结构化的有机体，同时他/她又建构这个特定市场社会结构的一种被其所建构的行动特征和固有内在的市场社会结构的承载者。建构结构是一个历史时间和特定空间内的商人禀性积淀。商人建构结构的形成是一个在场知识与技能获得的过程——要结合具体的在场活动才能掌握的一套知识技能系统。这样理解的建构结构特性，犹如波兰尼（Michael Polanyi）所言的"缄默知识"（tacit knowledge），即"难以言说的知识"一样对行动者行为产生影响与约束。

经济市场的规律就是："生意归生意"，而要达成生意需三个基本要素：市场、商人和交易行为。市场在周宁钢贸商的心目中已经内化为一种钢材市场，"你在哪个市场挣钱？"周宁人的口头禅可见一斑，钢材市场在周宁人心中就是一种交往和利益实现的场所，一种致富的方式。交易是市场行为的特性，交易需以某个特定市场为依托，是自愿转换物品、劳务等为载体的权利交换方式，是以资本的增值为目的的交换行为。而商人行动者是完成生意行为的主体，"商人"之"商"显示了其职业特性，商人为其"商"，是个经商禀性建构的过程，是一个被商业文化先验地"铸模"的心智模式的形成过程，也是一个在场参与习得经商技能的过程。

在迈向经济市场时代中，行动者的建构结构有集体和个体之分。周宁人集体经商建构结构是在周宁多数人都有的共同经商心理定式，只要条件成熟，比如筹备到了一定资金，有亲缘、同学和熟人做钢材贸易等，周宁人就会自动生成地去从事钢材贸易这种特殊经商倾向。这种经商的建构结构心智模式是整个周宁人在最近二三十年里被灌输的意识中形成的。这种经商的禀性有着规范性的暗示，并对周宁人有不同程度的强制，使越来越多的人接受这种钢贸禀性，从事商业，从而形成了集体建构结构特性。而个人钢贸的建构结构，其形成是个人受集体经商建构结构的影响，或是在帮助他人经商务工的经历中形成的一种比较稳定的心理/思维倾向。周宁人个体建构结构的形成一般是通过做钢贸生意的实践中巩固下来的，当然这种建构结构的铸就或是个人的本能，或是经计算的一种理性选择，如下海的商人，或是模仿他人经商的行为模式，也可能是与一个人某次的钢材贸易的务工经历相关，等等。

周宁人经商建构结构的型塑是周宁人在理解钢材市场这种市场制度安排能给他们带来一种致富的地方，认为它是值得去投入的一个领域，同时又在不断形成的钢材市场里对自身关系资源的一种把握基础上，对从事钢材贸易这种行业境况的反应。钢材贸易这个领域激活了周宁人短期和长期的经商储存信息，使得周宁人能够将从事钢贸的意识导向和其所拥有的各类资本资源进行整合，从而做出决策进军钢贸行业。

但每个进场进行经商活动的周宁人，其所拥有的资源是不同的，早期入场的商人是在中国经济改革开放以来，经济社会百废待兴，市场活动空间大，尤其是钢材供应由国家统一调配到市场化的过程，周宁早期经商人士抓住了这个机会，积累了一定的经商经验和资金的积累，尤其是客户关系的积累，使得这部分商人在市场中占据了优势地位；而后期一些周宁人在钢贸氛围中被输入一种钢贸经商意识，也纷纷涌入这个群体，但其掌握的资源远不如早期进场的商人。后期进场商人基本上是在早期商人成功的"故事"中，习性被建构化了。这种建构来自集体经商建构结构的影响，同时又是后进场商人通过不同渠道习得的一种禀性使然。俨然在这种经商磨炼中，形成了占有资本资源的不同分配。这就赋予了市场中不同经商人士的不同社会位置，由于占据不同的社会位置（其所占有的不同资本决定的）会在钢材贸易这个同一领域里进行"同一块蛋糕"的争夺。因此，商人行动中产生、再生和转换的制度和社会关系，是建立在他们因这些资本资源的争夺基础上的。

从经商禀性理解钢材市场这种制度和钢材市场本身内部的复杂关系，就是我们要理解的行动者与市场的社会结构相互影响、相互制约和相互建构的"建构结构"视角。从建构结构出发理解的经商禀性是一种"市场场域"的分析范式。这种范式的优势在于从经商的禀性铸就，而后因商人所占据的不同资本，从而发现在这样组织起来的钢材市场里俨然存在的一种等级制的市场结构，它是我们理解市场与经济学分析的不同之处。通过集体经商建构结构的影响和个体经商建构结构的习得与实践，使得商人具有了一种"意识之下"（infraconscious）和"语言之下"（infralinguistic）的经商禀性获得。这种禀性的获得与发展，才使得钢材市场这种场域的社会关系和市场制度得以形成了如布迪厄所谓的"合成一体的资本"（incorporated capital）。这种"合成一体的资本"所映射的钢材市场中的客观关系和制度被合并成了商人的一种主观行为禀性。即经商禀性它内化了市场的制度安排与市场的客观关系，在这建构结构体现了"制度"、"关系"与"禀性"的三位一体关系。这样理解的市场建构结构特征，它阐明了商人在他们行动中所面临的实际社会境遇的内在化和一般化表达。

同时，作为建构结构理解的经商行动者它包含有一种"经商实践"的非论说（non‐discursive）形式，经商实践给出了一种商人做什么、如何做和应该怎么做的实践"意识"。这样，经商的建构结构给在场的商人一种关于市场的社会结构的实践意识，依照这种意识，商人能够不假思索和例行公事似的彼此定位他们自己。由经商禀性所导致的对市场社会结构的认知结合和具体化，并需要以直接和显然的方式对某种规则的学习习得，这种经商禀性的实践意识包括了"一种基于没有'规则'的管理的生成程序的'没有概念的知识'"（布迪厄，1972：76，1979：470）。经商建构结构的运用就预先假定，商人围绕他们行动的市场场域的资本资源而做出选择，他们的行动是由"情境中的自然反应"这种"即兴表演"创造性地被组织起来的。一种经商建构结构就是将商人可用的选择组织起来，其特点是"不需要积极的思索"，因为禀性是"没有意识的自发性"。在集体经商建构结构的影响中，一种经商的意识不断被灌输、培育和模仿，个体经商的建构结构就逐步显示出来，这种被灌输、培育和模仿的意识被合并为产生他们自己未来行动的结构。随着时间的推移，个体经商建构结构逐渐被纳入集体经商建构结构的"大军"中，同时又反过来影响着个体的经商建构结构养成。

以上我们是借鉴布迪厄的禀性概念对我们所提出的"建构结构"观

进行了经验性案例的分析，其中主要阐明了"建构"与"结构"是一个相互内储的动态过程，并且强调了集体建构结构对个体建构结构的影响机制。但这还远不是我们提出"建构结构"观的意涵所在，因为"建构结构"概念的提出，我们既强调了个体禀性中的一种被习得社会化的因素的同时，也着重阐明了结构社会化的一种如制度结构或是关系结构对个体心智结构的强约束与影响作用。因为在布迪厄看来，行动者习得的一种禀性它是由"无意识产生"的一种"无须计算""无目的"的自动生成的生成模式对其行为进行指导与导引，并在不同的情景境况遇合中，由行动者的"实践"行为按照其理解的正确方式进行决策的。显然，按照这种理解方式，行动者的行为永远都是"正确"的，因为他们总是能根据他们所占有的资源进行不同的决策，而这种决策总是能够给他们带来他们想要追求的东西（利益）。因此，在这里，我们认为，布迪厄的禀性理论走入了其自身相矛盾的地方：一方面，布迪厄努力构建一种行动者通过"实践"能力去改变其社会位置的"社会实践理论"；但另一方面，行动者的"实践"能力又完全陷入他所声称的由行动者的"占有资源"所控制，行动者在这好像又是一种被社会化的"原子"在盘绕着。

根据我们所调查案例，即周宁人的经商习性看，由初期改革开放所释放出的市场力量被周宁人正确理解，使其能从一个小山县出来的人转变为一个市场的弄潮儿，而后期在介入融资运营期，并且国家产业政策的变化、世界经济形势的改变，尤其是其所从事的钢材行业的产能过剩导致的"行业重洗"特征，它并没有被周宁人所正确理解，其行动仍然沿着原有的一套"经商禀性"在起作用，使其最终陷入全面崩溃阶段。如果按照布迪厄的禀性理解模式，显然市场中的商人行动者他／她完全能够把这种外界经济形势的变化内化为一种正确的行事方式，诸利益相关行动者不会盲目去跟风。例如与钢贸市场、商贸商有利益关系的地方政府管理部门也不会进行项目审批，金融银行系统也不会盲目地给商贸商进行融资资金的支持，而造成当前大量的银行坏账问题。

因此，我们所提出的行动者的"建构结构"观，一方面，承认行动者的禀性是一个行动与结构（功能主义意义上而言的）相互建构的关系，即行动建构与结构是一个相互内储变化的动态过程的关系；另一方面，更是强调在行动者行动／决策／实践时，既定的制度结构与关系结构对行动者本身的强影响力作用。而"建构结构"这个概念，我们认为它能同时体现上述这两者之间的关系。

再思"实践感"：应用与批判

经商禀性的行动方式并不是严格按照某种规范原则、司法准则这种事先设定情景进行活动的。借鉴布迪厄的理解，经商禀性遵循的是"实践感"——即实践逻辑，在经商经历中形成一种禀性，并按这种禀性的行事方式做出不同情境中的某种决策。在这个意义上，我们可以理解行动者的经商实践逻辑，它是一种经商行动的生成模式和商业行为的示意图。

实践逻辑意义在于行动者对某事关注、偏好和情趣划分、持久认识结构中，从为特定场域的感知和适应的反应定向行为模式中，获得了一种实际活动的体系。如布迪厄认为的：

> 实践并不需要——除非例外——在某个由自觉行为提出并按愿意决定的规划或方案中，明确地建构像这样的未来：实践活动在它合乎情理的情况下，也就是说，是由直接适合场域内在倾向的习性产生的，是一种时间化行为，在这行为中，行动者通过对往昔的实际调动，对以客观潜在状态属于现时的未来预测，而超越当下。

（布迪厄，2007：151）

布迪厄笔下的禀性实践感是：一种它既能抛弃时间和历史是外在并先于实践自身存在的形而上学表象，又不是迫使人们接受时间化理论的意识哲学，而是强调实践感创立了一种"实际生活活动当下"的社会再生产逻辑。结构对行动远不是机械化的过程，它只能是行动者禀性的生成模式，行动者将结构内化为适应自身存在的方式而产生作用，即进行禀性自身的再生产活动。这样理解的"实践感"它是要努力捕捉"没有意图的意向性"（intentionality without intention）、"没有认知目的的知识"（knowledge without cognitive intent）和"前反思（prereflective）的下意识把握能力"；这样理解的"实践感"它是捕捉行动者真正的社会实践的东西，以求回归那个我们凭借生存这一简单事实的社会，那个在任何客观化活动之下就不可分割地被我们负载于身的社会；这样理解的"实践感"，它是试图引回行动者身体作为实践意向性的源泉，作为植根于禀性形成经验的前对象性层面上交互主体意义的源泉。做出这些对行动者"实践感"理解的方法是，它得益于认为禀性是一种具有生成能力同时又有"即兴表演"能力的理解，因为实践感是禀性的表现形式。

社会结构与行动者并不是一种客体与主体的关系，而是一种社会建构的"互构"关系，禀性与决定禀性的结构是一种相互占有（mutual possession）的"本体论契合"（ontological complicity）关系。因为，在布迪厄看来，"'实践感'在前对象性的、非设定性的（nonthetic）的层面上运作。在我们设想那些客体对象之前，实践感所体现的那种社会感受性就已经在引导我们的行动。通过自发地预见所在世界的内在倾向，实践感将世界视为有意义的世界而加以建构"（布迪厄，华康德，2004：22）。可见，布迪厄强调的实践感行事方式是一种"灵感式"的，无须事后认识和计算理性的助益。无论何时，行动者禀性适应了其所在场域的情况，这种实践感就引导行动者驾轻就熟地应付他所面对的场域世界。

运用布迪厄"实践感"理解周宁钢贸商的行事方式，具有强的理论解析力，即它可理解周宁钢贸商在一种由"实践感"的行为导引方式中从一个山县人走向了外出务工经商的市场行为。若按布迪厄的理解，在场域中的行动者具有一种其所理解的正确方式在从事活动，这个行动者包括个体与集体行动者。但是，后期周宁钢贸商在全面介入银行融资行为时，并导致当前全面危机事实，无法从行动者实践感导向的实践行为理论得到解释。因为在布迪厄那里，行动者永远能够从其所理解场域的内外力量关系，正确地按照其"经验与对当下"的一种正确方式在行事。因此，我们认为，需进一步分析"实践感"对行动者行动效能的意义与作用问题。

一方面，如若行动者对其所在场域是一个值得追求的地方，且场域本身是一个"良性运转"的社会实践空间，那么，这种由"实践感"导引的行事方式，它能促进行动者得到发展。

另一方面，如若行动者所在的一个场域社会空间是一个被更大场域所影响，且其场域已经不是一个值得去追求的地方，那么，由场域控制的行动者如何作出判断，尽早远离这个场域，这个需要场中行动者更多智慧的同时，我们提出"社会规划"部门应从更高、更大层面去正确引导场域中的行动者。这也许是"现代国家"存在与作用的地方，而不是相反，各个相关利益者，尤其是一些经济管理部门从自己部门利益出发，强化了这个本该不值得诸行动者去追求价值与意义的地方。我们所调查的钢厂与钢贸商，当前国家层面的一种能促进经济社会发展的"规划"显得尤其重要。

从调查情况看，周宁钢贸商按照其"实践逻辑"的行事方式，主要表现在以下几个方面：

涌进钢贸行业由实践感所导引：从组成钢贸人员看，周宁先期从事钢贸的主要是一些所谓"体制外"生存的人员，但后期一些"体制内"的公务员、事业单位的人员纷纷"下海"，涌进该行业。一个人口不到21万的山县，居然有将近10万人从事钢贸行业就可见一斑。涌进该行业的人士基本有一种认识："那么多老乡在从事钢贸都能在上海（外地）买房买车，我为什么就不行？"在这种实践感动力下，遵从一种"我也能行"的方式涌入钢贸行业。

市场价格判断由实践感所导引：在钢材市场里的商人，在做经济决策时更是遵循以往的经验，每时每刻都在进行钢材价格的判断而做出是否进行买卖的决策。钢材的价格每天都在浮动，尤其是推行的钢材期货电子盘，更是使钢材价格处于千变万化中，商人决策所遵循的就是根据以往的经商经验，在做不同的判断。"摸不准价格是往上涨还是下跌"是市场里从事钢材贸易商的普遍心态反应，但每时每刻他们都需进行钢材贸易。这种实践感是从现有的信息中解读出钢材市场所包孕的各种未来可能状态。由于经商经历、目前市场价格和对未来价格预见在经商人士的禀性里彼此交织、互相渗透，使其能激发出一种"建构结构"的力量促成生意的买卖关系。商人行动者是在主观结构与客观结构的双向社会生成过程里，根据行动者"灵感"激发的实践，使钢材贸易这种生意方式得到存续。

经营策略行为由实践感所导引：把钢材贸易商置放在一个钢铁产业链中去理解，目前中国的钢材贸易商处在"尴尬"的产业链困境之中。自从中国的钢企普遍实行保证金代理制之后，钢贸商就处在一种"劣势"地位，钢材市场里一种普遍的现象是，当有利好的消息出现之后，如铁矿石谈判的价格、国际船舶运费的调整、煤价的提高等情况出现后，钢材的预期价格就会往上涨，这时到钢厂订货就比较难，即使是代理制，也会推迟订制钢材的回货时间；若是在钢材价格往下跌时，再加上社会钢材库存量没有消耗的情况下，钢厂就加速往经销商处发货，而价格没有上去，造成经销商高进低卖的市场"价格倒挂"现象。在整个钢铁行业场域里，经销商就是"受控者"，其进货与出货是受控于钢材价格的变化，一般钢企需要提前预付保证金和订立购销合同，在价格无法摸准的情况下，经销商也只能根据以往经验的判断、目前价位和未来预期做出适合自身设想的情况进行买卖关系。在这里经销商遵循的是"实践感"逻辑。另外，在经销商钢材贸易场域里，尤其是供货给"工地"的供货商，其行为策略在目前中国"工地"行规里，遵守的是"垫资"制度——这可能是经销商竞争强导致的结果，也可能是中国的工地房地产商利用供货商的"垫资"支付制度而降低成本的原因，在订立购销合同的明确法律下，时有"拖欠"之事发生，经销几年积累的资本可能是一次"拖欠"回笼不了资金而无法使生意进行下去，这种情况时有发生。"做还是不做"经常是工地供货商的两难选择，在竞争激烈的市场竞争中，"不做"肯定是赚不到钱，"做了"其风险又是很大。这种"做"与"不做"的选择，商人一般也是根据"实践感"逻辑作出决策的。经验在这里显得特别重要，与开发商的沟通中，哪怕是一举一动、一个言语、一种对工地进度的判断都将决定他是否是一个"诚信"和有"实力"的开发商。"老道"与"新手"是周宁县人形容"工地"经销商的形象表达。

企业经营融资行为由实践感所导引："企业联保＋钢材市场担保/担保公司担保＋第三方监管"的融资模式得到银行金融机构认可并在其发展中，一方面由于企业自身做大规模需要银行资金配套，另一方面也来自市场内部一种由"模仿、同构"的文化意识实践感力量在牵引着。"手头有资金"是彰显企业在市场中社会位置的第一考量，"有钱人会跟有钱人在一起"，"圈子是由你有多少钱决定的"，这些在钢贸商中平常的话语表达，它很明显地显示出市场中行动者的地位问题。而你的资金是从"哪里来的"，并没有多少人真正去关心这个实质的问题。自2009年之后，因经济刺激政策影响，周宁钢贸商从银行融资变得简单了，以"融到多少钱"成了判断一个企业成功与否的主要标志，而不是"你今年挣到多少钱"作为评判企业成功与否的标志。大量钢贸商就是在这种"大家都融资"的情境中，盲目跟风，而不是真正考虑自己的企业/公司是否合适融资的问题，况且高昂的资金成本已经不是依靠钢材贸易的利润能够补足。

这个融资成本计算，其实钢贸商心知肚明，但仍然像"着了迷"一样，凭借自己在周宁这个圈子中的"社会关系"在不同的市场和地域进行以融资为目的的"商业"活动。另外，后期融资因银信政策变化、产业结构调整，"手头有资金"的钢贸商，大量地把资金转移进固定资产投资、钢贸市场/担保公司再生产、民间拆借、下游终端用钢客户竞争"垫资"等而无法及时变现的"活动"中，在银行还贷时限里，并在融资结网风险传染机制下，造成了全面信任体系崩溃。出现这种境况时，周宁钢贸商仍旧抱着"法不责众"的心态，而事实上，当前已经是"山穷水尽"了，"跑路"、破产和被认定为骗贷行为而"刑拘"成了周宁钢贸商当前的整体业态。

在这里引发了一个重要经济市场发展的问题："在一个由市场构建的场域空间中，场域结构力量对其中行动者是强的，行动者施行的由'实践感'引导的行为决策模式中，行动者经济决策受控于其所在场域的性质，相对于整个社会经济发展环境而言，商人行动者力量是有限的，而这个在场的'市场场域'由谁所建构出来的"，这需要进一步探讨。

对于这个问题的回答，市场构建的利益相关者，其中包括国家政策、政府行为、地方管理部门、中国社会文化特征、特定市场内部型构特点，以及参与市场实践活动的行为者本身的经商素养，等等，都是参与了一个特定市场场域的构建。一个特定市场由盛转衰的历史表明：在当前中国经济制度背景下，"错误市场行为"的后果纯粹由市场具体经营者承担，也就是说，国家在没有"统一规划"，或者说"有规划，但在执行部门缺席中，甚或部门利益寻租中"导致的市场错误行为都需由市场具体经营者承担，显然是一个"现代国家"没有从"被管理的市场行为者"视角看待问题的思路。

三　市场中诸行动者的策略

作为社会结构的市场是关于市场理解的一种社会学视角的回应。我们提出的市场社会结构观，是基于把一个特定有组织的交易市场视为一个社会结构看待。周宁钢贸商所构建的钢材市场是一种社会的建构。其中，钢材市场作为一种制度安排，是被诸制度结构（包括正式制度与非正式制

度）所构建的；因钢材市场诸参与者其所占据不同的经济/社会位置，它
所形成市场本身的型构关系是关系结构所固有的；而钢材市场总是由诸具
体的钢贸商行动者所构成，在这个意义上而言，钢材市场是一种钢贸商的
"建构结构"存在。为获得在市场中的利益，即进场的商人总是以获取利
益且认为该市场领域是他们值得追求的地方。商人行动者总是通过他们的
具体行动去争取他们的需要，这就要求行动者做出商业行动策略，以便他
们能够在其所在的市场实践空间中生存与发展。

　　这一节，我们主要从行动者在实践基础上因其所占据在市场中的社会
位置，为使他/她能够进行自身的再生产采取的经营策略进行分析，之后，
我们再从一种是否可能存在行动者策略的基础上，发现组织变革可能性的
行动者策略方面来理解。

在位者/受控者策略

　　这方面，其主要观点是：市场中的在位者与挑战者犹如被锁定在一个
"博弈"之中，在"博弈"的策略中，在位者的目标是再生产出他们的优
势；而挑战者的目标要么是直接挑战在位者，要么接受一个在场中较卑微
的角色。在这过程中，挑战者也不断地被重复再生产出来。

　　市场中能占据在位的企业一般有结构性（经济性）和策略性（行为
性）等原因。其中包括有市场运作的基本条件——产品的外部需求和成
本核算条件、产业所处的生命周期阶段、在位行动者阻止他者的策略性行
为以及整个经济所处的商业周期阶段等。经济结构性的因素我们将在后面
论述，它主要影响市场的变迁力量。这里，我们将重点讨论在位企业/受
控企业的策略性行为因素。在位企业主要是在非完全竞争市场中，在位企
业对稀缺性资源资本和有限需求的排他性占有而有了一种"占先在位优
势"，具体说，首先，拥有资源资本的优势——在位企业对特殊资源如 YF
钢材市场中的在位企业与供货商的联盟关系以及得到市场开发者的资金融
资担保支持等；其次，认知的先动优势——早入进场而具有的顾客偏好锁
定的公司品牌优势；再次，市场容量的占先优势——如 YF 钢材市场的在
位企业对钢材市场容量的抢占性填充，使挑战者企业者面临较小的生存和
成长空间的需求总量，等等。

　　在 YF 钢材市场，在位企业由于他们具有"占先在位优势"，能够掌

握产品价格的界定，并采取行动致力于再生产出他们相对于较小的挑战企业的地位，因而在场中是他们支配着 YF 钢材市场。在 YF 钢材市场这种特定的市场中，价格机制（即供求平衡）是置于所有在场企业的不稳定因素的始作俑者，因为价格的竞争机制促使所有企业具有竞争的能力，因此在位企业的目标就是为自己提供一套关于如何应对这种价格竞争机制所带来的潜在的不稳定的认知。在位企业为彼此之间的行为制定框架，其目的在于使在位企业不要彼此发动直接的价格竞价。YF 钢材市场的在位企业之间的约定——如经销不同的钢材品种、规格以及在位企业的有意识联盟培育扶持等，都说明了市场的社会结构实质上就是一种"权力系统"，凭借这种权力系统，在位企业采取策略和方法实现自身的稳定，并再生产出他们相对于挑战企业的地位。

如在我们所调查的 YF 钢材市场中，上海 XH 金属材料有限公司就是这样的一个例子：

> LM 是上海 XH 金属材料有限公司的"老板"，其企业注册资金是3000万元，其公司长期致力于经销方管，目前是 YF 钢材市场最大的"方管"经销商，常年库存可达 3 万吨，"XH 方管"已然成为钢材业内的"大户"，该公司经销的方管品种、规格齐全，是几个上游钢厂的一级代理商，与上游钢厂建立了战略合作关系，成为钢厂的代理商其利益在于一方面货源的稳定供应，另一方面在于价格的钢厂"返利"，钢厂"返利"政策的制定，维护了经销商的一定的价格优势，使新进者无法得到价格上的优势。因 XH 公司是 YF 钢材市场最大的钢材经销商，其经营策略就是限制其他经营方管的商户进场，其限制方法有不欢迎进场商户是经销方管的，比如找出理由若市场在引进其他经营同类产品的客户，那么就威胁市场股东，其要撤出该市场，联合市场股东不给其他经营同类产品的商户公司给予融资担保，使他者企业无法发展壮大，从而稳定自己企业在 YF 钢材市场的独一性，且保证其在位的优势。另外，目前市场股东经销的钢材品种形成一个约定，每个股东都经销不同的钢材品种，以保证股东之间的"和谐"合作，并与商户中的大户形成一种竞合关系的经销产品与价格联盟。

> （观察记录—20090807）

由于目前钢材市场开发的普及，特定钢材市场的在位企业所采取的策略与方法并非总能成功地阻止价格竞争。稳定的钢材市场结构并不是总能维持与出现，企业总是在大的经商环境中寻求价格的优势，从而影响特定市场中的在位企业的地位。但是，企业控制竞争的策略并不像新古典经济学所说的那样，仅仅局限于用价格的手段，在位的企业或企业联盟可以采取多种战略博弈赢得优势以便稳定自己的处境与地位，如与场中商户的信任度提高，可以为加盟会员企业（一般都是挑战性的企业）提供一个固定时间段的"先拉货，后付款"、"欠期××天"的优惠政策，以便巩固一定关系的"人脉客户群"等方案，巩固特定市场中的社会关系，而市场中的商户到其他市场未必能得到如此的"欠款"条件，因而场中的在位者还是赢得了优势，等等。

市场在位企业为使自己的企业能够维持一种"在位优势"，需建构一种让场中商人行动者形成一种固定的社会关系的认知，这种认知有如费雷格斯坦意义上的"控制观"。"控制观"表述的是在位企业与其竞争对手挑战者企业的相对位置。这种"控制观"能够为企业之间的行动提供解释和辩护，同时我们认为它还是一种解释性的框架。在 YF 钢材市场，在位企业的目标就是在市场里创造和维持一个稳定的市场社会结构，并建立起企业间的社会关系，使自身企业得到生存与发展。在位企业为其他的受控企业制定规则与议程，如 YF 钢材市场制定的融资担保费用、仓储监管费用、门面商铺租金费用以及钢材吊装费用的收取标准和商品交易的程序，等等。挑战者企业可以通过设法迎合在位企业的游戏规则帮助自己得到生存与发展。因此，"控制观"提供了在场中的企业一种这样的认知：他们构建出了参与该特定市场的商人对市场运转方式的理解，并为参与的企业理解他们所处的环境提供帮助；这种控制观还可以被理解为建构出该环境的现实社会关系。控制观的目的是树立在场中诸企业行动者的一种共识，在位企业凭借这种共识能够避开直接的价格竞争。在位企业与挑战企业之间的竞争是关联的，一种价格上的竞争方案总是另一种挑战策略解决方案的一部分，在位企业的控制观渗透是其企业取得成功的原因之一。

我们假定 YF 钢材市场的在位企业建构出他们的行动目标，在于避开价格上的竞争，并稳定其企业与挑战企业之间的相对地位，我们就能解释像 YF 钢材市场这种特定市场里所发生的一切行动。比如，YF 钢材市场的在位企业致力于建立一种包罗所需的各种不同资源，如与上游钢厂的联盟关系、与金融系统的合作放贷关系、与市场中商户的"主客"社会关系的建立，等等。支配 YF 钢材市场的控制观一旦形成，场中的在位企业，尤其是市场开发经营者的在位企业，就能够利用这种控制观的共识，化身为一种特定的像 YF 钢材市场的地方性市场文化。这种控制观起着两种作用：其一，界定了在位企业与挑战企业之间的社会关系的本质，即它说明了在市场中谁是在位者以及为什么是在位者的一套本土性的认知；其二，帮助在位企业借以理解挑战企业的认知框架，即根据在位企业提供一套市场运转方式的框架，来理解挑战企业所采取的某一策略性行动。

在稳定的市场社会结构中，市场参与者就现实的社会关系所指的地位等级制和采用的策略形成一致观点。一旦稳定的市场形成，在位者与挑战者的角色就清晰明了，市场的社会结构尤其是作为权力系统的结构就显而易见。像 YF 钢材市场，经过几年的运作，其市场的社会结构基本稳定，整个市场中的行动者商人就能告诉旁观者在市场中谁占据着什么样的市场地位，谁是这个市场的强者，这些在位者的核心策略是什么。因而在场中的参与者，能够根据对这些在位者的不断再生产自己企业的策略进行理解，从而采取行动。在市场里，在位企业主要是关注其他在位企业所采取的策略行动，而挑战企业则关注在位企业的行为。稳定的市场结构取决于最大的在位企业之间的社会关系，在一般情况下，在位企业并不是很关心挑战企业的策略，因为他们并不会对稳定的市场结构产生很大的威胁，如果挑战企业因为特殊的原因，比如经营能力很强或者从外部市场获取大量的资金进场，从而开始挑战现有的市场秩序，则在位企业会应用其现有的资源进行整合或者是正视挑战，总之，最终目的都是巩固与强化现有的社会权力结构的控制与统治。

作为社会结构的市场，一方面，社会关系型构的现实塑造了市场中的社会权力系统，即社会等级制。因此，另一方面，在一个特定的市场实践空间中，受控的挑战企业其目标要么是直接挑战在位企业，要么是在在位企业的既定游戏规则中采取迎合的策略寻求企业的自身生存。但不管采取何种方式，其目的都是努力成为在场市场的上一个市场级次。如在 YF 钢材市场，"搬砖头"商想成为"工地商"，而"工地商"又想成为"现货商"，而最终的目标即是积累与整合各种资本资源，到别处开发一个新的钢材市场。

　　在市场中，挑战企业努力成为上一市场级次的策略，其借助的力量主要在于其拥有的各种资源的整合能力。受控企业为了自己能够分享市场份额而采取的与在位企业合作的一些策略，主要是建立一种合作的网络关系，比如与在位企业的联营、成为其固定二级经销户、建立信任企业关系以及"拉亲走友"关系的确认，等等，都是给自身企业建立一种向上一市场级次发展的策略选择。

　　在 YF 钢材市场，企业生存与发展最重要的是得到市场开发者的认可，从而能够从银行机构融到钢材货物质押的资金支持和企业个人贷款的扶持。在钢材市场的融资模式中，市场的开发者占据着金融机构放贷给市场中商户的中间环节，即融资担保的环节，因而，场中受控企业取得市场开发者的信任是重要的。由此，在钢材市场，挑战企业要想成为一个"准在位企业"需具备两个条件：其一，要有经营钢材贸易的能力——在强烈竞争市场环境中的经商能力，且不能与在位企业经营同质的钢材品种；其二，要得到市场的担保融资，使企业不断做强与做大。挑战企业可运用"一体化"的企业战略——垂直一体化（与在位企业或客户的合并）或是水平一体化（与同是挑战企业的联盟合并），目的的在于"接近"在位企业，获取其信任与融资帮助，或是与同质挑战企业合并联盟，形成规模经济优势，取得市场份额。

　　对于挑战性企业而言，其努力想成为市场在位者，是根据不同的市场成熟度，其采取的策略是不同的。一个特定的市场其形成是包含不同阶段的：出现、稳定和危机。处于新开发的市场，或是市场开发的初期是市场最不稳定的时期，在位企业和挑战企业的角色还有待界定，还没有形成一种被认可与接受的关系结构。新的市场或是特定市场开发的初期，是新企业孕育的时期，也是吸引其他市场中的企业参与进来的时期，在一个新开发的特定市场里，形成稳定的市场社会结构其途径主要有：要么按照经济规律或是"优胜劣汰"律，自然形成；要么国家政府干预、法律政策的影响；要么特定市场开发者的有意培养与扶持，等等。像周宁钢贸商在上海及周边地区，近年尤其在江苏省开发的钢材市场有 100 多个，市场的运转首先需有商人、公司进驻，钢材市场一般有铺位 100 多个到 1000 多个不等。新开发的市场，首要的是"招商"，招商工作是关键，也很讲究的，因为整个周宁县才21万人口不到，而已经有将近10万人（据不完全统计）在从事钢铁贸易这个行业，创立3万多家钢贸企业，而周宁商人开发的钢材市场包括码头有将近400个，平均进驻还不到100家，但像上海的SJ钢材城、YX第一钢市、ZQ钢材市场、无锡QYF钢材市场等进驻的企业一般1000家左右，因而新开发市场的招商是一个关键，新开发的市场与成熟的市场相比，主要在于成熟市场已经形成一种特定的社会关系型构，即在位者与挑战者企业界限较为明了。新开发的市场是新进企业在其市场中寻找其定位的一种机会，新市场需要一个培育市场稳定结构的过程，这其中，新进企业是否得到市场开发者的"认同"是关键，只有"认同"了，一些市场开发者其所拥有的资源才会与其共享，如介绍"好的"客户、与上游钢厂的关系介绍以及最重要的是得到市场的担保，能够从银行融到资金等。

周宁人开发新市场的"老板"一般是其原先所在市场在位者的角色。新开发市场的目的在于使自己的"门路"会更广，同时也得到"业内"和"产业链"的上下游认可，以及得到金融机构的更大支持。新市场的出现使一些在"整个圈子"里处在挑战企业位置性质的商人行动者有一个"好"的机会。由此，可以理解为什么新开发的市场进驻的商人基本是与市场开发者有一定的"关系"，市场开发者有按"差序格局"的方式形成市场开发初期的社会关系型构。新市场的开发，市场开发者一般会利用其以前的关系，引进一些"实力"较强的有一定"关系"的商户行动者，并给承诺：与市场发展共进退。因为市场的稳定需要一些"现货商"在位者的支撑，他们也是一个市场"名气"与"实力"的象征，同时像钢材市场只有依靠一些如"现货商"的经营，才会有更高的市场收入，因为市场的收入主要依赖融资担保费的收取和钢材货物的装卸吊装费用。因此，新市场的出现，新进挑战者企业因市场的稳定，社会的权力系统还未成熟，如何取得市场开发者的扶持是关键，是其向上一个市场级次发展的一个机会，其采取的策略是"笼络关系"最为显现。

在稳定的特定市场社会结构中，挑战企业要挑战在位企业的办法，只有"发展壮大"自己，靠自身企业的经营能力，积累社会经济资源，在一定阶段之后，得到市场在位企业的认同，其中关键的还是"关系"的认同，不然很难得到更大的发展，这种情况之下，这类行动者一般选择离场，要么去开发新的市场，要么"独立门户"，以企业名义购置固定资产，常年有一定的库存量，直接向金融机构申请融资扶持等。

我们调查的 XY 公司就是一例。

在 YF 钢材市场，不是周宁县籍的商户，只有几家，XY 公司是其中的一家。在 YF 钢材市场成立的初期它就已经进场了，原 YF 钢材市场是国有企业性质的企业，市场经营管理有限公司不会给下面的商户做融资担保，所以 XY 公司一直处在自我经营的状态，它也没有与市场中的其他周宁县籍的商户形成网络关系，但 XY 公司经营能力相当强，经过几年的经营积累，有了一定的资本积累。2008 年，YF 钢材市场实行"国有与私营"相结合的合作经营以来，因 XY 公司不是周宁县籍人士，无法取得市场的融资担保支持，当然其中原因之一，是商户向银行融资需有 5 户互保的模式，XY 公司无法找到市场内可互保的商户。在这种情况下，XY 公司最终选择离场，自己购置了上海新沪办大厦一办公室，自己到市场外租赁一个仓储仓库，直接向银行取得融资资金支持。

（观察访谈记录—20090808）

市场出现危机，其中一个重要原因是在位企业开始出现衰落。特定市场的在位企业衰落的原因一般有：市场之间的竞争加剧，更强大的市场重组兼并弱小的市场；经济形势出现变化，如 2008 年的金融危机，导致大部分的经销现货商因库存量大，而且大部分的现货商都把钢材质押给银行，而银行在钢材价格猛跌的情景下，更加加大监管力度，使大部分现货商遭受巨大的经济损失。另外，2009 年，中国国际铁矿石谈判的弱势地位、进口铁矿石的国家制度安排，造成上游钢厂的库存量剧增，而社会的需求又萎靡不振，2009 年，是现货经销商困难的一年，导致一大部分的现货经销商从事"搬砖头"的业务，因它更实在一些；政府规则的改变会有意无意地破坏既有的市场结构，如 2009 年，政府加大对上游钢厂的重组，形成了下游经销商的门槛更高，致使一些较小的经销商滑入经营"工地"或是"搬砖头"行列，等等。"船小好调头"是市场中挑战企业的优势，2008—2009 年，一些"搬砖头"商，会根据市场的情况，适时采取策略进行钢材的贸易，虽然"盘子"不大，但实实在在地赚到了一些钱。YF 钢材市场的 LP 公司就是这样的一个例子，LP 公司原是 YF 钢材市场的"大户"，往年经销 H 型钢，在市场里是唯一品种与规则最为齐全的公司，常年库存量达 1 万多吨，由于 2008 年的金融危机，因其是沙钢钢厂的代理商，每个月不管是否销售得"好"，都有固定代理经销量 5000 吨，经过 2008 年的金融危机与 2009 年的钢铁需求萎靡，该公司为求生存已经不再代理该钢厂的产品了，用其原话说，"这年头，还是实实在在地经营一些资金回笼比较有保险的工地做比较现实"。在位企业的衰落是挑战企业在特定的市场里，能够得到发展的一个机会，原因有二：其一，在位企业的衰落，挑战企业相对社会位置会往上升；其二，市场寻求稳定收入，一些在位企业的衰落，导致市场开发者的融资担保策略会往一些经营能力较强的挑战企业考虑，等等。总之，特定市场中，挑战企业会根据自身的企业实际情况，适时采取策略努力成为市场中的上一市场级次，求得生存与发展。

错位：市场变迁的内部力量

"稳定的市场就像沙基堡一样，它们被建立起来，持续存在一段时间，但最终会发生转型。"（弗雷格斯坦，2008：85）特定市场相对稳定时期，市场变迁主要来源于两个方面：其一，市场内部的社会型构（关系结构）发生变化；其二，市场之间的状况，如场外强资本的入侵使原有的稳定市场秩序受到破坏，其中尤其是市场制度结构的调整对市场的变迁影响是最强的。

由于特定市场中，在位企业忙于保护既有的稳定市场结构，因此在位企业很少成为创新者。挑战企业在受控地位之下，为寻求市场份额，会采取各种经商策略进行自身的不断强大，最终导致市场结构的变迁。

市场变迁是由于挑战企业的力量得到强化，最终形成一种新的社会结构权力系统。YF 钢材市场的挑战企业其场中社会位置的提高来自这几个方面：

1. 自身企业经营能力的提高；
2. 宏观经济环境的变化，致使经销"现货商"的企业受到经济上的损失，而相对地挑战企业的市场社会位置得到提升；

3. 挑战企业的联盟经营，形成集团化的二级经销商，相对控制场中在位企业的下游销售渠道（即管理模式的创新）；

4. 场内挑战企业得到其他钢材市场的融资支持（周宁钢贸商开办的市场很多，导致每个企业总是能寻找到他市场的"关系"，而得到银行融资资金支持）而使自身企业有充足的资金来源；

5. 部分挑战企业与市场开发商形成战略联盟关系，取得市场的融资与下游销售钢材供应渠道的支持；

6. 钢材销售渠道产品的变化（目前一些大型的用钢单位直接向钢厂订货，一些钢厂采取与用钢单位的直供销售策略等），导致场中一些在位的"现货商"面临销售渠道的萎缩，等等。

YF 钢材市场的上海 TL 贸易联合销售集团有限公司就是在管理模式创新的条件下，成为该市场的在位企业。

　　TL 贸易联合销售集团有限公司是 YF 钢材市场的"砖头王"（场中人士普遍这样称呼），其前身是由 YF 钢材市场的 MS 贸易有限公司、TY 实业有限公司、CZ 金属材料有限公司、DW 实业有限公司和 TL 贸易有限公司联合组成的。目前 TL 贸易有限公司是其联合销售有限公司的母公司，表面是 TL 贸易有限公司相对控股下属的子公司，但其公司之间形成书面合同按照每个公司 20% 的股份享受公司的盈利利润和承担相应的风险。该联合销售公司的子公司在 2007 年 8 月，每个公司出资 200 万元筹建而成的，该联合公司目前没有经销钢厂的产品，其经营思路主要是承担市场中的二级经销，即从市场中的现货商处提取钢材直接销售给下游的房地产工地、一些机械加工厂和厂房的用钢建设。其利润来源于现货商与"工地、机械加工厂"之间的价格差。"搬砖头"商没有市场库存的价格波动带来的损失，有供货单位就当天到现货商处提取钢材物资，没有下游用钢单位时则处在信息的搜集阶段，其员工大部分时间在外面跑用钢单位的业务。

　　TL 贸易联合销售集团公司还成立了"信息平台"，公司内成立各种钢材品种的热线电话，只要客户有需求的钢材品种，该公司能够在最短的时间内帮助客户寻求市场中最合适的价格渠道，同时与一些现货商形成战略联盟关系，其策略是终端客户得到了与市场一样的现货价格，但该联合公司能从现货商处提取每吨钢材 5 元的返利。这样的一种管理模式既方便了终端客户的信息渠道，同时也成为现货商的一个公司外的"销售部门"，从而实现客户、公司与上游现货商三赢的局面。

用 YF 钢材市场的话说，TL 贸易联合销售集团公司"绑架"了市场里的现货商，因为钢材的用钢最终是要寻求终端的用钢客户，而该公司掌握了终端客户的大量信息，该公司的作为与不作为直接影响 YF 钢材市场里的一些现货商的销售量。

在重新组合成立的 TL 贸易集团公司，在 2009 年取得了市场开发商的认可，以公司的子公司名义，同时又是联合的公司作为融资互保单位取得每个公司 500 万元的银行融资授信。其成功运作的模式，使该公司的所有企业打破了原有的市场格局，成为一个与市场开发商联盟的在位企业。

（观察记录—20091008）

市场内挑战企业的直接挑战会使市场原有的市场社会结构发生变化，其变化的趋势主要有：

1. 市场的在位企业接纳新的"准在位企业"，使其与在位企业形成联盟关系，这样就加大了在位企业的数量，市场的稳定需要在位企业与挑战企业按一定的比例存在，即有一个市场结构的"度"。当市场发生变迁，原挑战企业的数量增加超过市场稳定的社会结构时，市场就会沿着新的一种市场结构发展，原有的在位企业的利润就会受到冲击，市场趋于变迁之中。

2. 挑战企业的数量加剧，且控制市场的力量足够强大之时，在位企业就会受到重组的威胁，即我们所说的挑战企业"绑架"了在位企业，为寻求市场的发展，特定市场的开发商会重新考虑与谁联盟的问题，力量强大的挑战企业会成为市场的新的贡献者。如 YF 钢材市场有一个配套的互助式的民营担保公司，其股东的固定资产与"经商能力、实力"是得到银行认可的门槛，这样，力量强大的挑战企业就有机会加入该担保公司，从而改变了原有的市场型构，原有的稳定市场结构就会有新的变化，即挑战企业促使了市场变迁。这样理解的变迁力量即是拥有资本的挑战企业与其原有的社会结构地位产生一种错位，它促使市场发生了变迁。

侵场：市场变迁的外在力量

就调查的 YF 钢材市场，其变迁的原因我们可提出一种"外生理论"，这个理论将市场社会结构变化的主要原因视为原在位者无法控制的因素——包括邻近市场或经营同类产品市场的影响、原市场经营体制的限制、合作股东的变化尤其是场外强资本的入侵等——引起的。

在位企业或是原在位者对这些导致市场不稳定因素的反应是强化现状。在我们所调查的 YF 钢材市场这种情况尤其明显。这种压力，或者说维持原有市场结构的力量来自：

1. 原有与 YF 市场合作开发的原始合作者，阻碍因素主要是以威胁将要把其原有带进市场中的一些优质客户，在周宁钢贸商眼中即是那些经营"现货"的经销商带走，因为这些商户与原有的股东是具有"强社会关系"的。

2. 原 YF 钢材市场的中层管理人员其反应也是强化原有的市场秩序。因为，原有的中层管理干部在 YF 集团是按照国有企业的待遇给予的，若市场与民营企业合作，其原有的那种"社会地位感"将消失，且要受到民营企业管理和控制，心理感受上受不住。

但市场总是按照"优胜劣汰"的市场规律在运行。原 YF 市场因体制性的原因，虽曾与周宁人合作创办开始，但因其国有企业性质的原因，尤其是在市场给驻场商户融资担保方面一直无法迈开"脚步"，致使原有以 ZWX 为首的周宁钢贸商撤出合作。没有给驻场商户做融资担保使得其市场效益一直处在一年不如一年的状态。原因是：从 2004 年开始，周宁人在上海开办的钢材市场已经慢慢介入融资担保服务；资金密集型的钢贸企业其性质促使商人会往有融资担保扶持的市场，致使 YF 市场离场商户越来越多。为使 YF 市场正常经营，承担起其企业社会责任（100 多员工的安置问题）和回收前期市场开发的投资经营性费用，再次与周宁钢贸商合作是其明智之举，同时也是周宁钢贸商"合并"或"合作"经营一个在上海地理物流条件优越的钢材市场的机遇。

市场的转型或变迁是由入侵者促成的。"入侵企业最有可能是来自邻近的市场，而不是有很大差异的市场"（弗雷格斯坦，2008：79）。市场之间以各种各样的方式联系在一起的，特定市场其运作是受外界类同市场的影响，没有一个特定市场能够"独善其身"。尤其当前中国的专业市场——一般具有集中销售某类相同产品的特征，技术性的要素不高，容易被模仿，因此相同的市场总是在特定市场的周边不断地被模仿繁殖出来。YF 钢材市场的新合作股东大部分来自逸仙钢材市场，在逸仙钢材市场，他们不具备在位者的优势。因此，企业为寻求新市场来扩大自己的"势力"与"实力"，有机会与 YF 市场合作经营是他们的企业策略选择。入侵现有市场的途径主要有：

其一，与现有市场的股东有着密切的交往。如 YF 钢材市场的新合作者在合作之前与 YF 钢材市场所属的企业集团长期有生意业务往来，期间建立了一种可靠的信任关系。

其二，引进与股东企业相关联的企业，如与自己长期有合作关系、资金周转关系的企业进入该市场，由此削弱原先市场的稳定秩序。目前 YF 钢材市场的在位者是新股东以及新合作者引进的"有关系"的一些现货商。据我们调查，新合作者引进的一些公司目前在市场的融资担保下，2009 年度，每家公司从银行融资配套了 2000 万元到 5000 万元不等的融资资金支持。可见，YF 钢材市场原有的市场结构发生了改变，现在是新合作者"圈子"的人占据着市场的强势地位。

新入侵的企业何以能够掌控和使原有的市场发生变化？原因主要在于其引进了"强势资本"。市场尤其是资金密集型的钢材市场，其运作模式已经不是原有意义上的提供给进场商户的一个集中交易的场所，更重要的是市场的运作主要依赖资本市场与钢材市场的相互运作。YF 钢材市场原先是一个国有性质的企业，其市场管理者不愿意去承担给商户贷款融资的担保风险，因此近几年的运作，市场的效益无法提升。再说，在市场里的商户基本上是来自周宁县，而市场管理者不是来自周宁县，因此存在信息不对称的逆向选择和道德风险问题。2008 年，新合作经营者采取与市场的合作，其合作合同中明确了市场的融资出险责任与原市场的企业无关。在此基础上，合作经营者同时引进一个具有强经济实力背景的 SYL 担保公司作为市场融资出险的责任承担者。因此，在 2009 年的运作期间，合作民营企业经营方争取到相关银行 6 个亿的市场综合授信，从而激活了该钢材市场。

入侵企业的强势资本主要来自三个方面：

1. 进场企业自身长期经商的资金积累；

2. 进场企业利用其在其他市场融到的银行资金运作于该市场；

3. 在场企业通过市场经营管理公司的担保或配套市场的担保公司的担保取得银行的银信资金。

担保公司是激活市场资本运作的杠杆，也是国家政策层面支持中小企业发展的国家行动。2010 年之前，中国名列前茅的几个民营担保公司基本上都是周宁人成立与经营的。担保公司对中小企业融资的作用是不言而喻的，其作用主要体现在：

1. 在银企之间发挥"桥梁"和"润滑剂"的作用；

2. 有效分散银行风险，承担着"风险管理者"的作用；

3. 以信用担保为平台，提高企业的运营能力；

4. 规范企业间的互保现象，使银企间的融资贷款关系更加规范化、系统化和社会化；

5. 通过担保公司的信用升级和放大，取得银行更大的贷款额度支持中小企业的发展等。

2010 年之前，与 YF 钢材市场合作的担保公司主要有四个：新合作经营方自筹自建的 YC 担保公司、ZKZ 担保公司、SYL 控股有限公司和 ZM 担保公司。YF 钢材市场引进担保公司参与运作，使该市场的能级得到了极大的提升。担保公司的运作方式，一般都是由市场方提供客户，即市场作为贷前审查的过滤器。担保公司在运作时与市场的开发者有一定的合同约定，一般是贷后出险的风险共同承担制。由此，在 YF 钢材市场，市场合作经营者具有决定贷前审查资格的能力，市场的股东一般是根据自己熟悉的有经营能力的商户作为放款对象。这种模式更加确定了新合作股东的在位位置，因此也就进一步破坏了原有市场的社会型构关系，使市场得到转型与变迁。

引进强资本进场是使市场得到变迁的主要力量，我们调查的 YF 钢材市场在合作经营方的努力下，2010 年之前，该市场的"名气"在"业内"得到了极大提升，同时也更加强了新在位者的强势地位，使市场的运作能级得到提高。

危机：市场社会结构的转型力量

按照我们的理解，特定市场内部的变迁主要来自两个方面：

一方面是在固有的市场关系结构中，因在位企业采取"巩固保守其在位地位经营的策略"，使其产生一种"路劲依赖"而没有市场的创新能力，这样，因市场的万千变化，受控企业通过其灵活的经营策略，得到强大，从而改变原有市场的关系结构。因此，由"错位"引发了市场的变迁。

另一方面是当某个市场因在位者的经营不善，就有可能被场外的强资本企业所吞并，其策略主要有收购、并购、合作、合营等商业方案。市场在强资本引进之后，就改变了原有市场的社会结构，新进入者就会在新市场条件下建立一种由新进者主导的在位企业，由此，新的市场社会结构得以产生，使原有的市场发生了变迁。

以上我们是按照"市场逻辑"分析了市场变迁的力量方式。但实际上，经济社会的重要表现之一就是各个市场之间、外界经济社会环境以及国际/国家经济政策调控都使市场具有一种动态的交互作用特征。我们所调查的由周宁人经营管理的钢贸市场，近年，在中国经济社会转型过程中，已经进入了全面危机阶段。

显然这种由周宁人经营的钢贸市场全面进入危机阶段，已经不是钢贸市场其本身的一种内部的市场力量变迁的原因，即市场的变迁不仅仅是由市场中的商人行动者的建构结构一方面的原因导致的。同时，我们更是认为，它是一种由市场社会结构当中的制度结构与关系结构对其产生强影响的因素造成的。市场的稳定性来自构成市场的三个不同类型的社会结构，即制度结构、关系结构和建构结构其所构成的一种"自洽性系统"维系的。

因此，从这个"自洽性系统"视角分析市场的稳定性，我们发现造成当前周宁人经营管理的钢贸市场处在全面危机与崩溃的边缘，其市场的制度结构与关系结构发生了如下的一些改变：

1. 就世界宏观经济而言，自2008年金融危机之后，爆发的世界性经济危机到目前并没有走出复苏阶段，依靠出口带动的中国经济模式，在工业品、制造业方面其工业原料主要是"钢材"，显然，以"钢材贸易"为主的周宁钢贸商受到了极其深刻影响。

2. 就我国的经济制度而言，在 2008 年之后，本是受到世界经济危机影响下的中国经济，在国家经济刺激政策推动下，以拉动内需和投资、并施行银根放松政策刺激下，2009 年到 2010 年，经济发展显得"独树一帜"。其中尤其表现在房地产市场的强劲势头上。大力投资基础设施建设与房地产的强劲发展，使得周宁的钢贸商在其他行业纷纷陷入困境的时候，反而是钢贸商的"春天"。

3. 2008 年之前，前期钢材市场的融资模式，因没有出现银信贷款出险过，偶有出险，周宁的钢贸商也能在"集体维护"银行"声誉"中，及时把"银行的出险窟窿"进行填补。这种"声誉"背后显示出的"集体力量"在 2009 年之后，因在银根放松政策中，银行从自身利益出发把周宁的钢贸商列为重要的客户群看待而产生了一种"误识"。同时，银根放松政策也强化了周宁钢贸商从银行融资的"盲目"与"疯狂"。

4. 就国内钢铁行业而言，中国近几年世界钢铁消耗量占据着世界钢铁消耗量的将近 60%，急速发展的城镇化是带动钢铁行业的引擎。期间，各地方政府从自己部门利益出发，纷纷"上钢上线"，造成了严重的钢铁行业产能过剩。严重的钢铁产能过剩挤压下游"钢贸行业"的利润空间，同时，在"房地产行业"呈现一片"繁荣景象"中，钢材贸易商一边在微利中进行钢材经销（钢厂国内又普遍施行"保证金代理制度"——这占用了钢贸资金，同时又增加资金成本），一边又是为使"生意"能运转，在市场竞争中，给下游终端用钢客户"垫资"成了常态。

5. 因经济刺激政策的影响，钢贸商从银行融资变得简单了，主要表现在一般的钢贸公司通过"包装"（企业为进行融资进行的包转费用是高昂的，如固定资产的购买、注册资本金的提高、原在钢材市场内的门面店铺走向办公楼楼宇办公费用，等等）就能获得银行银信融资。显然，钢贸公司并不是从经济理性的角度考虑企业是否需要融资配套，而是在一种"你融我也融"的地方性知识观控制下的一种"盲目行为"。

6. 通过钢材市场与担保公司，甚至还需要缴纳所谓的"虚拟席位费、虚拟吊装费"中，一般钢贸商从银行到手的资金成本都在 15%—25% 之间，显然这种高昂的资金成本，迫使钢贸商从银行融资到手的资金走向了虚拟经济行业，其中主要表现为对房地产的"投机性"投资。

7. 从"强社会关系网络"形成的"融资结网",其传染机制在钢贸商中其任意一个环节的"走钢线"危险中,必然因某一些钢贸商因经营不善或投资不慎,导向了"闭环路式"的风险爆发。

8. 稳定的钢材市场秩序,即钢材市场在形成与发展中逐步形成的一种"在位/受控企业"稳定的市场"权力系统"机制,因钢贸商普遍"融资"获得资金,市场的稳定"边界"模糊了。因为"生意场"上,"只要你有钱"就能改变市场的结构格局。

9. 2010 年下半年,在"狂欢"的房地产行业中,迫于社会压力,国家开始施行房地产调控政策,周宁钢贸商融资风险终于因下游用钢用户的萎缩和房地产投机性的资金占用,并在国家/银行对钢贸商风险警示中,风险开始爆发。

10. 这期间,媒体的推动力量也是强大的。周宁钢贸商在 2010 年下半年的偶发风险中,因国内重要的经济性媒体开始高度关注这个群体,它促使了银行机构开始全面介入对周宁钢贸商的风险警示,银行在期间的作为是立即采取"不贷、停贷、不续贷"政策,这也促使了资金无法及时回笼的钢贸商全面陷入银行追偿的信贷中。

11. 当然,这期间,也部分因为一些钢贸公司恶意的行为,包括从不承担联保责任到恶意跑路现象,这也加剧了整个周宁钢贸商整体的信任危机(其中尤其包括银行对钢贸商的信贷信任以及钢贸商之间的资金拆借信任)问题。

以上我们是从钢材市场的制度结构与关系结构分析了为什么整个周宁人的钢贸市场当前处在全面危机阶段的多因素原因。从中,我们可发现,市场的变迁力量不仅仅来自市场内部商人行动者的策略性"错位"与"侵场"行为,更重要的是,市场的变迁力量来自"场外"的一种国家行动影响。

因此,在这个意义上而言,我们提出的市场社会学研究一个方法论问题,即"市场的结构与行动者的行动是互构的关系,但强调其中市场制度结构与关系结构对行动者建构结构的影响是强的"这种方法论的问题。同时,市场中的商人行动者因其承担着市场社会结构的基点、转换与中介的作用,因此我们提出的一个概念性术语"建构结构"其中所体现出的一种运思逻辑恰能表达这种方法论的意涵。

第七章　市场的社会结构:结论、再思与反思

社会学的作用就是构建一种实践经济学的一般理论。……
经济宇宙是由几个经济界构成的,这些经济界具有特定的"合
理性",必须有,同时也需要适合于属于它们的各自规律性,适
合于构成它们特点的"合情合理"的(不如说是理性的)情性
倾向。

——布迪厄

一些探讨

对"市场"的研究,一方面,因不同学科的研究方法与假设条件不
同,造成了这个领域的当前无序化争论。其中学科场内因争夺学科利益,
表现出了一种"各说各有理"的碎片化发展。但总的说来,市场这个本
是人类行为实践中建构出的一种经济社会组织制度,在"国家—市场—
市场参与者"多方构建的事实里,由多方产生了一种"共识"现已较明
显。这种"共识"认为:市场不仅仅是新古典经济学意义上的一种价格
机制;由"利益导向"的人的市场活动中,行为本身还具有社会性。由
此,我们认为,以研究"社会事实"见长的社会学对市场的研究显得更
具有理论解释力。另一方面,强调以"实证"研究方法为主的社会学,
因它能更接"地气",能从社会事实本身是什么的角度去发现一个"社会
现实"被建构的各种社会规划意图和人的行为特性问题,它显得更具有
理论的鲜活感。

总的说来,对市场研究的不同学科做一个简单的梳理,通过一个实证
的案例研究,进而我们提出了"市场的社会结构"理论。但对什么是
"社会结构"的理解,社会学研究领域也一直没有同一可概括的语言去表

达，但其基本特点是"构成社会元素的组成方式和关系格局"是一个较为被普遍理解的含义。但事实上，这个含义本身也并没有给我们提出其明确研究的对象性问题，而只是表明了一种"关系性"的概念，其研究内容与对象显得具有开放性的特征。由此，本论文提出"社会结构"的三个可操作性层面的概念，即把它分解成为"制度结构"、"关系结构"与"建构结构"等三个层面的理解方式。这种理解方式能够把一个"社会事实"置放在"制度、型构与行动者"这三个组成社会秩序的要素进行框架性的定义与分析。

市场，在我们看来它是一种社会的建构。把市场理解为是一种经济社会制度组织形式，也就是一种社会秩序，那么，从纯粹的经济学对其进行理解，它已经无法说明市场本身的复杂性问题。在我们看来，正统经济学的研究范式是一种"偷懒"的学科，因为为使其能够进行"规范"研究，把现实世界复杂的现象简单化为由一种人的行为的可预见性的完全理性计算得出的，显然，这种研究思路与方法，它无法穷尽现实世界高度交互性的特征。虽然，近几十年的发展，经济学当中的一些如制度经济学、奥地利经济学派等开始认识到新古典经济学固有的一种简单化的处理方式，并不是真正的经济社会本身，开始把其学科的基本研究假设慢慢贴近人的行为本身，但他们只是对其进行"修正"，并没有真正去改变它的意图。显然，这种建立在其基本假设基础上的经济学在现当代受到了挑战，这种挑战来自现实经济社会的"事实"，它号称可通过一种数理公式预见社会发展的方向。但当前出现的由美国引发的金融危机，而后蔓延发展为全球性的世界性经济危机问题，到现在为止，在我们看来，经济学家们并没有能提供一种可解决的方案。

当前，因"全球市场"的深化进展，导致了一种"经济社会的资源"应由哪种力量去施行，使它既能够有"效率"，同时又能够"公平"，因为只有既有效率又有公平的一种资源配置方式，经济社会才会有可能"可持续发展"。因为"没有人是傻子"，每个在市场社会活动中的"具体的人"，都会从自身的感受去理解这个经济社会到底给自己带来什么的追问。

我们生活在一个"被市场"的社会。由此，引发了我们对"市场"是什么的学术追问，或许从社会学的视角理解它也只不过是现实社会本身的"冰山一角"，但社会学的"现实关怀"与"批判性"特征，它能够从一个真真切切的"市场中人的感受"视角去分析这样的一种"市场组织"会带给我们一些什么的追问。

市场社会学的反思性特征表达了这样的一种关注：是谁建构了市场？市场这种经济社会组织形式，它代表了谁的利益？诸行动者在市场活动中，他们的各自"算盘"是什么？一个市场稳定健康发展的条件和机制又是什么？这些都是市场"本体论"的问题。但显然到目前为止，从相关的学术研究而言，我们并没有从中能够得到有启发性的见解。或许，学术本身也是一个被"市场化"的场域，它无暇去关注这些实质性的市场本体论的问题，而是各自忙于从市场化当中获得"眼前利益"为第一追求导致的。

当然，持这种观点的我们显得有点"狂妄"但又"无知"，但通过我们所调查的周宁钢贸商从发展到全面处在危机之中的境况而言，现有的市场理论，在我们看来，它无力去解析这样的一种情况："市场到底哪里出问题啦？"在现有的经济制度背景下，我们一般把这种情况归因于"市场实践中具体的人"的解析思路。但事实上，"集体被绑架""个人理性导致集体无理性"其内在的问题机制解析理路，并没有能够给我们提供一种在现代社会中人的行为解析方法。因此，从具体的个人视角去分析当代市场活动中产生的一种"集体非理性"的思路，显然是不够准确的。这样，我们必须引进一种"拓宽性"的视野，即市场中人的行为不仅仅受到个体实践理性的决策引导，同时在某种程度上它更是来自一种"超越个体性"的社会性因素在起作用。

由此，在沿用市场社会学一直以来把"社会结构"当作其核心要义的思路出发，我们把"社会结构"的含义分解成三个层面：制度结构、关系结构和建构结构，从而从这三个本是"三位一体"关系的社会结构问题进行剖析，以便去发现"市场是什么"的学术问题。在此意义上而言，本论文并没有能够提出一种"创见性"的社会科学的元问题，无非是在前人研究的基础上，去发现这个领域还需要我们做哪些努力，以便探讨当前我们所调查的案例，它能够给我们提出哪些还需要反思的现实问题。若能解决这样的现实市场问题，足以宽慰。

理论的结论

在这，我们主要总结两个理论方面的问题：其一，不同学科对市场研究的理论进路问题；其二，提出的"市场的社会结构"其含义是什么的问题。

如图 7.1 所示，我们归纳了不同学科的"市场研究"理路。

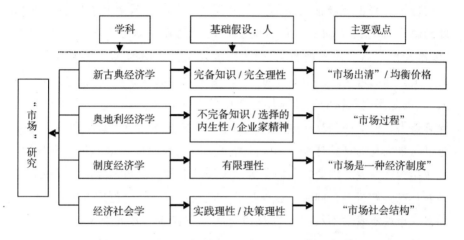

图 7.1　各学科对市场研究的基础假设与其主要观点

资料来源：笔者自制。

我们对学科学术梳理可发现：

新古典经济学是从"均衡"的角度理解市场，奥地利经济学是从"过程"的角度理解市场，制度经济学是从"制度"的角度理解市场；而经济社会学则是从"社会结构"的视角理解市场。究其原因，主要是其中每个研究视角所假定的"人类行为"不同。"均衡"论是建立在"完备知识"与"完全理性"的人类行为假设上，从而解析"市场出清"的价格形成对"资源配置"的市场问题；"过程"论是建立在"不完备知识"、"选择的内生性"以及"企业家才能"的行为基础上对促使市场连续变化的力量以及产生这种力量的原因进行动态分析；"制度"论是建立在"有限理性"的人类行为基础上从效率的视角分析"国家—制度"的市场解；而"社会结构"论则是建立在"行为—结构"互构的"实践"行为的"实践理性/决策理性"基础上对组成市场的社会秩序模式进行研究，其主要特点是从"合法性"的视角说明市场的制度形成、型构关系与变迁力量的问题。

　　我们认为，经济社会学对市场的研究是努力构建一种"全景式"的研究范式，以便对付其他学科在理解市场研究问题上的争议性，但这种"全景式"式的研究范式并不是一种"杂糅"，而是努力打破其他学科对市场研究基础假设的"不现实性"。市场社会学构建其理论的基础假设是一种理解"真正市场活动中的人"的视角，是从行动者社会性行为的角度理解市场行为活动的，它强调了行动者是在"实践"基础上的一种"实践理性"与"决策理性"，因为市场现实生活中的人，它并不是简单的一个犹如物理学意义上的"原子"，也并不是具有完全预测能力的"圣人"，而是实实在在的一种市场境遇中的"鲜活的人"，它具有理性判断计算能力，但又受到其社会经验性的控制，它会根据自己所掌握的现有资源进行最大化的利益计算，但又受控于其社会位置的原因，被一种权力/威权结构所控制。因此，我们认为从经济社会学的视角去分析市场中的行动者具有强解析力，同时在这种基础假设上，构建一个包括市场的制度性因素、市场本身的型构关系以及如何从"行动者"视角分析的市场，用一个具有囊括性的社会学概念"社会结构"去理解分析市场是什么的理论是较全面与准确的。

　　由此，我们构建了一种"市场的社会结构"模型，如图7.2：

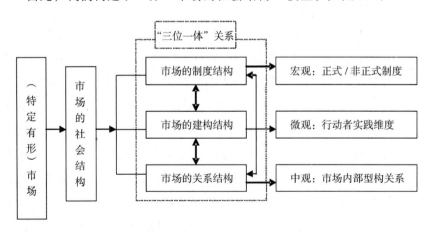

图7.2　市场的社会结构模型

　　　资料来源：笔者自制。

　　该理论模型阐明了：市场是在特定的正式与非正式制度建构中，行动者根据经商禀性习得的内生实践能力所构建的一种有其内部型构关系的经济社会组织形式。具体而言：

——市场的制度结构：市场作为一种社会的经济组织方式，它是以一种社会建构的制度存在。作为一种制度的市场，其理解方式得益于对"制度的社会建构性"的理解。市场这种组织形式它既是一种正式制度（国家政策、法律与规则的制定等）又是一种在市场中形成的如习惯、风俗、惯例以及行动者嵌入具体社会情境的反应方式等非正式制度。在历史进程中，市场制度是被行动者各方利益追求与相互影响所建构出来的。

——市场的关系结构：我们认为，经济社会学对市场的研究不仅是对构成市场本身关系型构中的行动者之间的一种社会网络分析，同时又要探索市场中一些更深层次社会学所关注的核心议题——如市场中的权力关系/威权结构、社会位置/地位、资本资源占有关系以及在这种关系结构中寻求市场变迁的动力机制等。

——市场的建构结构：从"行为禀性"出发理解的市场其如何被建构的过程是一种测量市场本体论的维度。行为禀性成为市场社会结构中被定位的结果，是铭刻在特定市场社会结构中的行动者身体上的，并塑造着行动者的思考、感觉和行为方式（策略）等。商人的存在和经商行为禀性的形成成为市场中社会结构生产、再生产和转换的中心，市场的制度、关系结构其虚拟秩序就"具体化"在行动者的经商禀性之中。但我们强调"行动与结构是一种互构关系的同时，更是表明了市场的制度结构与关系结构对行动者行动的强影响作用"，于是提出"市场的建构结构"概念，以阐明这种方法论意义上的一种表达。

我们认为，市场的"制度结构、关系结构与建构结构"是"三位一体"的关系，只不过是为了分析方便，我们对它进行可操作性意义上的分层分析，以便能更全面地理解"市场是什么"的问题。

案例引发的进一步思考

作者在周宁上海商会的邀请下，2013 年 4 月 28 日，参加了周宁上海商会开办的年度会议，与会人员达到 2000 多人（主要是会员企业），会议主要探讨了"当前经济形势下，周宁钢贸商何去何从"的议题。会议回顾了周宁钢贸商如何从一个偏远小山县进军上海从事钢贸行业 20 多年来的历程，期间曾出现辉煌的致富故事，但为何当前处在全面危机之中，做了探讨。当会议谈论到"钢贸商"当前境况时，会议场面可用"悲壮"形容不为过，整个场面哭声一片。一直以来标榜"钢铁般意志"的周宁钢贸商，全场"潸然泪下"了。

周宁钢贸商案例引发了我们进一步对周宁人经营管理的钢材交易市场以及对这个商帮群体的思考。

从国家行动层面上看

在中国经济发展模式由计划经济走向市场经济的过程中，再怎么强调国家的作用都是不为过的。中国从计划经济体系到市场经济的转型是在"国家主导""市场自发"的逻辑下，所有追求个人利益的个体相互作用的变革过程。中国的市场经济改革不同于东欧国家和苏联的经济改革模式，是一种渐进式的改革模式。这种改革模式若按张维迎的分析，主流观点是认为，"渐进式改革能够在一个长时期内分散和均摊转型成本，因此在政治上和经济上都更为可行"（张维迎，2012：158）。同时，张维迎也分析当代中国采取这种渐进式的改革其内在呈现出几个明显的特征：

1. 中国经济改革没有严格意义上连续不变的改革目标；
2. 中国的经济改革进程没有一个事先规划好的蓝图；
3. 中国经济改革是按照"从简单到复杂"的顺序模式进行的；
4. 中国经济改革是通过双轨制改革进行的；
5. 中国经济改革没有剥夺任何主要利益集团的既得利益，而是改变了既得利益的实现方式；
6. 中国经济改革被地方政府所主导；
7. 中国经济改革显示出巨大的地域差异；
8. 中国经济改革是一个实验的过程；
9. 中国经济改革是一个走走停停的变革过程。

（张维迎，2012：156—164）

若按市场经济学的理论分析，国家对经济作用而言，是一个外在的制度存在。它可以帮助市场行动者进行资本积累，它也可以干扰、破坏或加速资本积累。但是它无法从根本上影响市场经济组织的形式和经济活动的协调。国家政府可以有强有弱，但是它很少成为经济生活中的变革性力量（Weiss，1988；引自费雷格斯坦，2008：8）。显然，这种西方经济学话语的经济学分析方式在当代中国走向市场经济转型过程中对其进行理解，并不是中国经济模式显示出的特征。针对中国经济改革呈现出的经济模式，我们认为，"国家并不是凌驾于经济之上，而是它直接渗透在市场经济的社会结构之中"。亦即在当代中国犹如张维迎的看法，特定的市场形势使它被地方政府所主导，被相关利益部门所推动下的一种没有完全按照国家层面的"有计划施行的市场政策"规划下的一种"片面化"市场发展模式。甚或国家层面上也是一种"走走停停、实验性"的市场改革步骤引发的。由此，我们认为，针对周宁钢贸商当下出现的"集体融资"导致的一种融资出险传染情况，在承认钢贸商自身的一种"融资模式"与在各地方进行"市场再生产"的盲目投资弊病之外，是否相关的利益部门，尤其是在"招商引资"压力情况下的地方政府与银行内部的考核制度导致其盲目放贷追求其利益等行为方式相关？

从钢材市场自身的模式看

从"临街插架"经营，到"前店后库"式钢材交易贸易市场，再到"以钢贸市场为融资平台"模式的转变，这是周宁钢贸商经营钢铁"流通环节"的市场组织模式的历程缩影，同时也是中国市场经济改革模式中市场行动者被催化以适应其经济发展模式的一种缩影。

这种市场组织模式体现了一个由国家计划经济体系迈向市场经济转型过程中，市场商人参与其中的一种由"市场形成阶段中个体走向市场经营的尝试""到市场模式逐渐成熟化发展所形成的一种稳定体系""再到'实体经济'介入'资本经济'发展的交互过程"的三种阶段模式。这其中，由"实体经济"与"资本经济"相结合的模式，因"资本经济"的杠杆作用，它会导向两个不同方向发展：一方面，加速"实体经济"向更高经济模式层面发展，会产生一种"强者更强"的经济市场格局情况；另一方面，加速"实体经济"走向衰退，甚至危机产生，最终没落、消失。显然，周宁钢贸商所从事经营管理的钢贸市场犹如后一种情况。

一个市场组织形式，它的稳定需要一种组织规范、威权结构、行动者角色定位以及社会位置规定。在周宁钢贸商全面进入融资阶段之后，这种稳定的市场体系受到了破坏，"谁是在位者，谁是受控者？"其疆域边界模糊了，市场内部的威权结构因此也受到了破坏，市场行动者互相之间形成的错综复杂多向度的权力形式，构成了市场的无序竞争。同时，这种由"资金说的算"的市场活动中，"英雄不问出处"，即企业通过一种所谓的"包装"，而不是真正需要银行配套资金进行再生产的模式中，"谁都有可能通过短期的融资"成为被别人认为是一个市场"在位者"，这显然违背了市场发展规律。

在一种中国"强社会关系"文化模式引导下的市场商人行动者在劳动力转移的务工经商时期，其作用是强的。周宁人创办的钢材交易市场完全是在一种以"社会关系"为纽带的"帮带"过程中，形成了一个个犹如"村落集群体"式的商业形态模式，这种模式在经济市场型社会中，它杂糅形成了"情理社会"与"法理社会"的复合体，市场中个体之间表现出极其复杂的关系。一方面，它促使了该商业群体的快速繁殖增长；另一方面也促进了尤其是"民间借贷"行为的无序化。后期，周宁钢贸商的银行融资与他们之间的"民间借贷"变得常态化，这促进了该商业群体膨胀式地涌入，因为经营钢贸变得更简单了（但实际上并不是真正以经营钢贸为主的商业行为，而是以融资转向在他们看来是更高利润的"投机性"行业，其中最主要的就是投资房地产等固定资产的投机性为目的）。"社会关系"引导下的周宁钢贸商群体其创建的融资模式"5户联保 + 市场担保/担保公司担保 + 第三方监管 = 融资"中，它得到了强化。一方面，在银行看来，所谓的"知根知底"的5个商户企业联保在一起，商户内部会形成一种相互监督的作用，同时通过钢材市场的担保或担保公司的担保能使银行减少信息的不对称——即逆向选择与道德风险的问题。但从钢贸商所形成的这种模式中，银行并没有进一步思考："集体合谋"的问题。在后期开发的钢材市场中，这种"集体合谋"得到普遍的发挥，即市场/担保公司股东通过为其担保的企业融到银行的银信资金，要按照一定的融资资金与其"共用"。这种"共用"模式，它起到了两种作用：其一，在市场或担保公司看来，它能化解或减少银行信贷出险时的一部分偿贷压力；其二，给商户造成了一种"反正有市场或担保公司担保"的预期心理效用，其资金的运用显得更加"大胆和盲目"了。另一方面，银行在资金信贷过程中，其实是"知道"周宁钢贸商的这种融资"共用"模式的，但量大的信贷规模与利润，也促使银行与市场/担保公司之间形成某种"合谋"关系。从我们所调查的情况看，有些时候，银行的客户经理甚或帮助信贷企业"如何做企业报表"以便能"通过"银行内部的一种审贷程序，等等。

　　另外，"强社会关系"形成的一种"融资结网"模式，它强化了其风险传染机制。排除"合谋融资"的社会学意义而言，企业之间这种融资结网的模式是极其容易导致风险传染的。在经济上行时，市场的效率预期它促使市场中的诸行动者（包括地方政府、相关管理部门、银行银根政策以及市场商人参与者）强化了这种融资模式，因为有充裕的市场流动资金可使"瓮盖"游戏得以运转，并表现出一片"繁荣景象"；但在经济下行时，这种经济下行可能来自国际层面的经济形势逆转，也可能来自国内相关产业的调整，或是迫于某种民众的呼声（如近年房地产行业的虚高现象），具体市场行业在这其中必然受到关联，一旦整体经济或是行业经济受到经济下行的压力，那么，身处其中的诸行动者就会从自身的利益出发考虑如何把损失降到最低而采取了一种"囚徒困境"式的各自理性选择。在融资结网模式中，地方的银行机构是最大的利益者，但同时也可能是最大的利益受损者。一旦出现联保企业信贷出险时，银行是最敏感的。在我们所调查的周宁钢贸商，其融资结网膜的破裂开始于2010年下半年的国家房地产调控政策的出台，以及相应地银监局连续出台的对上海钢贸商的"风险警示"政策。这两个政策的出台，一方面，它使当前中国房地产业的泡沫浮出水面，而从银行融资到资金的周宁钢贸商因大部分的资金都投入到与房地产有关的产业（固定房地产的投资/投机与房地产钢材"垫资"供应）开始变得被动；另一方面，提高了所有与钢贸商融资相关的银行机构的高度警示，银行开始采取"不续贷、限贷、停贷"政策，这加剧了钢贸商流动资金的萎缩。由此，开始逐步出现钢贸商跑路、自杀现象。期间，再加上有关媒体的渲染报道，加剧了市场"恐慌"气氛。这时间，民间的借贷网也开始无效，整个坊间出现了信任危机与崩溃。这些因素都加速了融资结网风险传染机制的作用，它促使了周宁钢贸市场当前处在全面"崩溃"阶段。

　　周宁人经营管理的钢材交易市场当前处在"崩溃"阶段可引发我们

的进一步思考：

1. 是什么力量在推动这种钢材交易市场的"融资结网模式"。

2. 钢材市场的无序再生产，是谁导向的？市场发展本身规律的需要还是地方政府政绩观的需求？

3. "产能过剩"的钢厂境况，是谁造成的？因为它挤压了下游贸易商的利润空间，并出现无法预期的钢材价格波动。

4. 近年，中国房地产业的"繁荣"导向，是谁推动的？因为它迫使中国的"实体经济"在一定程度上走向了"空壳化"。

5. 本是为中国中小企业融资服务的担保公司在走向成为是一种与银行"合谋"的关系，银行的作用又是什么？

6. 在"强社会关系"文化模式的中国，在走向"法理社会"的市场实践中，从国家管理层面又需要做些什么？以抑制市场中的"非治理因素"的强作用。

7. 当前，在全面处在"崩溃"边缘的周宁钢贸商，管理层与银行机构应是着眼于"共同解决"问题的思路，采取"有区别地对待"原则，而不是"一刀切"的方法，因为它加剧了周宁县20万人群体走向灭亡的道路，这是经济问题？还是牵涉到民生问题？

从钢贸商个体/群体看：

按照"市场的逻辑"，如张维迎所言，"市场经济是一种责任制度，利润是一种考核方式。市场通过企业这一组织形态划分核算单位，通过利润追溯责任，从而让每个人对自己的行为负责"（张维迎，2012：42）。商人，在当前的中国它是一种生存的方式，更是一种创造社会财富的主体。尤其是商人当中的一部分企业家，他们在承担着一种"推动社会创新"的力量。

中国的企业家在经营企业时，它需应对两件事：第一，应对各种不确定性，包括市场的不确定性和政策的不确定性；第二，创新，只有不断地创新，企业才能够生存下来并得到发展。而创新也包括两种情况，一种是技术与商业模式的创新，另一种是制度的创新，如如何构建与政府博弈的制度安排等等。因此，在这个意义上而言，中国的商人、企业家并不完全是按照市场经济的市场实践逻辑在行事，而是时时刻刻要依赖于对政府/

政策的导向判定。

应对市场的不确定性是商人应有的一种品质，因为商人的身份或职业选择就意味着他/她在市场经济时期应需有的一种判定力。商业模式的创新是商人或企业家需根据市场的变化所做出的调整，这也是市场经济的要求。但显然，中国市场经济的发展，身处其中的商人，尤其是企业家更是要与政府在博弈中另设一种所谓的制度创新，以便让自己的企业处在可预见的确定性中得到发展。也是在这种依赖政策的市场实践中，因企业家的智识关系若在无法正确判断政策给予带来的信号时，稍有投资不慎，即将会成为政策的淘汰者。当然，这或许不是政策的有意施行，更重要的是，在中国一项政策的施行，它也无法按照既定的国家设计的路线方式得到其应有的效能，因为"摸着石头过河"与"地方政府主导的经济改革"一直是我们国家探讨市场经济的方式。

在 2008 年金融危机发生之后，我们国家采取经济刺激政策——主要表现为以拉动项目投资为主，紧跟着需要银根放松政策施行配套，在国家社会管理层面上是有利的，但因政策在施行的过程中，地方或一些部门并没有完全按照中央统一部署，而是在"部门利益"主导下，纷争进行。从经济学上看，经济刺激政策在某种意义上，它其实是一种"缓兵之计"，是延期经济危机的政策。在施行经济政策时，若没有一个"顶层设计"的制度安排，或者说，这种"顶层设计"当被部门利益所占有时，就会出现经济格局的"局部繁荣"景象，中国 2008 年之后的房地产业的"虚高"或者说"泡沫"，最能说明这种情况。这导致的一种结果就是其他行业纷纷进军该行业，这样就进一步地推动这个行业的"泡沫"发展。周宁钢贸商是这一拨经济刺激政策的最大受益者，因为在逐渐成熟的融资模式被银行部门所认可的情况下，银行从部门利益出发，强化了这种信贷融资，因为钢贸商恰是与房地产业具有最直接的产业链关系；但周宁钢贸商也是这一拨经济刺激政策的最大受损者之一，从银行融到资金的钢贸商纷纷投资/投机于房地产业和提供给房地产业大量的"垫资"资金。近年，世界性经济危机的进一步恶化，以及国家从民生角度出发立刻叫停房地产业而连续施行的"限购、限贷"政策，加上"产能过剩"的钢铁行业，这几个主要因素使得以提供制造业、房地产业原材料为主的钢贸商深受影响，有钢材库存存量的大量贴水、有固定资产投资的无法兑现、有给工地"垫资"的无法按时回笼资金，加上银行信贷政策立刻调整的"停贷、不续贷、限贷"政策，并因采取的"融资结网"模式等等，促发了钢贸商之危机。

当危机到来之时，如奥地利经济学家所观察到的，出现经济危机有三个基本的特征：第一，似乎所有的企业家在同样的时间犯了同样的错误；第二，经济危机更可能是过度投资导致的，而不是消费需求不足导致的；第三，在危机发生时，原有的资金突然不知所终，信贷资金减少，所有的企业都缺钱，所有的银行都借贷，这就好比原本储水较多的水井在突然之间干涸了。（转引自张维迎，2012：336—338）

周宁钢贸商当前出现的危机恰如奥地利经济学家所观察的那样，即可作这样的提问：

1. "为什么所有的周宁钢贸商在同样的时间都犯同样的错误？"

2. "是什么原因促使周宁钢贸商从银行融到得资金与自有资金并不完全是在进行钢材贸易，而是进行固定资产，尤其是房地产业的投资与钢材市场的再生产？"

3. "流动资金充裕的钢贸商为何感觉好像一夜之间整个资金（包括银行融资与民间借贷）市场凝固了？"

我们认为，这些问题产生的主要源头之一在于"货币的资金利率"。在中国，资金利率有两种标准：其一是由政府控制的"货币利率"；其二是由老百姓的储蓄决定的"实际利率"。银行的作用在于把老百姓的储蓄通过其"信用"的运作转向于需要资金的投资者，即企业，从而挣取中间的差价。现实中，如张维迎所言，"如果货币利率与实际利率之间发生差异，经济的误导与扭曲就会发生"（张维迎，2012：344）。

2009年开始的国家施行的经济刺激政策，无非是把未来的社会储蓄提前使用于当下。国家进行的以拉动项目为目的的投资，是为了增加未来的社会消费，而不是增加当下的GDP，这个常识性的问题前几年似乎被管理者所忽视，导致了增加市场货币量而出现了很多的无意义的投资。而这个问题产生的后果，现在需要一些具体的市场投资者和大部分的老百姓来承担。我们想，周宁的钢贸商就是需要承担这种无意义投资后果的一个群体。

若按经济学市场利率的原理，增加货币供应量，会使货币的利率降低，从而使企业进行再投资，进行再生产，促进社会的消费需求，从而拉动经济的增长。但据我们所观察，中国的特有现象是：国家增加货币的供应量，并没有使市场的货币利率下降，原因是中国的银行信贷结构——其稀缺资源的占有、中小企业融资环境的弱势，等等，反而使中小企业能获得融资的可能性增大时，但企业到手的资金是远高于人民银行规定的基准利率的。在此期间，银行机构因其所占有的稀缺资源性，"寻租"的空间反而变得更大。"利率上浮""各种费用"已然变成银行借助其"风险控制口号"下的一种"社会炼金术"。同时，这造成了民间银行储蓄率与市场资金拆借资金利率的巨大差距，老百姓不愿意把剩余的钱投放在银行里，原因是：

一方面，物价的上涨率消耗了其储存率；另一方面，越是老百姓的钱不投放在银行里，银行越显得资金紧张，就越会调高其银行利率。这就造成了一种恶性的资金循环游戏。这个显然的后果就是，需要进行再生产与再投资的企业其资金成本就会水涨船高。更为重要的是，这种情况的发生，它导致了企业无法进行正常的"实体经济"的经营，整个市场出现了一种"投机性"氛围的怪圈。这种情况的出现，我们就可以理解为什么在经济下行当下的中国，大量的民营企业处在资金链短缺甚或"跑路"现象时有发生，而银行反而成为最大的利益受益者，前三年，甚至出现了有些银行其"利润高的都不好意思说出来"的情况。

以上我们是从当代中国的银行信贷结构出发理解了中国货币市场的特有现象。这种现象的发生，恰也是周宁钢贸商身上发生的情况。

另一方面，从宏观上而言，也正如张维迎在其《市场的逻辑》一书中所提到的一个问题"为什么人为的繁荣不能持续?"他是这样解析的：

> 人们或许会问，政府为什么不能持续增加货币维持经济的繁荣呢？在短期内，这一行为当然可行。但从长期看，持续增加货币会导致工资与其他生产要素的价格不断往上涨，而一旦消费品价格普遍上涨之后，政府的注资行为必须停下来。用宽松的货币政策解决危机的结果常常是积累更大的危机。用哈耶克的话说，政府注资救市就如同抓住老虎的尾巴，它的难处就在于如果放开，很可能成为老虎的美餐，但如果紧抓不放，跟着老虎跑，最后也有可能会被累死。政府一

旦停止注资，萧条很快就会出现。持续的注资，最后可能是整个货币体系的崩溃。

（张维迎，2012：346）

在这个分析之后，张维迎提出警示：中国 2009 年的"保八"的代价将在未来的几年显现出来，我们必须做好迎接下次危机的准备。总之，在张看来，"经济衰退通常是人为繁荣的伴生物"。

显然，中国政府"十八大"和"十八大三中全会"所提出的整体经济社会规划方案，已经明显地意识到这个问题，并作了很好的经济社会发展规划。强调"调结构促改革惠民生""全面深化改革"是其基本要义。

其中与经济市场相关的有：

必须更加注重改革的系统性、整体性、协同性；

紧紧围绕使市场在资源配置中起决定性作用，深化经济体制改革；

经济体制改革是全面深化改革的重点，核心问题是处理好政府和市场的关系，使市场在资源配置中起决定性作用和更好发挥政府作用。市场决定资源配置是市场经济的一般规律，健全社会主义市场经济体制必须遵循这条规律，着力解决市场体系不完善、政府干预过多和监管不到位问题。

必须积极稳妥从广度和深度上推进市场化改革，大幅度减少政府对资源的直接配置，推动资源配置依据市场规则、市场价格、市场竞争实现效益最大化和效率最优化。政府的职责和作用……加强市场监管，维护市场秩序，推动可持续发展……弥补市场失灵。

……加强顶层设计和摸着石头过河相结合；

必须毫不动摇鼓励、支持、引导非公有制经济发展，激发非公有制经济活力和创造力。

完善人民币汇率市场化形成机制，加快推进利率市场化。

宏观调控的主要任务是保持经济总量平衡，促进重大经济结构协调和生产力布局优化，减缓经济周期波动影响，防范区域性、系统性风险，稳定市场预期，实现经济持续健康发展。

摘自《中共中央关于全面深化改革若干重大问题的决定》

应该说，在 2009 年金融危机背景下，国家若没有采取经济刺激政策，显然，周宁钢贸商会在那一拨经济危机中有些因自己个体经营不善的企业会被市场所淘汰。这些企业将是很痛苦，但相信很快就会恢复。因为至少企业会从自身所拥有的资金实力在做自己可控范围内的投资与经营。而那些能够维持生存下来的企业，将成为市场中的强者。市场能够完全按照市场的资源配置规律自动进行。但事实上，2009 年开始的经济刺激政策，国家采取了用货币灌水的方式掩盖市场本身出现的周期性的波动问题，而不是迫使企业本身进行市场结构的调整。这种方式也没有被周宁钢贸商所正确理解，而是在以"融资为狂欢宴"当中，迷失了经营钢贸企业的根本。由此可见，出现周宁整体钢贸商全面危机是偶然中的必然。

2013 年，"十八大三中全会"所明确的"重大问题的决定"，关涉到我们国家在经济体制领域需进一步深化改革的问题。在我们看来，是"对症下药"的，是对我们之前在经济市场领域当中还不够完善的地方进行改革。这显然对中国当前的经济改革是重要的。

但现在的问题是：在调结构促改革惠民生与深化改革中，已经产生的转型之痛，应该如何解决？显然中央并没有提出具体的解决方案。在经济领域，这种转型之痛最重要的受体者显然是社会当中的主体经营工商企业。

我们认为：

1. 若是个体/某些企业因自身经营不善被市场所淘汰，那是市场规律，无可厚非，是正常的市场经济竞争行为。

2. 若是发生了"区域性、系统性"的风险，即"行业内所有的企业家会在同一个时间犯同样的错误导致的系统性风险"，那么国家应从宏观的经济体制调控方面做出相适应的一定的责任承担，因为这种区域性、系统性的风险已经不是所在风险中的企业自身所能够承担得了的问题了。

3. 同时，区域性、系统性经济危机的出现，在我们看来，它本身就是一个社会建构的过程。那么参与建构区域性、系统性风险的诸行动者应是本着"共同解决问题"的态度与"有区别对待不同企业"的原则，相应承担一定的责任。而不是把所有的发生区域性/系统性风险的责任直接转嫁给市场中具体的企业经营者，若这样，最终将会导致不但经济问题没有解决，随之而来的反而是会出现大量的社会问题。

"十八大三中全会"中也明确说明了政府的责任和作用之一，是弥补市场失灵，同时要加强防范经济的区域性、系统性风险问题。

当前国内"钢铁行业"爆发出的危机问题，牵涉诸行动者，其中主要包括国家政策问题、中国铁矿石的国际谈判机制问题、国内钢厂因地方政府利益引导下的"产能过剩"问题、环境污染问题、钢厂经销模式问题、产业转型升级问题、银行信贷结构问题、贸易商交易市场组织形式问题、下游用钢客户法律合同问题、国内外经济形势问题、市场参与者的经营素质问题，以及钢铁产品本身的产品质量附加值问题，等等。一个行业出现的区域性或系统性风险，这种风险在我们看来它是一种诸行动者（这里强调有人的行动者和物的行动者）的"网络共建"过程。周宁钢贸商当前出现的在"网络共建"下的一种危机，是这个行业产业链危机爆发的缩影。因此，我们认为，要解决这样的一种区域性和系统性的问题，需要相关利益者共同"坐下来"，一起在"协商"的过程中形成一种共同解决问题的"共识"，再在这种"共识"体系下"根据不同企业具体情况采取不同的解决方案"。

显然，当前出现的周宁钢贸商危机情况，相关利益者并没有采取以上解决问题的方式，而是把所有的责任推卸给市场中具体的钢贸商，而钢贸商是一个鲜活的市场行为者，为生存与解脱计，"跑路"成了常态，"自伤"成了心理预期。若再这样下去，我们不知道这个群体最终会是怎样？由这个群体跑路而产生的上千亿元需偿贷资金最终又由谁承担？不时发生的因"借贷纠纷引起的打架斗殴""自杀"现象最终会发展成哪种社会问题？从学术分析来看，我们也迷茫了。

相关研究反思

社会学家应该时刻牢记，我们自身的观点的具体表现也是建立在某种见解之上的一种观点。我们唯有通过我们的研究对象重新置于社会空间的情境之中，并接受这一独特的（在某种意义上还是享有特权的）观点——即有必要时自身能（在思想上）考虑到所有可能的观点——之后，才能再生产我们针对研究对象的观点。而且，我们也只有达到能将自身对象化的程度，在冷酷地将自己俯在社会世界的位置之时，才会想象到自己是处于这个对象（是谁，至少在某种程度上的他我）同样处于特定位置并因此而具有自身立场的如此境地，也就是说，才会领会到倘若我们处在他们的位置上我们无疑也会如他们那般地行动和思考。

　　　　　　　　　　　　　（布迪厄，1996：34；转引自符平，2013：244）

　　针对我们所构建的一种社会学的市场观，如布迪厄所言，"我们自身的观点的具体表现也是建立在某种见解之上的一种观点"。下面对我们所提出的观点、案例和研究方法进行进一步的反思以便能在经验案例调查的基础上所进行的"解析"是"真"的。

理论反思

　　第一，把市场当作是一种社会结构，是传统与当代经济社会学对市场研究的核心议题。但"社会结构是什么"，因社会学家的不同理解导致这个研究领域的无序化。我们所构建的一种"市场的社会结构"，是基于把"社会结构"分解精细化为"制度结构"、"关系结构"与"建构结构"这三个可操作分析概念的层面，努力构建一个包括人类经济社会管理规划中的制度（按照制度经济学的理解，分为正式制度与非正式制度）、市场这种经济社会组织本身内部的运行方式以及从市场参与的行动者，尤其是商人等这个涵盖宏观、中观与微观三层面的理论。因此，从理论建构角度而言，我们努力构建的一种越是"全景式"的理论，越是容易被不同的学科研究所破解。

　　第二，"建构结构"一词的提法，是我们在借鉴当代社会思潮，即努力解决一种"结构与行动"是何种关系的社会学主要问题中，倾向于认为"结构与行动"是一种"相互作用"关系的基础上所提出来的一个创见性的概念。这个概念的提出其理论风险在于：

　　1.人们很容易把"建构"与"结构"按照惯性思维，即按照功能主义的理解方式去判定它。但事实上，我们一直努力在构建一种"建构"与"结构"是相互内储动态关系的一种表达，即"建构"中有"结构"，而"结构"中有"建构"的意涵，但"建构"与"结构"本身这两个词语就是在整个社会科学以"功能主义"为背景下的一种"话语"表达，因此要找到一种能超越功能主义思维方式的语言去表达这样的一种"范式"转换的问题，本身就是一个理论挑战。

2. "建构结构"的提出，是借鉴布迪厄的"禀性"概念和吉登斯的"结构化"概念，尤其是借助布迪厄对"禀性"概念做出的一种"建构的结构主义"以及亚历山大提出的"个人性的社会秩序"方法论所提炼出来的概念，本文对"建构结构"概念的运用，不仅包含有理论意义上的，而且还包括方法论意义上的一种构思，显然，对这个概念做如此的重要性运用，论文在这个概念上既用作一种理论，又作为一种方法论，在处理上还不够成熟，这也是学术运思风险所在。

3. 提出"建构结构"概念，另一层意义在于，在承认结构与行动是互动关系的前提下，假如把"结构"和"建构"当作两种力量，我们就会引出这样一个问题："谁的力量更大？"由此，我们就需要探讨"力量的条件性"问题了。而这种力量的条件性，在社会学看来，就是一种"社会的制约性条件"，即"在哪种条件下，结构的力量大些？""在哪种条件下，建构的力量大些？"本论文提出的"建构与结构是互构关系，但结构对建构具有强影响力"的判断是在中国当前迈向市场经济转型过程中，市场中的参与者与国家、制度以及被建构的某种市场组织形式相对而言，其是弱的。但做这样的一种判断其风险来自否定了在市场经济过程中的一些"能人"通过他们的企业家精神，能够突破"结构"给予的制约与影响，但我们认为这毕竟是低概率性事件。因为任何努力构建的理论都无法去穷尽解析任一特殊现象问题，只能说在"大部分、基本上"是这样的，那么所提炼的理论或方法就具有可行性。

第三，从市场社会学研究的当代情况看，以格兰诺维特为代表的网络分析派，其主要的研究范域在于分析比较具体的如劳动力市场的求职问题等；而以布迪厄提出的"场域"理论可被概念化为任一一个相对的"既定时空实践中"的领域。布迪厄对市场的研究，如有对法国房地产业的调查研究，但其研究重点一直没有放在具体市场场域研究方面，只是在《经济人类学原理》一文中纲要性地提出它的市场场域观。而这方面的研究近年反而被美国的一种不同于格兰诺维特学派风格的学者们所重视，并且得到了强劲发展。因为"社会网络"分析，在他们看来，具有强对抗经济学的意义，但它也逐渐被发现与社会学的传统，如在如何理解行动者的这个复杂的个体层面上，以及如何解析当代经济社会呈现出的一种复杂的交互特征的情况，尤其是牵涉社会学关注的深层次的问题上其理论的解释力受到挑战。比如在分析经济社会中权利、权力、地位等问题时，仍沿用网络数理化的分析，它无法穷尽这个复杂的社会生活世界情况。其中，以弗雷格斯坦运用布迪厄的场域理论构建了一种用"政治—文化"框架理解市场的市场结构观，具有代表性。但我们发现，不管是布迪厄还是弗雷格斯坦，他们都是在"资本主义市场稳定体系"下，构建一种"市场稳定"需要的条件与市场的特征问题。如他们都把市场的变迁力量归之于市场中行动者的"错位"或"侵场"引发出的一种变迁力量。这显然与我们国家所建立的一种社会主义市场经济、市场经济转型的现实不吻合的。也就是说，在市场构建的制度环境、市场内部的型构关系以及中国商人所具有的行事方式特征与他们所构建的一种市场观都存在不一样。

由此，我们通过案例的研究构建了一个市场组织在历时性与共时性情况下，中国市场组织形式自身所涵盖的一些本土性的特性问题。当然，这种通过案例研究发现，或者说，通过一个案例的研究是否能够支撑我们所提出的理论观点，是我们需要进一步反思的地方。

案例与研究方法的反思

第一，攫取周宁钢贸商这个群体建立的钢材市场作为我们研究的案例样本，我们认为，它具有社会学研究方法论上的典型性。但同时，因采取的案例是一个中国经济改革过程中的一个非常小的"场域"，而用这种小场域内发生的市场运行情况运用于说明整个中国的经济市场情况，虽然从案例中提炼出的学术观点能够在一定程度和一定层面上反映出中国的经验性问题，但犹如布迪厄所言，场域虽有同构性，但不同的场域都具有不同的特征，即场域的差异性是普遍存在的，因此，案例样本的实际未必就是整个经济情况的事实。

第二，我们努力以"问题"的追问方式开始我们的研究，但在界定这些我们认为是问题的问题时，这些问题已经被一种我们研究者自身的学识结构所控制而引发出的思考。从这个意义上而言，正如知识社会学所探索的那样，任何社会科学的任何知识的产生都是一种"现实的社会建构"（伯格、卢克曼，2009）。

　　第三，因研究的需要，我们摒弃了当前社会学研究方法论上被认为具有"科学性"和"说服力"的定量研究方法，而采取了质性研究方法。因为我们的研究探讨的是一种既有"纵向取向的"制度结构的研究，又有在关系结构中能体现权力、社会位置和行动者本身实践性的决策行为的研究，这些问题用"横切面"的定量研究方法无法给予挖掘。但同时采取质性研究方法，会受研究者较主观的判断因素所困，况且在田野调查中，因资料的收集、访谈以及观察记录等只能是做到在既定时空中的一种所思所写，因此，它只能做到"典型性"而无法取得"效度性"，这是它不足的地方。

一个期望

　　论文进行到这，我们怀着一颗理解的心去分析身处其中的钢贸商。市场是万千变化的，处在市场活动中的商人时刻要准备有两种心态：要么是生存与发展需要的自我价值体现的心态；要么是一种被市场所淘汰而陷入"身心憔悴"的心态。周宁钢贸商曾经是由一个小山县走出来的商帮群体，在抓住国家经济发展的契机中，致富辉煌一时，但当下却出现了"困惑"，甚或"危机"。但我们相信，这种"危机"通过诸利益相关行动者的共同努力，市场问题逐步会得到解决的。

参考文献

阿隆：《社会学主要思潮》，葛志强等译，华夏出版社 2000 年版。

包亚明：《文化资本与社会炼金术——布迪厄访谈录》，上海人民出版社 1997 年版。

鲍威尔、迪马吉奥主编：《组织制度的新制度主义》，姚伟译，上海人民出版社 2008 年版。

伯恩斯著：《结构主义的视野——经济与社会的变迁》，周长城等译，社会科学文献出版社 2000 年版。

边燕杰主编：《市场转型与社会分层——美国社会学者分析中国》，生活·读书·新知三联书店 2002 年版。

伯格、卢克曼：《社会实体的构成》，巨流图书公司 1991 年版。

波多尼：《地位的信号——对市场竞争的社会学研究》，张翔等译，上海人民出版社 2011 年版。

布劳：《社会生活中的交换与权力》，李国武译，商务印书馆 2008 年版。

布迪厄：《经济人类学原理》，载斯梅尔瑟、斯威德伯格主编《经济社会学手册》（第二版），罗教讲、张永宏译，华夏出版社 2009 年版。

布迪厄：《实践理性——关于行为理论》，谭立德译，生活·读书·新知三联书店 2007 年版。

布迪厄、华康德：《实践与反思——反思社会学导引》，李猛译，中央编译出版社 2004 年版。

布迪厄：《科学之科学与反观性》，陈圣生等译，广西师范大学出版社 2006 年版。

布迪厄：《遏制野火》，河清译，广西师范大学出版社 2007 年版。

布迪厄：《艺术的法则》，刘晖译，中央编译出版社 2001 年版。

布迪厄：《国家精英》，杨亚平译，商务印书馆 2004 年版。

布迪厄：《自由交流》，桂裕芳译，生活·读书·新知三联书店 1997 年版。

布迪厄：《区隔：趣味判断的社会批判》，朱国华译，陶东风等编，《文化研究》第 4 辑，中央编译出版社 2003 年版。

布迪厄：《实践感》，蒋梓骅译，译林出版社 2003 年版。

布罗代尔：《15 到 18 世纪的文明与资本主义》，顾良、施康强译，生活·读书·新知三联书店 1992 年版。

布雷弗曼：《劳动与垄断资本》，方生、朱基俊等译，商务印书馆 1979 年版。

蔡道华：《周宁域情》，海峡书局 2012 年版。

曹湘荣：《走出囚徒困境——社会资本与制度分析》，生活·读书·新知三联书店 2003 年版。

陈林生：《市场的社会结构》，《华东理工大学学报》（哲学社会科学版）2013 年第 4 期。

陈林生：《作为社会结构的市场——市场场域理论的运用及其方法论问题》，《学术论坛》2013 年第 10 期。

陈林生：《市场场域：经济社会学对市场研究的新转向》，《江淮论坛》2012 年第 3 期。

陈林生：《作为制度结构的市场：社会建构论的视角》，《理论月刊》2012 年第 6 期。

陈林生：《营销场域：市场运作的经济社会学分析》，《商业研究》2010 年第 1 期。

陈林生：《市场场域：一个新经济社会学的分析》，《燕山大学学报》（哲学社会科学版）2008 年第 3 期；被《社会学》人大复印资料转载，2009 年第 4 期。

陈林生：《专业市场的实践逻辑：一个"场域—资本—惯习"的分析框架》，《兰州学刊》2009 年第 1 期。

陈林生、洪长安：《专业市场场域的实践逻辑》，《社会科学论坛》2008 年第 12 期。

陈俊杰：《关系资源与农民的非农化——浙东越村的实地研究》，中国社会科学出版社 1998 年版。

陈向明：《质的研究方法与社会科学研究》，教育科学出版社 2000 年版。

陈志平、余国扬：《专业市场经济学》，中国经济出版社 2006 年版。

陈红儿、贺华丽：《专业市场核心竞争力的理论分析》，《商业经济与管理》2005 年第 12 期。

陈瑜、候海玲、韩华龙：《中国专业市场发展模式、问题及出路分析》，《商场现代化》2007 年第 1 期。

车文辉：《市场社会学》，中南大学出版社 2007 年版。

池仁勇：《从专业市场的生存基础变化看其发展趋势》，《商业研究》2003 年第 9 期。

道宾主编：《经济社会学》，冯秋石、王星译，上海人民出版社 2008 年版。

道宾：《打造产业政策——铁路时代的美国、英国和法国》，张网成、张海东译，上海人民出版社 2008 年版。

邓津、林肯：《定性研究》（1—4），重庆大学出版社 2007 年版。

迪克西特、奈尔伯夫：《策略思维——商界、政界及日常生活中的策略竞争》，中国人民大学出版社 2002 年版。

德鲁克：《创新和企业家精神》，企业管理出版社 1989 年版。

德兰荻：《社会科学——超越建构论与实在论》，张茂元译，吉林人民出版社 2005 年版。

迪尔凯姆：《社会分工论》，渠东译，三联书店 2000 年版。

费孝通：《乡土中国》，上海人民出版社 2006 年版。

费孝通：《江村经济》，江苏人民出版社 1986 年版。

费埃德伯格：《权力与规则——组织行动的动力》，张月等译，上海人民出版社 2005 年版。

弗里曼：《社会网络分析发展史——一项科学社会学的研究》，张永宏等译，中国人民大学出版社 2008 年版。

符平：《市场的社会逻辑》，上海三联书店 2013 年版。

福柯：《规训与惩罚》，生活·读书·新知三联书店 1999 年版。

弗雷格斯坦：《市场的结构——21世纪资本主义社会的经济社会学》，甄永宏译，上海人民出版社2008年版。

高柏：《经济意识形态与日本产业政策——1931—1965年的发展主义》，安佳译，上海人民出版社2008年版。

高宣扬：《布迪厄的社会理论》，同济大学出版社2004年版。

格兰诺维特：《镶嵌：社会网与经济行动》，罗家德译，社会科学文献出版社2007年版。

哈耶克：《经济学与知识》，邓正来译，《个人主义与经济秩序》，生活·读书·新知三联书店2003年版。

何怀宏：《问题意识》，山东友谊出版社2005年版。

何梦笔：《网络、文化与华人社会经济行为方式》，山西经济出版社1996年版。

黄绍伦：《中国企业家和商业托拉斯》，加里·汉密尔顿编《东亚与东南亚的商业网与经济发展》，香港大学亚洲研究中心1991年版。

黄平：《寻求生存——当代中国农村外出人口的社会学研究》，云南人民出版社1997年版。

黄国光：《中国人的权力游戏》，巨流图书公司1998年版。

黄光国、胡先缙等：《面子——中国人的权利游戏》，中国人民大学出版社2004年版。

黄志刚：《浅析我国专业市场的发展态势与变革方向》，《商业时代》2007年第20期。

黄明东：《试论专业市场的功能、生成和发展》，《商业经济与管理》1998年第2期。

侯广辉：《我国专业市场中的合作关系研究》，《商场现代化》2007年第11期。

霍奇、科隆特、冈特：《管理决策》，吴鸿译，上海交通大学出版社2003年版。

吉登斯：《社会的构成——结构化理论大纲》，李康译，生活·读书·新知三联书店1998年版。

吉登斯：《现代性的后果》，田禾译，译林出版社2000年版。

吉登斯：《社会学方法的新规则》，刘江涛、田佑中译，社会科学文献出版社 2003 年版。

纪廉、迈耶等编：《新经济社会学——一门新兴学科的发展》，姚伟译，社会科学文献出版社 2006 年版。

贾挺、秦少相：《社会新群体探秘中国私营企业主阶层》，中国发展出版社 1993 年版。

金明路：《专业市场制度与中国经济发展模式》，《工商行政管理》1997 年第 7 期。

金小红：《吉登斯结构化理论的逻辑》，华中师范大学出版社 2008 年版。

金耀基：《中国社会与文化》，牛津大学出版社 1993 年版。

坎贝尔等编：《美国经济治理》，董运生、王岩译，上海人民出版社 2009 年版。

科斯：《企业、市场与法律》，上海人民出版社、上海三联书店 1990 年版。

科斯等著：《财产权利与制度变迁》，上海三联书店、上海人民出版社 2004 年版。

克罗齐耶、费埃德伯格：《行动者与系统——集体行动的政治学》，张月等译，上海人民出版社 2007 年版。

科兹纳：《市场过程的含义》，冯兴元、朱海就等译，中国社会科学出版社 2012 年版。

柯兰君、李汉林：《都市里的村民——中国大城市的流动人口》，中央编译出版社 2001 年版。

科尔曼：《社会理论的基础》，邓方译，社会科学文献出版社 1990 年版。

柯尔库夫：《新社会学》，钱翰译，社会科学文献出版社 2000 年版。

拉斯：《农民的终结》，李培林译，中国社会科学出版社 1991 年版。

李林艳：《关系、权力与市场：中国房地产业的社会学研究》，社会科学文献出版社 2008 年版。

李友梅、孙立平、沈原：《当代中国社会分层：理论与实证》，社会科学文献出版社 2006 年版。

李友梅：《组织社会学及其决策分析》，上海大学出版社 2001 年版。

李原主编：《中国社会心理学评论》（第三辑），社会科学文献出版社 2006 年版。

李路路：《转型社会中的私营企业主》，中国人民大学出版社 1998 年版。

李荣百：《我国专业市场升级分析》，《山东社会科学》2006 年第 11 期。

李全生：《布迪厄场域理论简析》，《烟台大学学报》2002 年第 4 期。

林南：《社会资本——关于社会结构与行动的理论》，上海人民出版社 2005 年版。

林毅夫：《新结构经济学：反思经济发展与政策的理论框架》，北京大学出版社 2012 年版。

刘林平：《关系、社会资本与社会转型》，中国社会科学出版社 2002 年版。

刘祖云：《从传统到现代——当代中国社会转型研究》，湖北人民出版社 2000 年版。

刘森林：《实践的逻辑》，社会科学文献出版社 2009 年版。

刘世定编著：《经济社会学》，北京大学出版社 2011 年版。

刘少杰：《社会学理性选择理论研究》，中国人民大学出版社 2012 年版。

刘军：《社会网络分析导论》，社会科学文献出版社 2004 年版。

刘天祥：《专业市场促进经济增长的路径分析》，《商业时代》2007 年第 10 期。

刘天祥：《专业市场形成与发展的制度求解》，《商业研究》2007 年第 3 期。

刘天祥：《专业市场研究的文献综述》，《当代经济（下半月）》2006 年第 9 期。

刘拥军：《中国钢材交易市场的演变与发展》，《中国钢铁业》2009 年第 9 期。

罗斯巴德：《权力与市场》，刘云鹏等译，新星出版社 2007 年版。

罗兹曼：《中国的现代化》，陶骅等译，江苏人民出版社 1989 年版。

龙登高：《中国传统市场发展史》，人民出版社 1997 年版。

洛佩兹、斯科特：《社会结构》，允春喜译，吉林人民出版社 2007 年版。

马丁：《权力社会学》，丰子义等译，生活·读书·新知三联书店 1992 年版。

马克思：《资本论》（第二卷），人民出版社 1975 年版。

马西：《劳动的空间分工：社会结构与生产地理学》，梁光严译，北京师范大学出版社 2010 年版。

马奇：《决策是如何产生的》，机械工业出版社 2007 年版。

米尔斯：《社会学的想象力》，陈强、张永强译，生活·读书·新知三联书店 2001 年版。

诺思：《经济史中的结构与变迁》，上海人民出版社 1994 年版。

潘天群：《行动科学方法论：导论》，中央编译出版社 1999 年版。

彭建强：《创新与市场发育——中国农村专业批发市场的形成与发展》，中国经济出版社 2006 年版。

奇达夫：《社会网络与组织》，王凤彬译，中国人民大学出版社 2007 年版。

齐力，林本炫：《质性研究方法与资料分析》，高雄复文图书出版社 2003 年版。

沈原：《市场、阶级与社会——转型社会学的关键议题》，社会科学文献出版社 2007 年版。

斯沃茨：《文化与权力——布迪厄的社会学》，陶东风译，上海译文出版社。

斯梅尔瑟、斯威德伯格主编：《经济社会学手册》（第二版），罗教讲、张永宏等译，华夏出版社 2009 年版。

斯威德伯格：《作为一种社会结构的市场》，吴苁婷译，《社会》2003 年第 2 期。（译自 Richard Swedberg, *Economic Sociology*, Edward Elgr Publishing limited，1996，pp. 264—275. ）

斯威德伯格：《经济社会学原理》，周长城等译，中国人民大学出版社 2005 年版。

斯普尔伯：《市场的微观结构——中间层组织与厂商理论》，张军译，中国人民大学出版社 2002 年版。

斯科特：《弱者的武器》，郑广怀、张敏、何江穗译，译林出版社2007年版。

孙立平：《断裂——20世纪90年代以来的中国社会》，社会科学文献出版社2003年版。

孙绍旭：《民国以来县域劳务输出及其对农村社会的影响——以福建省周宁县为个案的研究》，广西师范大学硕士论文，2006年。

苏国勋、刘小枫：《社会理论的政治分化》，上海三联书店2005年版。

陶庆：《福街的现代"商人部落"》，社会科学文献出版社2007年版。

特纳：《社会学理论的结构（上、下）》，邱泽奇等译，华夏出版社2001年版。

托马斯、兹纳涅茨基：《身处欧美的波兰农民》，张友云译，译林出版社2000年版。

王春光：《社会流动与社会重建：京城"浙江村"研究》，浙江人民出版社1995年版。

王春光：《巴黎的温州人——一个移民群体的跨社会建构行动》，江西人民出版社2000年版。

汪和建：《经济社会学——迈向新综合》，高等教育出版社2006年版。

汪和建：《经济与社会：新综合的视野》，中国社会科学出版社2012年版。

王晓毅：《血缘与地缘》，浙江人民出版社1994年版。

瓦尔拉斯：《纯粹经济学纲要》，中国商务出版社1987年版。

韦伯：《经济与社会》，林荣远译，商务印书馆1997年版。

韦伯：《儒教与道教》，王容芬译，商务印书馆1997年版。

韦伯：《新教伦理与资本主义精神》，于晓、陈维纲译，生活·读书·新知三联书店1987年版。

韦伯：《经济与历史》，康乐、简惠美译，广西师范大学2004年版。

沃特斯：《现代社会学理论》，华夏出版社2000年版。

吴宝：《企业融资结网与风险传染机制研究》，浙江工业大学博士论文，2012年。

吴宝、李正卫、池仁勇等：《社会资本、融资结网与企业间风险传染——浙江案例研究》，载《社会学研究》2011 年第 3 期。

西伦：《制度是如何演化的：德国、英国、美国和日本的技能政治经济学》，王星译，上海人民出版社 2010 年版。

谢立中主编：《西方社会学名著提要》，江西人民出版社 1998 年版。

徐锋：《我国专业市场国际化的基本模式和发展路径》，载《商业经济与管理》2006 年第 11 期。

袁方：《社会调查原理与方法》，社会科学文献出版社 2000 年版。

亚历山大：《社会学二十讲》，贾春增、董天明等译，华夏出版社 2000 年版。

叶峥、许侃杰：《专业市场的经济学分析——区位理论的应用》，《经济论坛》2005 年第 22 期。

杨国枢：《中国人的心理与行为：本土化研究》，中国人民大学出版社 2004 年版。

杨善华、侯红蕊：《血缘、姻缘、亲情与利益——现阶段中国农村社会中"差序格局"的理性化趋势》，《宁夏社会科学》1999 年第 6 期。

袁爱群、孙骏、傅华明：《关于专业市场研究的综述》，《时代经贸（中旬刊）》2007 年第 4 期。

翟学伟：《人情、面子与权力的再生产》，北京大学出版社 2005 年版。

曾绍阳、唐晓腾：《社会变迁中的农民流动》，江西人民出版社 2004 年版。

郑也夫：《信任：合作关系的建立与破坏》，中国城市出版社 2003 年版。

朱海就：《市场的本质：人类行为的视角与方法》，上海三联书店 2009 年版。

朱国华：《惯习与资本：略论布迪厄的主要概念工具（上）》，《东南大学学报》2004 年第 1 期。

朱国华：《场域与实践：略论布迪厄的主要概念工具（下）》，《东南大学学报》2004 年第 3 期。

朱国宏主编：《经济社会学》，复旦大学出版社 1999 年版。

张其仔：《社会资本论——社会资本与经济增长》，社会科学文献出版社 1999 年版。

张文宏：《中国城市的阶层结构与社会网络》，上海人民出版社 2006 年版。

张维迎：《市场的逻辑》（增订版），上海人民出版社 2012 年版。

赵琼：《制度嵌入与关系嵌入：银行信贷交易的经济社会学分析》，社会科学文献出版社 2009 年版。

张晓霞：《作为社会结构的市场》，《中共南昌市委党校学报》2003 年第 8 期。

郑杭生、杨敏：《社会互构论：世界眼光下的中国特色社会学理论的新探索》，中国人民大学出版社 2010 年版。

郑勇军、金小星：《专业市场与产业集群互动发展实例研究》《商业时代》2007 年第 4 期。

周雪光：《组织社会学十讲》，社会科学文献出版社 2003 年版。

周宁县委编委办：《周宁年鉴》，福建教育出版社 2001 年版。

周鸿：《迈入生意场——当代农村商人阶层形成的资本与惯习》，广西人民出版社 2005 年版。

周晓虹：《西方社会学历史与体系》，上海人民出版社 2002 年版。

Arrow, K. J., "General Economic Equilibrium: Purpose, Analytic Techniques, Collective Choice", *The American Economic Review*, 1974 (64): pp. 253 – 273.

Baker, W., "Market Networks and Corporate Behavior", *American Journal of Sociology*, 1990, 96 (3): pp. 589 – 625.

Burt, Ronsld, *Toward a Structural Theory of Action: Network Models of Social Structure, Perception and Action*, New York: Academic Press, 1982.

Burt, Ronsld, *Structural Holes: The Social of Competition*, Cambridge, Mass: Harvard University Press, 1992.

Brown, N. I. Szeman (ed.), *Pierre Bourdieu: Fieldwork in culture*, Rowman&Little Field Publisher, 2000.

Bendix, Reinhard, *Max Weber: An Intellectual Portrait*, University of California Press, 1977.

Capello, R. , A. , Faggian, "Collective Learning and Relational Capital in Local Innovation Process", *Regional Studies*, 2005, 39 (1): 75 – 87.

Coase. R. H. , "The Nature of the Firm", *Economics*, 1937, 4 (16): pp. 386 – 405.

Coase. R. H. , "The Nature of the Firm: Meaning", *Journal of Law, Economics, & Organization*, 1988, 4 (1): pp. 19 – 32.

Debreu, G. , "Economic Theory in the Mathematical Mode", *The American Review*, 1984, 74 (3), pp. 267 – 278.

Fowler, B. , *Bourdieu and Cultural Theory: Critical Investigations*, London: Sage Publications, 1997.

Granovetter, M. , "Economic Action and Social Structure: The Problem of Embeddedness", *American Journal of Sociology*, 1985, 91 (November).

Hayek, F. A. , "The Use of Knowledge in Society", *The American Economic Review*, 1945, 35: pp. 519 – 530.

Hwang Kwang – Kuo, "Face and Favor: The Chinese Power Game", *American Journal of Sociology*, 1987, 97 (4): pp. 944 – 974.

Lindberg, Leon N. and John L. Campbell, "The State and the Organization of Economic Activity", pp. 356 – 395, in *Governance of the American Economy*, edited by John L. Campbell, J. , Rogers Hollingsworth and Leon N. Lindberg. New York: Cambridge University Press, 1991.

Marianne, Weber, *Max Weber: A Biography*, New Brunswick: Transaction Books, ISBN 0 – 471 – 92333 – 8, 1926/1988.

Ikeda, S. , "Market Process", in Boettke, P. J. (ed.), *The Elgar Companion to Austrian Economics*, Aldershot: Edward Elgar, 1994.

Jacob, J. , Bruce, "A Preliminary Model of Particularistic Ties in Chinese Political Alliance: Kang – ching and Kuan—his in a Rural Taiwangese Township", *China Quarterly*, June 1979 (78): pp. 237 – 273.

Karl Polanyi Primitive, *Archaic and Modern Economics*: Essays, ed. George Dalton, Boston: Beacon Press.

Lachmann, L. M. , *The Market as a Ecnomic Process*, Basil Blackwell, 1986.

Marianne Weber, Last accessed on 18 September 2006. Based on Lenger-mann, P. , & Niebrugge – Brantley, J. , 1998. *The Women Founders: Sociology and Social Theory 1830 – 1930*, New York: McGraw – Hill.

Morgenstern, O. , "Thirteen Critical Points in Contemporary Economic Theory: An Interpretion", *Journal of Economic Literature*, 1972, 10 (4): pp. 1163 – 1168.

Nee, Victor, "A Theory of Market Transition: From Redistributive to Markets in State Socilism", *American Sociological Review*, 1986 (54): pp. 663 – 681.

Nee, Victor, "*Market Transition and Societal Transformation in Reforming State Socialism*", Annu. Rev. Sociol, 1996 (12): pp. 401 – 435.

Nunlee, M. P. , "The Control of Intra – channel Opportunism through the Use of Inter – channel Communication", *Industrial Marketing Management*, 2005, 34 (5): 123 – 134.

Pierre Bourdieu, "The Historical Genesis of a Pure Aesthetic", *The Journal of Aesthetics and Art Critcism*, 1987: pp. 201 – 210.

Pierre Bourdieu, *The Field of Cultural Prodution: Essays on Art and Literature*, New York: Cloumbia University Press, 1993.

Pierre Bourdieu, *Distinction, A Social Critic of the Judgment of Taste*, London Melbourne and Henley: Routledge and Kegan Paul, 1984.

Pierre Bourdieu, *Photography, A Middle – Brow Art*, Stanford: Stanford University Press, 1990.

Pierre Bourdieu, *Free Exchange*, Cambridge: Polity Press, 1994.

Pierre Bourdieu, *The Rule of Art: Genesis and Structure of the Literary field*, Stanford: Stanford University Press, 1996.

Pierre Bourdieu, A. Darbel and D. Schnapper, *The Love of Art: the European Art Museums and their Publican*, Stanford University Press, 1991.

Pierre Bourdieu, *Distinction: A Social Critique of the Judgement of Taste /* Pierre Bourdieu; translated by Richard Nice.

P. Bourdieu, *Sociology in Question*, 1993, London, Thousand Oaks and New Delhi: SAGE Publications.

Pierre Bourdieu, *Language and Symbolic Power*, edited and introduced by John B. Thompson ; translated by Gino Raymond and Matthew Adamson.

Polanyi, K. , *The Great Transformation.* Boston: Beacon Press, 1957.

Robbins, D. , *Bourdieu and Culture*, London: Sage Publications, 2002.

Swartz, D. , *Culture and Power: Sociology of Beurdieu*, Chicago: University of Chicago Press, 1997.

Rizzo, M. J. , "Time in Economics", in Boettke, P. J. (ed.), *The Elgar Companion to Austrian Economics*, Edward Elgar, 1994: pp. 111 –117.

Shackle, G. L. S. , "F. A. Hayek, 1899—", in D. P. O' Brien and J. R. Presley (eds.), *Pioneers of Modern Economics in Britain*, London: Macmillan, 1987.

Shackle, G. L. S. , *Epistemics and Economics: A Critique of Economics Doctrines*, Cambridge: Cambridge University Press, 1972.

Steedman, I. , "On Some Concepts of Rationality in Economics", in Eral, P. E. and frown, S. E. (eds.), *Economics as an Art of Thought: Eessays in Memory of G. L. S. Shackle*, Routledge: London and New York, 2000.

White, H. , "Where Do Markets Come From?" *American Journal of Sociology*, 1981, 87 (3): 517 –547.

Burt, R. , *Structural Holes: The Social of Competition*, Cambridge, Mass: Harvard University Press, 1992.

Wong Siu Lun, "Culture Hong Kong Identities", in Wang Gungwu and John Wong (eds.), *Hong Kong in China: The Challenges of Transition*, pp. 181 –202, Singapore: Times Academic Press, 1999.

后 记

　　本书攫取钢贸市场作为研究的案例，从市场社会学的学科视角去发现和解析市场的本质以及市场运行的社会结构问题。经调查研究提出：市场是在特定的正式与非正式制度建构中，行动者根据经商禀性习得的内生实践能力所构建的一种有其内部社会性型构关系特征的经济社会组织形式。具体而言，主要从国家、市场和具体经商者相结合的视角，即从国家政策的制度、地方性文化、市场模式和市场实践者的"社会结构"视角，整合分析了市场的本质，提出"市场的社会结构"这一议题。并把市场的社会结构具体化为市场的制度结构、市场的关系结构和市场的建构结构这本是三位一体的社会结构去解析市场的本质及其运行的问题。

　　从案例调查发现，中国的经济市场显然受到制度的强影响，并且在具体的市场运行中，受到中国人特有"关系"文化的影响，这样就形成了一个个的商帮式经济体。这种商帮式的经济体很容易形成"企业联盟"，且因市场经济的规律，必然会形成企业联盟内部的"威权结构"，这种威权结构犹如布迪厄意义上的场域结构，但又不尽相同。并且我们发现，这种市场的结构在制度稳定和外部条件充分时，它是稳定的，并有不断"内卷化"的倾向；但当一旦外部环境发生了改变，就很容易会出现"一荣俱荣，一损俱损"的经济社会现象，并且原有的强社会关系形成的联盟会加速促使其走向灭亡。近年，周宁钢贸商与其经营的钢贸市场从繁荣走向危机就是一个明证。

　　市场社会学是社会学研究中极具有前景而又颇具有挑战性的前沿领域。本书是我在该学术领域的初步探索，我在苏州大学攻读硕士、上海大学攻读博士期间就开始关注该领域的学科发展，并能在复旦大学社会学博士后流动站作博士后继续对该领域的进一步思考。期间，苏州大学、上海大学和复旦大学的社会学学科的良好学术氛围和导师们的严谨学术态度对我影响深远。在继续做博士后期间，我所关注的群体——周宁钢贸商，刚好是从做博士期间该群体从繁荣走向另一端即其经营的钢贸市场走向崩盘的过程，这个过程所经历的一切事实为我所提出的"市场的社会结构"的理论提供了一个活生生的经验案例。

社会学的学科性质，它所强调"实践"性质与生活经历、体验的学科研究方法，使我能够在经历一些事情之后，把我的一些"故事"和"感想"通过社会学学科的语言表达出来。其实，在书中的化名"CLS"就是我本人。从经商的经历看，我是亲历钢贸市场的变迁过程——从繁荣走向崩盘。由此，把这些年所经历的经商事情通过社会学学科的研究范式构造出来，不啻为是对这一段经历的一个交代，并与此同时提出的一些所谓的理论思考，希冀对市场社会学学科有所贡献，并对经商的市场中人士有所帮助，即可慰矣！

最后，感谢教育部哲学社会科学规划办对本课题的资助，感谢中国社会科学出版社对本书的出版所做出的努力！

陈林生

2014 年 8 月 1 日